経済学教室 6

経済統計

産業活動と物価変動の統計的把握

清水 雅彦・菅 幹雄 共著

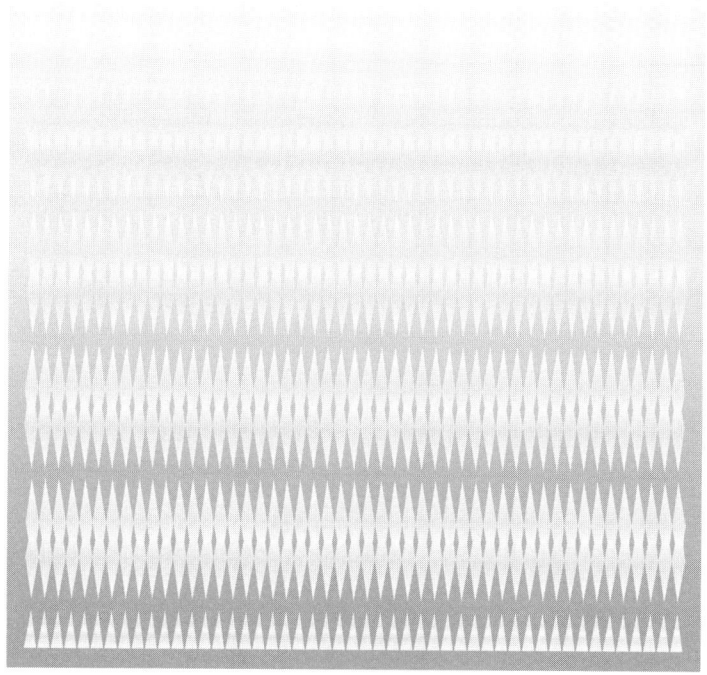

培風館

編　集
丸　山　徹

本書の無断複写は，著作権法上での例外を除き，禁じられています．
本書を複写される場合は，その都度当社の許諾を得てください．

まえがき

―― 現代経済学研究の変遷と経済統計の成り立ち ――

　市場経済を分析の対象とする現代の経済学は，1930年代半ばに大きく変容した。この1930年代半ばまでの経済学は，今日でいうミクロ経済理論の構築とその精緻化が主流であった。なかでも消費者の主体均衡理論は，限界効用理論を基礎にして構築された先駆的なミクロ経済理論であった。次いで，この消費理論のアナロジーとして構築されたのが生産者の主体均衡理論であった。その後，消費と生産に関する主体均衡理論を基礎にして多数の主体からなる市場の一般均衡理論が生み出されたことはいうまでもない。しかし，これら一連の分析理論は，精緻ではあるが，分析の対象とするミクロ的経済事象の理論的な叙述にとどまっていた。このような経済分析の視点あるいは経済学研究の枠組に大きな変化をもたらす契機となったのは，1929年の大恐慌に伴って発生した大量の失業問題であった。この大量失業問題は，消費者あるいは生産者といった経済主体の合理的行動を分析する伝統的なミクロ経済理論では把握できない経済事象であり，これを分析するためには新たな視点と枠組を必要としたのである。

　1936年に公刊されたジョン・メイナード・ケインズの『雇用・利子および貨幣の一般理論』の中核といえる国民所得分析理論は，まさに現実の市場経済において発生した大量失業という深刻な問題を分析するための理論であった。従前の伝統的なミクロ経済理論に対して，個々の経済主体を包含する国民経済という現実の市場経済に分析の視点を定めたのである。この国民経済は，市場機構（マーケット・メカニズム）によって統御される巨大な経済シス

テムであり，市場における競争条件が完全競争的であれば最適な資源配分を達成することができる．また，最適な資源配分が達成されているとき，すべての経済資源は完全雇用の状況にあるとされる．大量失業の発生は，市場において大量の労働力が雇用されない状況を意味しており，不完全雇用の状況をもたらす．ケインズが着目したのは，市場機構の調整機能が常に完全雇用を達成するようには作動しないという点であった．とくに価格による需給調整が，価格の下方硬直性によって十全に機能しないことを取り上げ，労働市場において調整できない需給ギャップを失業とみなしたのである．加えてケインズが着目したのは，大量失業という国民経済にとって深刻な問題を解消するための政策手段である．需給ギャップを価格によって調整するのではなく，政府財政による需要の創出によって需給ギャップを解消しようとするもので，有効需要政策と呼ばれるものである．ここまで述べただけでも，1930年代半ばに現代の経済学研究が大きく変容したことが理解できるであろう．その変容は，経済学研究にとどまらず国民経済の政策運営にとっても画期的なものであり衝撃的であった．それゆえ，国民所得分析理論を根幹とする一連のマクロ経済分析理論がもたらした社会的影響を'ケインズ革命'と呼ぶのである．

　以上のようなケインズのマクロ経済分析理論の研究とほぼ同じ時期に，国民経済と国民所得に着目した研究がすすめられていた．サイモン・スミス・クズネッツによる近代経済成長の分析である．クズネッツは，多くの国々における国民所得の長期時系列統計を整備し，国民所得を経済成長の指標として，各国の成長パターンを歴史的に分析した．ケインズとは異なり，クズネッツは国民所得の発生メカニズムを国民経済の理論模型として叙述しなかったが，国民所得の数量的把握とその時系列における変動要因を明らかにした点で現代の経済学研究に大きく貢献したといえる．

　もう一つ，ケインズ革命やクズネッツの近代経済成長分析とほぼ同じ時期に進められたのが，ラグナー・アントン・キティル・フリッシュを事実上の創始者とする'計量経済学'研究である．フリッシュは，数理統計学者としてミクロ経済理論とりわけ'生産理論'の精緻化に大きく貢献すると同時に，理論の経験的妥当性を検証(実証)するための方法論を開発することに大きく貢

まえがき

献した。この方法論が'計量経済学'であり，計量経済学もまたケインズ革命やクズネッツの近代経済成長分析と同じく，現代の経済学研究に画期的な影響をもたらしたといえる。なかでも大きな影響は，ミクロ経済理論はもとよりマクロ経済理論についても，理論の経験的妥当性を検証することができるようになったことである。ただし，経験的妥当性を検証するためには，理論模型が数量的な変数によって構成されているだけではなく，理論が指定する変数に対応した観測値(統計データ)が準備されていなければならない。多くの経済事象の場合，その統計データは，自然科学におけるような統御実験によって得られるものではない。つまり，統御実験によって直接的に観測値を作り出すことができないのである。経済事象の場合は，統御実験によらず，現実の国民経済における統計調査(観測)によってしか得られないのである。

本書の表題である『経済統計』の末尾に一文字つけ加えた『経済統計学』という研究分野があるとすれば，上述のような国民経済を分析対象とするマクロ経済理論とその経験的妥当性を検証するための計量経済学が発展するなかで成立した経済学の一分野であるといえる。このことは，経済統計が単に統計作成実務から生み出されるのではなく，繰り返して言えば，経済理論が指定する変数と整合的な観測値を的確な観測方法に基づいて収集することを意味している。ケインズの理論模型に限らず，国民経済の理論模型においては，様々な変数が指定されている。また，国民経済という巨大な経済システムを作動させる要素(変数)は直接・間接にかつ相互に関係している。したがって，分析目的をもって作成された国民経済の理論模型に関する観測値(統計データ)は，理論模型に対応して体系的に整備されなければならない。国連の統計委員会が定めている国民経済計算体系は，いまなお多く問題を残してはいるが，体系的統計整備の典型である。

本書は共著とされているが，実質的には菅幹雄(法政大学経済学部教授)の単著である。ただし，二人の共著者は長年にわたり様々な政府統計の作成に共同で携わったことから，本書の内容の大半は共有しているともいえる。また，時間の経過とともに若さに溢れた菅幹雄の経済統計に関する研究は，国内はもとより国際的にも高く評価され，幅広く深化の一途を辿っている。その一方で，公的統計としての政府統計に限っても，本書で取り上げなかった

統計がある．本書では，前述したように，日本という国民経済に関わる理論模型の経験的妥当性を検証するのに必要な経済統計に焦点を絞った．政府統計に関する他の類書にない特徴を挙げれば，「物価統計」を取り上げて一章を当てている点である．市場経済体制下の国民経済における経済変動および経済活動の成果の実質的価値を測定するとき，価格とその変動は極めて重要な統計量と言わなければならない．

さらに本書の特徴を挙げれば，約8年前から本格的な検討が始まった統計調査制度である「経済センサス」に多くの紙面を割いている点である．経済センサスは，家計および個人を対象にした「国勢調査」に対して，事業所および企業の経済活動を対象にした全数調査であり，加工統計であるGDPの基礎となる一次統計である．これを，近年における公的統計の体系的整備の中核と考えて，大きく取り上げた次第である．各章のいずれも，経済統計学という分野での研究成果ではなく，どちらかといえば統計作成の実務経験からもたらされた成果といえる．本書の初期原稿段階で，豊富な統計実務経験を有する人々に，いわば査読をお願いした結果でもある．特に，次の方々(順不同・敬称略)には，多忙な中で献身的に査読していただいたことに深く感謝する次第である．

　　岩佐哲也　　(総務省統計局国勢統計課長)
　　井上　卓　　(総務省統計局調査企画課長)
　　江刺英信　　(総務省統計局経済統計調査官)
　　今井洋夫　　(経産省調査統計部構造統計室長)
　　佐々木健一　(経産省調査統計部構造統計室統括統計官)
　　谷川隆通　　(経産省調査統計部統計解析室参事官)

　最後に，本書の編集を担当された松本和宣氏(培風館編集部)には，いかなる理由にせよ本当に辛抱強く脱稿までお待ちいただいたことに深く感謝する次第である．

　　　　　　　　　　　　2013年2月　筆者を代表して

　　　　　　　　　　　　　　　　　　　　　清　水　雅　彦

目　　　次

1　本書のねらいと全体の構成　　1
- 1.1　変革期にあるわが国の経済統計　　1
- 1.2　調査対象をどう見つけるか　　2
- 1.3　母集団名簿とレジスター　　3
- 1.4　センサスと標本調査　　4
- 1.5　加工統計と指数　　5
- 1.6　産業統計と世帯統計の流れ　　6

2　事業所・企業の行政記録情報　　8
- 2.1　調査対象 (事業所・企業) をどう見つけるか　　8
  - 2.1.1　わが国の産業統計の調査単位 —— 事業所と企業　　8
  - 2.1.2　調査員の目視によって調査対象を見つける方法　　10
  - 2.1.3　行政記録情報によって調査対象を見つける方法　　12
- 2.2　商業・法人登記簿情報　　13
  - 2.2.1　商業・法人登記とは何か　　13
  - 2.2.2　商業・法人登記簿に収録されている情報　　14
  - 2.2.3　商業・法人登記情報の活用にあたっての留意点　　15
- 2.3　労働保険記録　　17
  - 2.3.1　労働保険とは何か　　17
  - 2.3.2　労働保険記録の単位　　18
  - 2.3.3　労働保険記録に収録されている情報　　21

	2.4	EDINET 24
	2.5	プロファイリング 26

3 ビジネスレジスター 29
   3.1 統計調査のインフラストラクチャー 29
   3.2 ビジネスレジスターの利活用 30
   3.3 各種統計情報の収録 31
   3.4 年次フレーム 33
   3.5 補定用データの提供 34
   3.6 統計調査結果のフィードバック 36
   3.7 レジスター統計 36

4 経済センサス−基礎調査 38
   4.1 全ての事業所・企業を対象とする統計調査 38
   4.2 経済センサスが実施されるまで 40
   4.3 経済センサス−基礎調査の概要 41
   4.4 調 査 事 項 43
         4.4.1 調 査 票　43
         4.4.2 コンタクト情報　43
         4.4.3 従 業 者 数　49
         4.4.4 産 業 分 類　51
         4.4.5 開設時期，経営組織　53
         4.4.6 企　　業　53
   4.5 調査結果の概要 58

5 経済センサス−活動調査 59
   5.1 経済センサス−活動調査の概要 59
   5.2 調査事項の構成 60
   5.3 調査票の構成 62
   5.4 企業調査票の調査項目 (調査票番号 13) 64
   5.5 事業所調査票 (調査票番号 16〜24) の共通調査項目 70

- 5.6 事業所調査票の産業別調査項目 (調査票番号 24，サービス関連産業 B) 82

6 工業統計調査   87
- 6.1 経済センサス以外の大規模産業統計調査 87
- 6.2 工業統計調査の概要 88
- 6.3 生産額と出荷額 93
- 6.4 原材料使用額等と付加価値額 98
- 6.5 有形固定資産 102
- 6.6 従業者数と現金給与総額 104

7 商業統計調査   109
- 7.1 商業統計調査の概要 109
- 7.2 年間商品販売額とマージン 115
- 7.3 従 業 者 数 119
- 7.4 流通経路別統計編 123
- 7.5 業態別統計編 126
- 7.6 立地環境特性別統計編 130

8 産業連関表   132
- 8.1 産業連関表の概要 132
- 8.2 産業連関表のしくみ 133
- 8.3 ケネーの経済表 136
- 8.4 アクティビティと部門分類 138
- 8.5 産業連関表の作成に用いられる資料 141
- 8.6 産業連関表の作成 143
- 8.7 異なる時点の表の接続 – 接続表 146
- 8.8 異なる地域の表の接続 – 地域間表 146
- 8.9 産業連関分析 148
  - 8.9.1 産業連関分析の概要   148

　　　　8.9.2　取引額表　153
　　　　8.9.3　中間投入額と中間投入係数　158
　　　　8.9.4　逆 行 列　160
　　　　8.9.5　生産誘発額　163

9　個人・世帯の行政記録情報　165
9.1　住民基本台帳　165
9.2　戸籍法による届出　170
9.3　出入国管理記録　174

10　国 勢 調 査　176
10.1　全ての個人・世帯を対象とする統計調査　176
10.2　常住人口と現在人口　177
10.3　調 査 方 法　180
10.4　人口の基礎的属性に関する調査事項　181
10.5　国勢調査人口と住民基本台帳人口　183
10.6　少子高齢化と人口ピラミッド　184
10.7　世帯の種類と家族類型　187
10.8　人口の経済的属性に関する調査事項　192
10.8.1　就 業 状 態　192
10.8.2　就業の形態　195
10.8.3　産　　　業　196
10.8.4　職　　　業　199
10.9　人 口 移 動　200
10.10　人 口 推 計　203

11　家 計 調 査　205
11.1　家計調査の概要　205
11.2　世帯の抽出　206
11.3　家 計 簿　208
11.4　消費支出以外の調査事項　210

11.5	標準誤差	212
11.6	ローレンツ曲線とジニ係数	213
11.7	エンゲルの法則	216
11.8	家計の消費支出の実質化	218

12 消費者物価指数　　220

12.1	消費者物価指数とは何か	220
12.2	指数算式	221
12.3	価格指数の計算例	223
12.4	フィッシャーのテスト	224
	12.4.1　比例性テスト　224	
	12.4.2　単位無差別性テスト　225	
	12.4.3　要素転逆テスト　225	
	12.4.4　時点転逆テスト　227	
	12.4.5　循環性テスト　228	
12.5	ボルトキービィッツの関係式	230
12.6	理論的生計費指数	230
12.7	小売物価統計調査	232
12.8	銘柄	234
12.9	品目別価格指数	234
12.10	品質調整	235
12.11	パーシェ・チェック	237

索引　　239

1
本書のねらいと全体の構成

1.1 変革期にあるわが国の経済統計

　平成 24 年 (2012 年) 現在，わが国の経済統計は変革期にある。平成 19 年 (2007 年) に統計法が 60 年ぶりに全部改正され，平成 21 年 (2009 年) に新統計法[1]が全面施行された。同年 7 月には総務省統計局「**経済センサス - 基礎調査**」が初めて実施されたが，その際には行政記録 (商業・法人登記) 情報が母集団名簿の作成に活用された。平成 24 年 (2012 年) 2 月には総務省統計局・経済産業省共同でわが国の経済全体を網羅する産業統計調査である「**経済センサス - 活動調査**」が初めて実施され，平成 25 年 (2013 年) にはビジネスレジスターの運用が開始される。その数年後には経済センサスをベースにした産業連関表が公表される。わが国の経済統計は，これからの十年でその姿を大きく変えるものと思われる。

　こうした変革によって実現した新しい統計調査システムには，それを担う人材の養成が必要である。行政記録情報の活用，ビジネスレジスター，経済センサス，これらはいずれも最近になってわが国の経済統計に新しく登場したものであるが，これらが，これからのわが国の経済統計の中核をなす。そのオペレーションには，これまでとは違った新しい専門的な知識を必要とする。

---

[1] 統計法は公的統計の体系的かつ効率的な整備及びその有用性の確保を図ることを目的とする法律である。旧統計法 (昭和 22 年法律第 18 号) は第二次世界大戦後の占領期に公布されたものである。公的統計の体系的かつ効率的な整備及びその有用性の確保を図るため，平成 19 年 (2007 年) に新統計法 (平成 19 年法律第 53 号) に全部改正された。

本書は，将来の経済統計を担う人材 (メーカーだけでなく，ユーザーも含む) を養成することを主たる目的としている。そのため各種の経済統計を網羅的に紹介することはしない。経済統計がどのように作成されているのか，1本の川の流れのように説明する。すなわち，調査対象を見つけること (水源) から始まって，母集団名簿とレジスター (上流)，センサスと標本調査 (中流)，加工統計と指数 (下流) に至る一連の流れ (川) として説明する[2]。

1.2 調査対象をどう見つけるか

　統計調査の出発点は調査対象をどう見つけるかである。調査対象は産業統計であれば事業所や企業，世帯統計であれば世帯や個人である。統計調査を行うためには，質問事項が書かれた紙 (**調査票**) を調査対象に配布しなければならない。調査対象がどこに存在しているのか分からないと調査票を配布しようがないから，それらを見つけることが最初に必要になる。

　調査対象を見つける方法はいろいろとある。ひとつの方法は，地域を細かく分け，各地域を分担して調査員が見てまわり，目視 (目で見て) で調査対象を見つける方法である。一見，原始的なようだが，かつて産業統計では代表的な方法であったし，世帯統計では現在でも代表的な方法である。この方法の難点は外部に対して存在を示すような「しるし」を出していない調査対象をみつけられないことである。例えば，看板を出している商店や事務所は外から見て発見できるが，マンションの一室で看板も出さないで営業している事業者をこの方法で発見することは難しい。

　もうひとつの方法は，行政機関への申告・届出の記録である行政記録情報を入手して，その中から調査対象を発見する方法である。わが国の統計に活用されている代表的な行政記録に**商業・法人登記**，**労働保険記録**，**住民基本台帳**，**戸籍法による届出**，**出入国管理記録**がある。こうした行政機関への申

---

[2] 本書では国民経済計算について特に章を設けていない。基礎統計と国民経済計算の関係を 1 章で語ることは不可能である。また，国民経済計算を統計体系として捉えた教科書としては既に斎藤光男 (1991)『国民経済計算』創文社，中村洋一 (1999)『SNA 統計入門』日本経済新聞社，作間逸雄編 (2003)『SNA がわかる経済統計学』有斐閣などがある。

告・届出の記録は，申告・届出をしないと事業や社会生活ができないため，ほとんどの事業者や世帯が申告・届出をしており網羅性がある。ただし，統計調査の実施者が行政記録情報を活用するには制約があり，かつ行政記録情報をそのまま統計に活用できるわけではない。行政記録は各行政機関が，行政上の必要性があって記録しているものであり，統計のためではないからである。さらに府省を超えて情報を共有することは簡単ではない。行政記録情報を用いて調査対象を見つけるのは高いハードルがある。

1.3 母集団名簿とレジスター

調査対象が見つかったら，次はその**母集団名簿**を作成する。**母集団** (population) とは調査したい対象の全体を指す[3]。さらに母集団名簿から，実際の調査に用いる調査名簿を作成する。

調査票の配布方法には，調査員が調査対象を訪ねて調査票を配布する**調査員調査**と，調査票を郵送する**郵送調査**がある。どちらにしろ，調査名簿に最低限，氏名や名称，住所や所在地の所番地の情報がないと調査票の配布はできない。また「期限を過ぎているので提出してください」と督促し，「提出していただいた調査票におかしいところがあるのですが」などと問い合わせるためには電話番号や電子メールアドレスがあった方が良い。さらに産業統計では産業分類，従業者数などの情報も必要であるから，こうした情報を集めて確認するための作業を追加的に実施することが必要であるが，このような作業を**プロファイリング** (profiling) と呼ぶ。

母集団名簿が作成されたらひと安心と言いたいところだが，そう簡単にはいかない。調査対象は異動がけっこう激しい。「昨年開業したばかりなのに，もう廃業している」，「ラーメン屋のはずなのにカレー屋に変わっている」，「去

---

[3] 確率論において「母集団」とは，ある変数 (あるいは「複数の変数の組み合わせ」) について，顕在化していない潜在的なものも含めた無限個の変数 (あるいは「複数の変数の組み合わせ」) の集合を意味している。これに対し，統計調査では，ある時点において調査対象が定義され，このとき「母集団」とはこの定義に対応して実際に観察されるすべての調査対象にかかわる変数 (あるいは「複数の変数の組み合わせ」) の集合を示している。したがって後者の「母集団」とは有限個の観測値の集合である。

年引っ越したばかりなのにもういなくなった」というような変化は常に起きている。名簿は生もの，すぐに劣化するのである。そうすると常にアップデートするような仕組みが必要になる。そこで，更新頻度の頻繁な行政記録を活用して更新したり，さまざまな統計調査の結果を名簿にフィードバックしたりして母集団名簿を常に新鮮な状態に保つ工夫がなされている。

最近では，母集団名簿に格納された行政記録情報を，調査担当者間で共有しようとする進んだ考え方もある。産業統計については，このような仕組みが実現しており，これを国際的には**ビジネスレジスター** (Business Register) と呼ぶ。

1.4 センサスと標本調査

名簿が作成されたら，それに基づいていよいよ統計調査を実施する。最初に決めなければいけないのは，調査の対象となる集団，すなわち母集団を全部調べるか，それとも一部だけを調べるかである。前者を**センサス** (census)，後者を**標本調査** (sample survey) と呼ぶ。

センサスは**全数調査**とも呼ぶ。センサスは多額の費用がかかるので，高い頻度で実施することはできない。一方で標本調査は，その調査結果 (標本値) が母集団値と一致するとは限らない。この標本値と母集団値の差を**標本誤差** (sampling error) と呼ぶ。標本調査では標本誤差をなくすことはできないが，標本誤差がどの範囲の大きさで生ずるか，**標準誤差**を用いて確率的に記述することができる。標準誤差は抽出が単純無作為である限り標本の大きさが大きいと小さくなり，また母集団のデータのバラツキ (母分散) が小さいと小さくなる。

わが国の代表的なセンサスに**経済センサス**と**国勢調査**がある。いずれも5年に1回の頻度で実施されている。経済センサスは農林漁家に属する個人経営の事業所，家事サービス業及び外国公務に属する事業所を除くすべての事業所及び企業を対象とする調査であり，国勢調査はわが国に住んでいるすべての人を対象とする調査である。

平成24年現在，5年より短い間隔で実施されているセンサス，あるいはそ

れに近い大規模な調査に**工業統計調査**や**商業統計調査**があるが，これらは製造業及び商業をそれぞれ対象とするもので，これらの産業が国民の生活と密接に関係しているために頻度高く実施されている．標本調査は数多くあるが，本書で紹介するのは**家計調査**である．

1.5 加工統計と指数

センサスや標本調査の結果を，経済理論の要請にあわせて組み替えたのが加工統計と指数である．本書では加工統計と指数の代表的な例として，産業連関表と消費者物価指数を紹介する．

産業連関表は1年間において，財・サービスが各産業部門間でどのように生産され，販売されたかについて，行列(マトリックス)の形で一覧表にとりまとめた加工統計である．わが国の産業連関表の生産活動の部門数は約400であるが，これは経済統計としてはかなり細かい．産業連関表を用いた分析を行うことにより，例えば自動車の生産によって，どの生産活動にどのくらいの波及効果があるのかを計算することができる．産業連関表は産業政策上かなり有用な加工統計であって，政府によって昭和30年(1955年)を対象年とする表が昭和36年(1961年)に公表されて以来，平成17年(2005年)を対象年とする表(平成21年(2009年)に確報が公表)に至る半世紀もの間，5年毎に途切れることなく作成されてきた．2012年現在，平成23年(2011年)を対象年とする表の作成作業が行われている．

消費者物価指数は，全国の世帯が購入する家計に係る財及びサービスの価格等を総合した物価の変動を，時系列的に測定した指数である．消費者物価指数は夕方のテレビニュースで報じられるくらい一般の人々にも関心が高い．重要な指標であるため，理論的な検討がよく詰められており，特に指数論は経済統計の一分野として確立している．また統計の精度の観点からも，しばしば問題提起がなされ，それに応じて議論が十分になされている．

1.6 産業統計と世帯統計の流れ

産業統計では，平成 24 年 (2012 年) 現在，図 1.1 のような事業所・企業の行政記録情報からスタートし，プロファイリング (実態把握)，ビジネスレジスター，経済センサス及び大規模産業統計調査，産業連関表に至る流れが成立しつつある。労働保険記録，商業・法人登記情報等の事業所・企業に関わる行政記録情報をプロファイリング (実態把握) したものがビジネスレジスターに格納される。さらに経済センサス－基礎調査によって確認された事業所の情報もビジネスレジスターに格納される。ビジネスレジスターからは各府省庁における統計調査のための母集団名簿が提供され，調査結果はビジネスレジスターにフィードバックされる。経済センサス－活動調査及び各種大規模統計調査の結果から加工統計である産業連関表が作成される。

このような，行政記録情報から出発して産業連関表に至るような流れは最近までなかった。産業統計は各府省庁の縦割りで，別々の母集団名簿から相互の連携なしに実施されてきたからである。経済センサスの創設に伴ってようやく最近になって実現したのである。

世帯統計ではどうであろうか。わが国には**住民基本台帳，戸籍法による届出，出入国管理情報**，医療保険記録，年金記録などの個人・世帯に関するさ

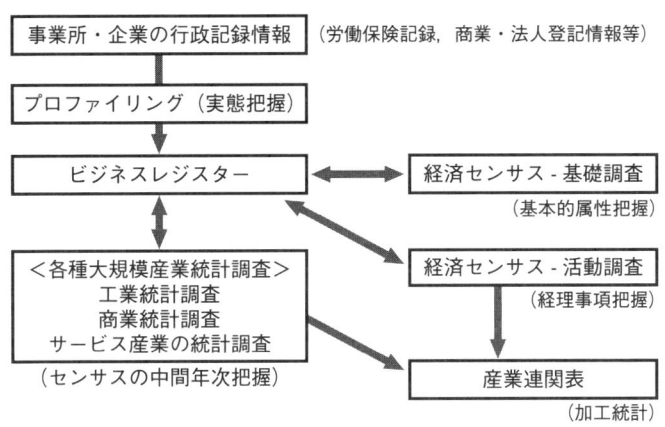

図 1.1 産業統計の流れ

1.6 産業統計と世帯統計の流れ

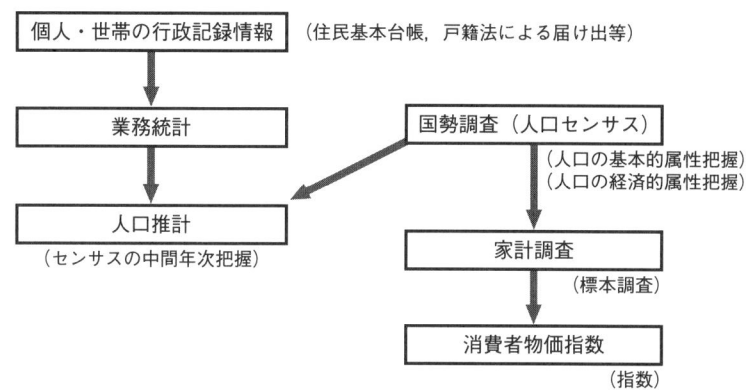

図 1.2 世帯統計の流れ

まざまな行政記録が存在する。こうした個人・世帯の行政記録情報を集計して作成した**業務統計**は国勢調査 (5 年毎) の中間年次の**人口推計**などに活用されている。ただし，個人・世帯の行政記録情報を統計調査の母集団名簿として用いることはあまりなされていない。世帯統計の基礎をなすのは依然として**国勢調査** (人口センサス) である。国勢調査では人口に関する基本的属性と経済的属性の両方を把握する。国勢調査をベースにして，家計調査が行われ，その結果をウェイトにして消費者物価指数が作成されている (図 1.2)。

　本書では，以上のように行政記録情報から加工統計・指数に至るまでの流れを説明する。経済統計が作成される過程をその源から学習するならば，統計データにあるさまざまな問題それ自体が，実は経済・社会について何らかの実態を反映していることを理解できるであろう。

2
事業所・企業の行政記録情報

2.1 調査対象 (事業所・企業) をどう見つけるか
2.1.1 わが国の産業統計の調査単位 —— 事業所と企業

　統計調査の対象となる集団は，ある共通性をもった個体の集まりとして考えられる．ある集団について，統計調査や分析をしてみようという立場から，この集団を眺める場合，この集団を**統計集団**，その集団を構成する個体を**統計単位**といい，統計集団を調査するに当たって，最も適当な大きさの単位を**調査単位**という[1]．産業統計の調査単位は**事業所**と**企業**である．

　統計における「事業所」を定義しているのは**日本標準産業分類** (Japan Standard Industrial Classification: **JSIC**) である．日本標準産業分類は，統計調査の結果を産業別に表示する場合の統計基準として，事業所において社会的な分業として行われる財及びサービスの生産又は提供に係るすべての経済活動を分類するものである[2]．

　日本標準産業分類によれば**事業所**とは「経済活動の**場所的単位**」であって原則として次の要件を備えているものをいう．

---

[1] 総務庁統計局統計基準部 [1999]『統計実務基礎知識 参考書―平成 11 年度版―』財団法人全国統計協会連合会, p.2.
[2] 日本標準産業分類 (平成 19 年 11 月改定) の「日本標準産業分類の変遷と第 12 回改定の概要」による．総務省統計局ホームページ，アドレス＜http://www.stat.go.jp/index/seido/sangyo/19-1.htm＞，アクセス：2012 年 6 月 6 日．

2.1 調査対象 (事業所・企業) をどう見つけるか

> (1) 経済活動が単一の経営主体のもとにおいて一定の場所すなわち一区画を占めて行われていること。
> (2) 財又はサービスの生産と供給が，人及び設備を有して，継続的に行われていること。

「すなわち，事業所とは，一般に工場，製作所，事務所，営業所，商店，飲食店，旅館，娯楽場，学校，病院，役所，駅，鉱業所，農家などと呼ばれるものである」[3]。

「場所的単位」そして「一定の場所すなわち一区画を占めて」とあるから，場所が異なれば，同じ経営主体のもとにあっても別の事業所になる。例えば，同一企業が複数の工場をそれぞれ別々の場所に持っているとき，それらの工場は別々の事業所と見なされる。「人及び設備を有して」とあるから，無人店舗は事業所とみなさない。「継続的に行われている」とあるから，経済活動が期間を限定して行われる場所，例えば建設現場は事業所とみなさない。

上記の原則では割り切れない例もある。日本標準産業分類は次のように定めている。「一構内における経済活動が，単一の経営主体によるものであれば原則として一事業所とし，一構内にあっても経営主体が異なれば経営主体ごとに別の区画としてそれぞれを一事業所とする」[4]。

劇場の経営主体と，その劇場を主な拠点としている劇団の経営主体が異なる場合は，一構内 (同じ劇場) にあっても別の事業所になる。「なお，一区画であるかどうかが明らかでない場合は，売上台帳，賃金台帳など経営諸帳簿が同一である範囲を一区画とし一事業所とする。また，近接した二つ以上の場所で経済活動が行われている場合は，それぞれ別の事業所とするのが原則であるが，それらの経営諸帳簿が同一で，分離できない場合には，一区画とみなして一事業所とすることがある」[5]。鉄道や道路，河川をへだてていなが

---

[3] 日本標準産業分類 (平成 19 年 11 月改定) の「日本標準産業分類の一般原則」による。総務省統計局ホームページ，アドレス<http://www.stat.go.jp/index/seido/sangyo/19-2.htm>，アクセス：2012 年 6 月 6 日。

[4] 前述 URL。

[5] 前述 URL。

ら結びついている 2 つの施設がある場合には，帳簿を見て同一の事業所とみなすかどうか決める。

統計における「企業」の定義は色々とある。総務省統計局「**経済センサス－基礎調査**」における「**企業等**」(広義の企業と考えてよい) は，事業・活動を行う**法人** (外国の会社を除く) 及び**個人経営**の事業所をいう。具体的には，会社企業，会社以外の法人及び個人経営で本所 (本社・本店) と支所 (支社・支店) を含めた全体をいう。なお，個人経営であって同一の経営者が複数の事業所を経営している場合は，それらはまとめて一つの企業となる。また狭義の企業である「**会社企業**」は，経営組織が株式会社 (有限会社を含む)，合名会社，合資会社，合同会社及び相互会社で，本所と支所を含めた全体をいう[6]。

2.1.2 調査員の目視によって調査対象を見つける方法

統計調査を行うためには，まず調査対象となる事業所や企業を見つけて**母集団名簿**を整備しなければならない。事業所や企業を見つける方法には色々とあるが，一つの方法として地域を細かく分け，各地域を分担して調査員が見てまわり，目視 (目で見て) で調査対象を見つける方法がある。一見，原始的なようであるが，かなり有効な方法であり，現在でも世帯統計はこのやり方で調査対象 (世帯) を見つけている。

この方法は以下のような手順で行う。まず調査員が担当地域 (**調査区**) の地図を持って見て回って事業所の名簿 (調査区名簿) を作成する。次に，調査員がその事業所に調査票を配布して，その事業所を所有する企業の名称を記入してもらい回収する。回収された調査票に記入された企業の名称によって，その事業所を所有している企業を確認する。平成 18 年 (2006 年) までわが国で実施されていた総務省統計局「**事業所・企業統計調査**」ではこの方法を採用していた。同調査は「**事業所統計調査**」の名称で昭和 22 年 (1947 年) に開始されて以来，ずっと目視によって事業所を見つけてきた。

この方法の難点は，外部に対して存在を示す看板のような「しるし」を出し

---

[6] 総務省統計局「平成 21 年経済センサス－基礎調査用語の解説」による。総務省統計局ホームページ，アドレス＜http://www.stat.go.jp/data/e-census/2009/kakuho/yougo.htm#e01＞，アクセス：2012/06/06。

ていない調査対象を発見できないことである．インターネットの登場までは，外に看板を出さないで事業活動を行うことは，顧客が事業者の存在が分からないことになるから，あまり考えられなかった．だが，インターネットの普及により，ネット空間にホームページを設ければ，あるいはモールに出店すれば，外に看板を出さなくても顧客は事業者の存在を見つけることができるようになった．**SOHO** (Small Office/Home Office) と呼ばれるような，パソコンなどの情報通信機器を利用して，小さなオフィスや自宅などでビジネスを行っている事業者はこの典型的な例である．

　もちろん，目視で確認できない事業所が存在しうることは以前から認識されていた．だが，それが具体的にどれくらいの数なのか，無視できないほど多いのか，今後拡大するのか問題であった．一つの目安として財務省「**法人企業統計調査**」の会社企業数と事業所・企業統計調査の企業数の比較が行われた (表 2.1)．同調査は，わが国における法人の企業活動の実態を明らかにし，あわせて法人を対象とする各種統計調査のための基礎となる法人名簿を整備するための調査である．2 つの統計調査の比較の結果，事業所・企業統計調査の方が約 120 万社少ないこと，また事業所・企業統計調査では調査のたびに会社企業数が減っているのに対して，法人企業統計調査では逆に増加していることが判明した．このことから把握されていない事業が多数存在す

表 2.1　事業所・企業統計調査の会社企業数と法人企業統計調査の企業数の比較 (1996〜2006 年)

年	A. 事業所・企業統計調査	B. 法人企業統計調査	差 (B−A)
1996	1,674,465	2,467,846	793,381
1997	—	2,433,951	—
1998	—	2,470,470	—
1999	1,667,639	2,509,912	842,273
2000	—	2,548,399	—
2001	1,617,600	2,607,923	990,323
2002	—	2,626,954	—
2003	—	2,638,798	—
2004	1,529,616	2,701,573	1,171,957
2005	—	2,718,777	—
2006	1,515,835	2,735,630	1,219,785

(出典)　総務省統計局「事業所・企業統計調査」，財務省「法人企業統計調査」より筆者作成．
(注)　1999 年及び 2004 年の事業所・企業統計調査は簡易調査であり，その他の年次と単純には比較できない．

ると考えられた。

2.1.3 行政記録情報によって調査対象を見つける方法

そこで考えられたのが，行政への申告・届出の記録である**行政記録** (Administrative records) を入手して，その中から調査対象を発見する方法であった。なぜ，行政記録の活用が目視による方法に代わる有力な方法として浮上したのであろうか。

第一に，申請しないと事業活動に支障があるか，無申告・誤報告について罰則がある行政記録であれば，外部に看板を掲げていない事業者でも申告・届出をしているから，そうした事業者を見つけることができると考えられた。第二に，報告者の調査負担が問題となっている状況下で，行政記録情報の活用は報告者にさらなる負担をかけないため，実現可能性が高いと考えられた。第三に，欧米諸国では行政記録情報の活用が，わが国よりもはるかに進んでいることが，統計関係者の間で知られるようになったからである（表 2.2）。

これまでも登録，届出，業務記録など行政機関が行政上あるいは業務上の必要から集めた行政記録をもとに**業務統計**が作成されてきた。厚生労働省「人口動態統計調査」，国土交通省「建築着工統計調査」，財務省「貿易統計」などが代表的なものである。だが，行政記録情報は産業統計の包括的な母集団

表 2.2 欧米諸国における行政記録情報の活用状況

統計機関	活用状況
アメリカ・センサス局 (Bureau of Census)	内国歳入庁 (Internal Revenue Service: IRS) から提供された税務記録情報を統計に活用。社会保険庁 (Social Security Administration: SSA)，労働統計局 (BLS) から提供された記録も活用。
アメリカ労働統計局 (Bureau of Labor Statistics: BLS)	各州の失業保険プログラムを通じて集められた失業保険記録を統計に活用。
イギリス統計局 (Office for National Statistics: ONS)	内国歳入庁 (Internal Revenue: IR) から提供された税務記録情報を統計に活用。会社登記庁 (Company House) から提供された会社登記情報も活用。
カナダ統計局 (Statistics Canada)	カナダ歳入庁 (Canada Revenue) から提供された税務記録情報を統計に活用。

名簿の整備には，ほとんど活用されてこなかった．

こうして行政記録の統計調査への活用が検討され始めた．行政記録は各種行政機関が行政サービスを行う上の必要性から収集・記録されたものであり，統計調査の母集団名簿整備のためのものではないから，各種行政機関からは戸惑いを持って受け止められた．議論と交渉の末，ようやく産業統計に用いることが実現した行政記録に**商業・法人登記**がある．2011 年 (平成 23 年) からは**労働保険記録**や **EDINET** (金融商品取引法に基づく有価証券報告書等の開示書類に関する電子開示システム) の情報も活用されることになった．以下では商業・法人登記情報，労働保険記録，EDINET について説明する．

2.2　商業・法人登記簿情報

2.2.1　商業・法人登記とは何か

ビジネスにおいて，初めての相手と取引するときは不安である．そのため取引先の商号は何か，所在地はどこか，どのような事業を目的にしているのか，代表者は誰か，資本金はどれ位かを確認することが取引の安全のために必要になる．こうした情報を個別の事業者が収集することは大きなコストがかかるが，そのコストを負担することを嫌がって取引をためらい，経済活動が停滞することがありうる．それを避けるために，事業者について一定の事項を登記簿に記載し，公衆が知ることができる状態に置く (これを**公示**と呼ぶ) ための制度がある．これが**商業・法人登記**である．

商業登記法 (昭和 38 年法律第 125 号) には次のように書いてある．「この法律は，商法，会社法，その他の法律の規定により登記すべき事項を公示するための登記に関する制度について定めることにより，商号，会社等に係る信用の維持を図り，かつ，取引の安全と円滑に資することを目的とする」(第 1 条)．このように，商業・法人登記は，日常ひんぱんに行われる各種の経済取引が安全かつ円滑に行われるための制度である．

このような目的で存在する制度であるから，誰でも電子データとして保存されたものを印刷する形で閲覧することができる．また登記所が保有する登記情報を，インターネットを通じてパソコン等の画面上で確認することがで

きる。商業・法人登記の情報の統計への活用が早く実現したのは，そもそも一般に公開されている情報だったこと，かつ電子化されていたからである。

なお，商業登記と法人登記の違いは，商業登記は会社に関する登記であるのに対し，法人登記は会社の登記以外の法人に関する登記であるという点にある。法人登記を必要とするものは社団法人，財団法人，特殊法人，医療法人，学校法人，宗教法人，信用組合，信用金庫などがある。

2.2.2 商業・法人登記簿に収録されている情報

商業・法人登記簿にはどのような情報が収録されているのであろうか。まず「登記の事由 (事柄の生じた理由・原因)」の情報がある。表 2.3 は法務省「登記統計」による商業・法人登記における会社の登記の件数 (2010 年) である。これを見ると，さまざまな事由から登記が行われていることが分かる。これらの事由の中で「本店」かつ「設立」，「合併による設立」，「会社分割による設立」，「支店の設置」が**開業**に関係する情報にあたり，「本店」かつ「解散」，「合併による解散」，「清算人に関する登記」，「清算の結了」が**廃業**に関係する情報にあたる (表 2.3 の網掛けの部分)。こうした開業，廃業に関係する情報は母集団名簿の整備に役立つ。ただし，廃業はきちんと届け出られていないケースもあり，実際の廃業に対して漏れが多いと考えられる。

次に「商号」，「本店の所在地」，「事業目的」の情報がある。図 2.1 は登記すべき事項を磁気ディスクに記録して提出する場合の入力例を示している。この中で「○○商事株式会社」が「商号」，「○県○市○町○丁目○番○号」が「本店の所在地」，「1 ○○の製造販売」及び「2 ○○の売買」が「事業目的」である。

コンタクト情報として「商号」と「本店の所在地」はあるが，電話番号はない。したがって，商業・法人登記情報を用いて電話で問い合わせることはできず，手紙を郵送して照会することになる。「事業目的」は産業分類を特定する参考情報となる。ただし，事業者は，登記するときにはまだ事業を開始していないことがあるが，事業目的を変更するときにも登記が必要であることを考えて，事業目的を幅広く書くことがある。したがって，単純に事業目的からのみ産業分類を特定することは難しい。

2.2 商業・法人登記簿情報

表 2.3 商業・法人登記における会社の登記の件数 (2010 年)

	本店	支店
総数	1,209,091	18,510
設立	87,916	…
組織変更による設立	558	…
種類変更による設立	112	…
商号変更による設立	6,533	…
合併による設立	5	…
会社分割による設立	1,709	…
支店の設置	5,471	5,503
本店又は支店の移転	133,216	6,391
登記事項の変更	774,135	2,669
役員等の職務執行停止又は職務代行者に関する登記	46	—
解散	45,135	4
組織変更による解散	491	3
種類変更による解散	112	—
商号変更による解散	6,533	69
合併による解散	5,014	247
清算人に関する登記	47,244	—
特別清算に関する登記	698	4
清算の結了	35,622	150
会社の継続	632	—
会社設立の無効又は取消し	1	…
決議の不存在，無効又は取消し	24	—
株式発行の無効又は不存在	3	…
合併の無効	11	—
破産又は民事再生に関する登記	22,442	28
会社更生に関する登記	196	—
登記事項の消滅・廃止	26,728	3,196
登記事項の更正	7,154	230
登記の抹消	1,125	14
その他	225	2

(出典) 法務省「登記統計」
(注) 網掛けの部分は開業、廃業に関係する情報である。

2.2.3 商業・法人登記情報の活用にあたっての留意点

このように商業・法人登記情報は企業を見つけるには有効であるけれども，実際に活用してみると簡単にはいかない部分が明らかになってきた。

第一に，登記したけれども活動実態がないケース (いわゆる「ペーパー・カンパニー」) が含まれている。このような事業者に調査票を配布しても無意味だから，それらを除かないと調査が不効率になる。したがって活動実態があ

> 「商号」○○商事株式会社
> 「本店」○県○市○町○丁目○番○号
> 「公告をする方法」官報に掲載してする。
> 「目的」
> 1 ○○の製造販売
> 2 ○○の売買
> 3 前各号に附帯する一切の事業
> 「発行可能株式総数」800 株
> 「発行済株式の総数」200 株
> 「資本金の額」金 1000 万円
> 「株式の譲渡制限に関する規定」
> 当会社の株式を譲渡するには，取締役会の承認を受けなければならない。
> 「株券を発行する旨の定め」
> 当会社は株券を発行する。
> 「役員に関する事項」
> 「資格」取締役
> 「氏名」法務太郎
> 「役員に関する事項」
> 「資格」取締役
> 「氏名」法務一郎
> 「役員に関する事項」
> 「資格」取締役
> 「氏名」法務次郎
> 「役員に関する事項」
> 「資格」代表取締役
> 「住所」○県○市○町○丁目○番○号
> 「氏名」法務太郎
> 「役員に関する事項」
> 「資格」監査役
> 「氏名」法務花子
> 「取締役会設置会社に関する事項」
> 取締役会設置会社
> 「監査役設置会社に関する事項」
> 監査役設置会社
> 「登記記録に関する事項」設立

図 2.1 登記すべき事項を磁気ディスクに記録して提出する場合の入力例 (株式会社の設立の例)

(出典) 法務省「商業・法人登記申請における登記すべき事項を記録した磁気ディスクの提出について」

るか否かを確認しなければならない。

　第二に，本所・本社・本店の事業所の所在地は登記しても，その傘下の支所・支社・支店の事業所について必ず登記するとは限らない。母集団名簿としては傘下の支所・支社・支店のリストも必要である。

　第三に，個人経営が含まれていない。わが国では事業を行うときに登記は義務ではない。もちろん，法人でないと取引に応じてくれない場合があるので，事業を拡大するならば法人であることが必要である。だが，小規模経営のままで良ければ必要なく，実際に個人企業は登記しなくても経済活動を行っている。

　こうした短所を補うために，複数の行政記録情報を用いて互いに補うことが考えられた。次に述べる労働保険情報はそのような目的で活用され始めたが，やがて商業・法人登記情報よりも母集団名簿の整備に適した点が明らかになり，現在は労働保険情報の方が主要な情報源となりつつある。

2.3　労働保険記録

2.3.1　労働保険とは何か

　労働保険とは，**労働者災害補償保険（労災保険）**と**雇用保険**とを総称したものである（図 2.2）。

　労災保険とは，労働者が業務上の事由又は通勤によって負傷したり，病気に見舞われたり，あるいは不幸にも死亡した場合に被災労働者や遺族を保護するため必要な保険給付を行うものである。

　雇用保険とは，労働者が失業した場合及び労働者について雇用の継続が困難となる事由が生じた場合に，労働者の生活及び雇用の安定を図るとともに，再就職を促進するため必要な給付を行うものである。

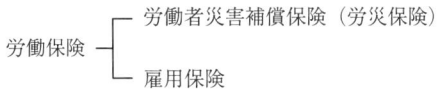

図 2.2　労働保険の概念図

労働者 (パートタイマー，アルバイト含む) を 1 人でも雇用していれば，業種・規模の如何を問わず労働保険の適用事業となり，事業主は成立 (加入) 手続を行い，労働保険料を納付しなければならない。労災保険の場合は事業主が保険料の全額を支払う。雇用保険の場合は労働者が保険料の一部を支払い，残りは事業主が支払う。したがって，労働保険記録には事業主に関する情報が存在する。

事業主は，前年度の保険料を精算するための確定保険料の申告・納付と，新年度の概算保険料を納付するための申告・納付の手続き (年度更新) が必要である。そのため労働保険情報は更新頻度が高い情報である。また非加入に対して罰則，追徴金 (懲罰的な徴収金)，滞納処分 (財産差押え) が実際に適用されている。統計調査にも非回答に対して罰則はあるが，実際に適用されることはまずない。

ただし，厚生労働省は労働保険に相当数の未手続事業が存在しているとみており，平成 17 年度から「未手続事業一掃対策」に取り組み，各種事業主団体，個別事業主への訪問指導の強化や，自主的に保険関係の成立 (加入) 手続を取らない事業主に対しては，積極的な職権での成立手続の実施等を行っている[7]。そして「勤務先や就職先の事業主が労働保険に加入しているかどうか」を，労働者や求職中の人など，誰でも簡単に確認できるよう，同省のホームページ上に「労働保険の適用事業場検索」のページを開設した[8]。その意味で労働保険記録は一部が一般に公開され，かつ電子化されている情報である。

2.3.2 労働保険記録の単位

雇用保険の単位は「事業所」，労災保険の単位は「事業場」である。両者は同じものとみなしてよいであろうか。そして，これらは日本標準産業分類 (すなわち統計) における「事業所」と同じ概念であろうか。同じであれば，労働保険記録の情報はそのまま統計に活用することができる。

---

[7] 厚生労働省ホームページ，アドレス＜http://www.mhlw.go.jp/bunya/roudoukijun/howtoroudouhoken/index.html＞，アクセス：2012/06/10。

[8] 厚生労働省ホームページ，アドレス＜http://www2.mhlw.go.jp/topics/seido/daijin/hoken/980916_1a.htm＞，アクセス：2012/06/06。

2.3 労働保険記録

まず「**一元適用事業**」といって，労災保険と雇用保険を一つの労働保険の保険関係として取り扱い，保険料の申告・納付等を両保険一本で行う制度がある。この場合，雇用保険の「事業所」と労災保険の「事業場」は一致する。「一元適用事業」に対して，労災保険の保険関係と雇用保険の保険関係とを別個に取り扱い，保険料の申告・納付をそれぞれ別々に行う「**二元適用事業**」もある。「二元適用事業」になるのは都道府県及び市町村が行う事業，それに準ずるものの事業，港湾労働法の適用される港湾の運送事業，農林・水産の事業，建設の事業である。

労災保険については，労働省の通達による「事業」の定義がある。それによれば，労災保険における「事業」の定義とは，「労働者を使用して行われる事業をいい，工場，建設現場，商店等のように利潤を目的とする経済活動のみならず社会奉仕，宗教伝道のごとく利潤を目的としない活動も含まれる」[9]とあり，幅広い活動がカバーされていることが分かる。次に「労働保険の適用単位としては，一定の場所において，一定の組織の下に相関連して行われる作業の一体は，原則として一の事業として取り扱う。」[10]とある。日本標準産業分類における「事業所」の要件の1つ「経済活動が単一の経営主体のもとにおいて一定の場所すなわち一区画を占めて行われている」と類似している。

さらに同通達によれば，労災保険の単位である「事業」は「**継続事業**」と「**有期事業**」に分かれる。「継続事業」とは「工場，鉱山，事務所等のごとく，事業の性質上事業の期間が一般的には予定し得ない事業をいう。継続事業については，同一場所にあるものは分割することなく一つの事業とし，場所的に分離されているものは別個の事業として扱う」[11]。したがって，日本標準産業分類における事業所と同様に，同一企業が複数の工場をそれぞれ別々の場所に持っているとき，それらの工場を別々の「事業」と見なしている。次に「有期事業」とは「木材の伐採の事業，建物の建築の事業等，事業の性質上一定の目的に達するまでの間に限り活動を行う事業」[12]をいう。日本標準産業分

---

[9] 労働省労働基準局通達「昭和62年2月13日発労徴第6号，基発第59号」による。
[10] 前述資料。
[11] 前述資料。
[12] 前述資料。

類における事業所の要件の一つである「継続的に行われている」を満たしていない。以上から，雇用保険の「事業所」と労災保険の継続事業の「事業(場)」は類似した概念の単位である。

ただし，労働保険には本社が全支店分の賃金計算を行っているケース等を想定して，① 事業主が同一人であること，② 事業が同一であること(事業が異なる場合は保険料率が異なるため) 等を条件に継続事業の一括が可能 (一括適用) である。すなわち，労働保険記録には事業所と企業の中間のような単位が存在する。

表 2.4 は労災保険適用事業場数 (有期事業を含む)，表 2.5 は雇用保険適用事業所数を示している。労災保険適用事業場数は平成 22 年度平均で約 262 万ヵ所，雇用保険適用事業所数は約 203 万ヵ所であるから，労災保険の方が数は多い。

表 2.4 と表 2.5 を比較すると，労災保険の全業種の新規加入比率は，雇用保険の全産業の新規適用比率よりも約 5%ポイントほど高く，労災保険の全業種の消滅比率は雇用保険の全産業の廃止比率よりも約 5%ポイントほど高い。また表 2.4 を業種・産業別に見ると，林業と建設業でとりわけ新規加入比率及び消滅比率が高いが，これは表 2.4 の事業場数に有期事業が含まれているからである。

表 2.4 労災保険適用事業場数 (有期事業を含む，平成 22 年度)

業種別	① 平成 21 年度末現在	② 新規加入	③ 消滅	④ 平成 22 年度末現在	⑤ 平成 22 年度平均	新規加入比率 (②÷⑤)	消滅比率 (③÷⑤)
林業	15,557	2,097	2,307	15,347	15,452	13.6%	14.9%
漁業	4,027	194	283	3,938	3,983	4.9%	7.1%
鉱業	3,529	146	307	3,368	3,449	4.2%	8.9%
建設業	607,371	90,448	97,283	600,536	603,954	15.0%	16.1%
製造業	408,833	18,630	29,436	398,027	403,430	4.6%	7.3%
運輸業	73,252	4,862	5,214	72,900	73,076	6.7%	7.1%
電気，ガス，水道又は熱供給の事業	2,106	131	113	2,124	2,115	6.2%	5.3%
その他の事業	1,501,705	129,325	110,003	1,521,027	1,511,366	8.6%	7.3%
船舶所有の事業	4,963	428	302	5,089	5,026	8.5%	6.0%
全業種	2,621,343	246,261	245,248	2,622,356	2,621,850	9.4%	9.4%

(出典) 厚生労働省「労災保険事業年報」

2.3 労働保険記録

表 2.5 雇用保険適用事業所数 (平成 22 年度)

産業分類	①新規適用事業所数(年度計)	②廃止事業所数(年度計)	③月末適用事業所数(年度平均)	新規適用比率(①／③)	廃止比率(②／③)
A 農業,林業	1,790	563	15,786	11.3%	3.6%
B 漁業	244	146	3,358	7.3%	4.3%
C 鉱業,採石業,砂利採取業	30	132	2,826	1.1%	4.7%
D 建設業	11,504	14,320	300,184	3.8%	4.8%
E 製造業	5,778	13,271	313,723	1.8%	4.2%
F 電気・ガス・熱供給・水道業	85	89	1,964	4.3%	4.5%
G 情報通信業	3,274	2,588	53,934	6.1%	4.8%
H 運輸業,郵便業	2,489	2,636	77,547	3.2%	3.4%
I 卸売業,小売業	16,069	16,882	393,710	4.1%	4.3%
J 金融業,保険業	1,108	1,059	24,339	4.6%	4.4%
K 不動産業,物品賃貸業	3,084	2,321	52,511	5.9%	4.4%
L 学術研究,専門・技術サービス業	7,311	6,498	150,017	4.9%	4.3%
M 宿泊業,飲食サービス業	10,029	5,379	92,092	10.9%	5.8%
N 生活関連サービス業,娯楽業	6,368	3,670	80,765	7.9%	4.5%
O 教育,学習支援業	1,794	922	31,980	5.6%	2.9%
P 医療,福祉	10,070	4,270	205,823	4.9%	2.1%
Q 複合サービス事業	347	527	34,803	1.0%	1.5%
R サービス業	8,460	6,587	176,073	4.8%	3.7%
S 公務	1,209	706	15,284	7.9%	4.6%
T 分類不能の産業	257	122	2,349	10.9%	5.2%
全産業	91,300	82,688	2,029,067	4.5%	4.1%

(出典) 厚生労働省「雇用保険事業年報」

　有期事業は事業所の母集団情報の対象とはならないので，継続事業所について労働保険記録から開業・廃業に関する情報が得られた事業所を母集団情報の整備に用いることになる．表 2.5 によれば雇用保険の開業・廃業事業所数はそれぞれ年間約 8～9 万事業所となる．ただし，一括適用されている事業所があるので，統計単位としての事業所でみれば，もっと数が多いことになる．

2.3.3 労働保険記録に収録されている情報

　労働保険記録にはどのような情報が収録されているのであろうか．図 2.3 は労働保険関係成立届の様式を示している．労働保険関係成立届けとは，労働保険の適用事業となったときに，所轄の労働基準監督署又は公共職業安定

2 事業所・企業の行政記録情報

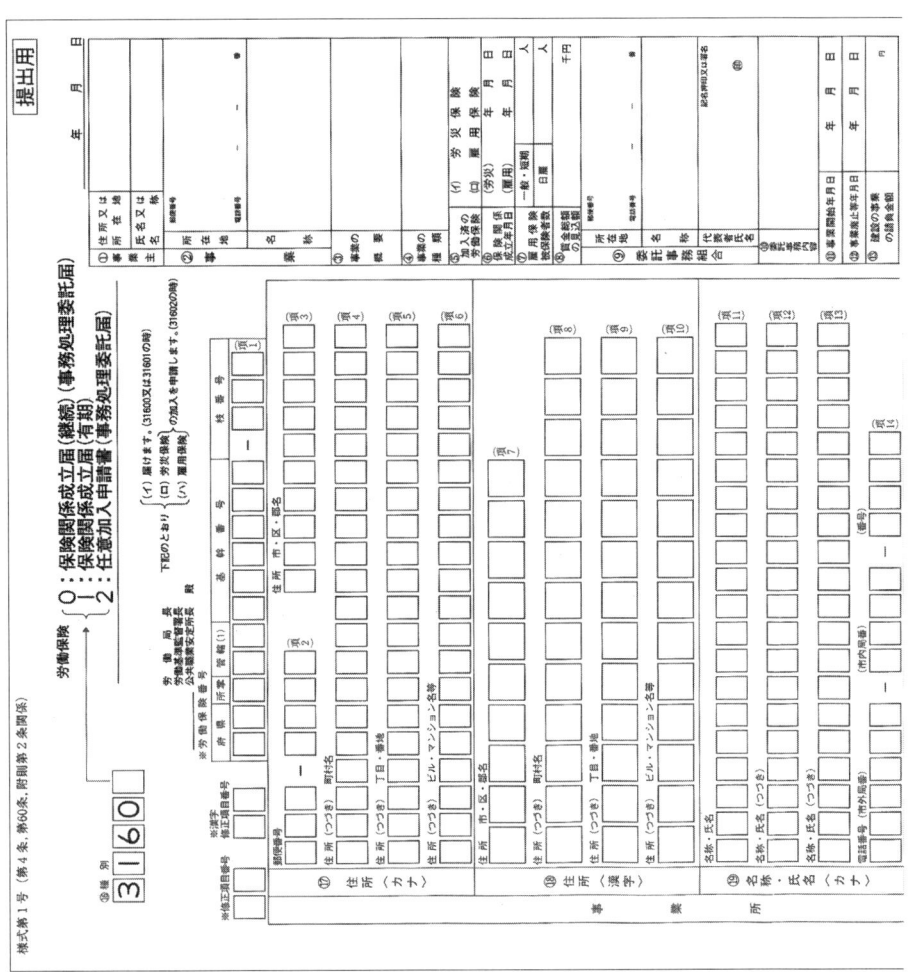

2.3 労働保険記録

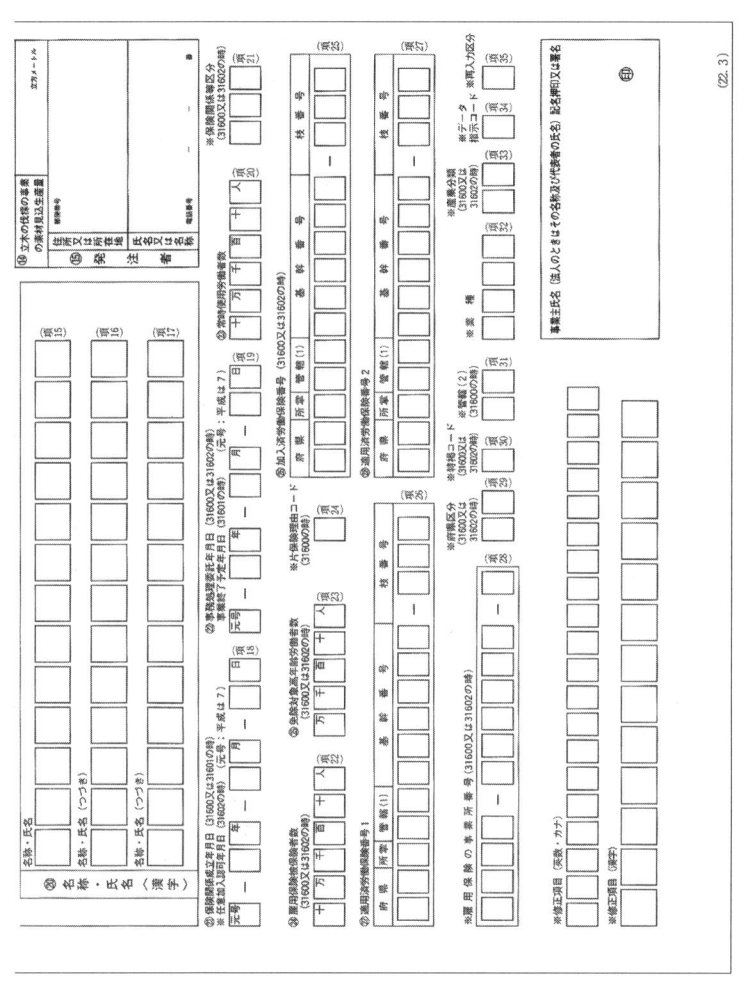

図 2.3 労働保険関係成立届
(出典) 厚生労働省

所に提出する届出書のことである．これを見ればどのような情報が収集されているのか分かる．

図 2.3 の中で，事業主の住所，名称・氏名，保険関係成立年月日，常時使用労働者数 (労災保険対象の労働者数)，雇用保険被保険者数 (雇用保険対象の労働者数)，労働保険番号，雇用保険の事業所番号，産業分類の項目が母集団名簿の整備に関係する．全体的に商業・法人登記よりも情報量が多く，特に所在地だけでなく電話番号，労働者数，産業分類の情報があることが，後において出てくる**プロファイリング** (実態把握) において有用である．

2.4　EDINET

EDINET (Electronic Disclosure for Investors' NETwork) とは，「金融商品取引法に基づく有価証券報告書等の開示書類に関する電子開示システム」のことで，有価証券報告書，有価証券届出書，大量保有報告書等の開示書類について，インターネット上においても閲覧を可能とするものである．開示対象企業は，上場会社，有価証券届出書提出会社，外形基準会社 (事業年度または前 4 事業年度末のいずれかにおいて株券の所有者数が 1000 名以上であるもの) であり，平成 21 年度 (2009 年度) の国内の提出会社数は約 4 千社である．

図 2.4 は EDINET の提出者検索画面である．提出者 EDINET コード，提出者名称，提出者業種，提出者種別から検索すれば，有価証券届出書等を見ることができる．有価証券報告書には売上高など商業・法人登記や労働保険記録にはない情報が収録されており，それらは統計調査結果の確認・補完等に活用することが期待される．

表 2.6 は資本金階級別企業数と構成比を示している．参考として 2009 年経済センサス − 基礎調査 (第 4 章参照) のデータも示している．経済センサス − 基礎調査のデータは全ての企業をカバーしていると考えてよい．経済センサス − 基礎調査の結果と比較すると，EDINET 情報は資本金規模が大きい企業のカバレッジが高いが，小企業のカバレッジは低いことが分かる．

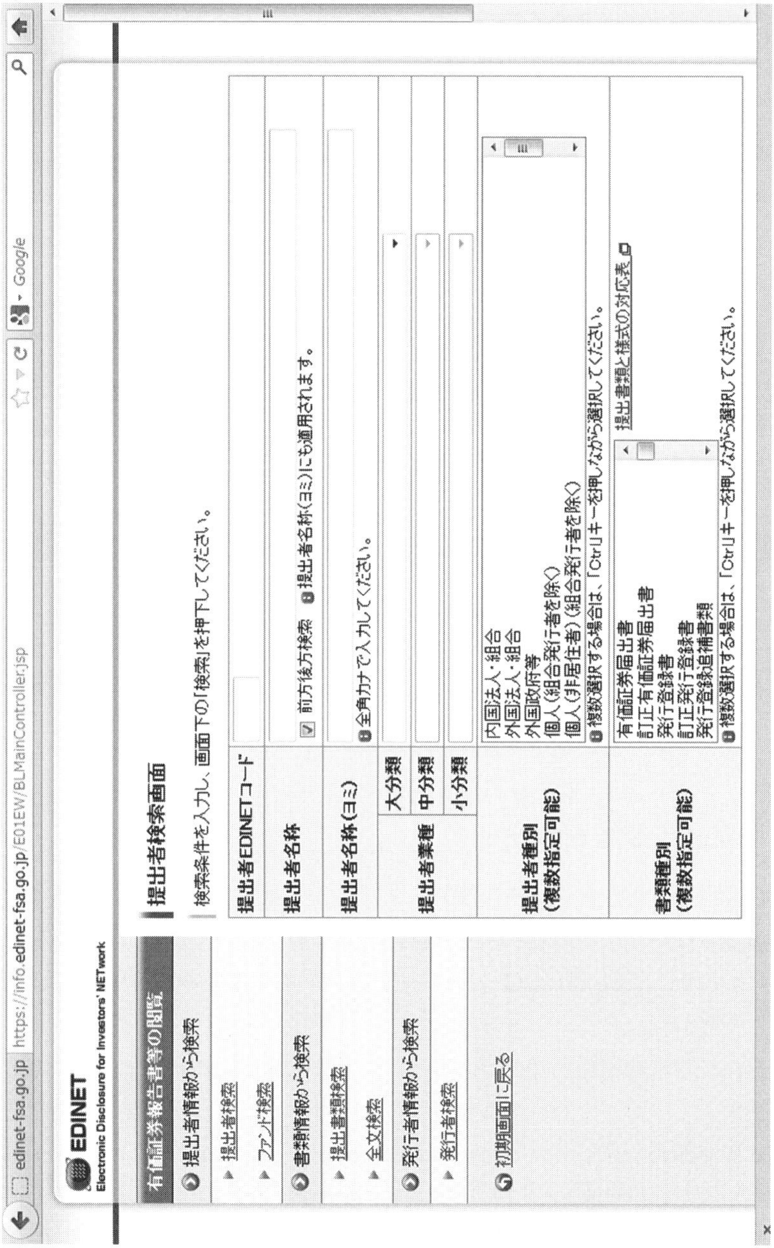

2.4 EDINET

図 2.4 EDINET の提出者検索画面

表 2.6　資本金階級別企業数と構成比

資本金階級	2009年度 EDINET		(参考) 2009年 経済センサス－基礎調査	
	企業数	構成比	企業数	構成比
300万円未満	0	0.0	75,921	4.2
300〜500万円	0	0.0	700,016	39.0
500〜1000万円	0	0.0	232,192	12.9
1000〜3000万円	5	0.1	642,401	35.8
3000〜5000万円	5	0.1	70,767	3.9
5000万〜1億円	33	0.8	43,478	2.4
1〜3億円	195	4.6	14,796	0.8
3〜5億円	262	6.1	7,834	0.4
5〜10億円	621	14.6		
10〜20億円	756	17.7	3,689	0.2
20〜30億円	442	10.4		
30〜40億円	296	6.9		
40〜50億円	185	4.3		
50億円以上	1,461	34.3	2,117	0.1
合計	4,261	100.0	1,793,211	100.0

(注)　EDINET 企業については，第一生命保険株式会社のみ株式会社移行の過渡期のため資本金額が存在せず，集計から除外した。
(出典)　森博美，菅幹雄 [2012]『事業所母集団データベースの更新情報等を活用したレジスター統計に関する研究について』，総務省統計研修所リサーチペーパー第 30 号。50 億円以上は筆者がまとめた。

2.5　プロファイリング

行政記録情報から新しい事業者が見つかったら，① どの場所にどのような事業所を所有しているか (企業組織構造)，② その事業所でどのような活動を行っているか (産業分類)，③ 何人の従業者を雇用しているか (従業者数) を確認しなければならない。

企業組織構造の情報が必要であるのは，行政記録情報の記録単位が企業とも事業所とも一対一で対応するとは限らないためである。図 2.5 に企業構造の模式図を示した。

図中の実線の枠は事業所，灰色の太線の枠は企業 (法人) を示している。この企業には 6 つの事業所があり，1 つの本所 (本社事業所) と 5 つの支所 (2 つ

2.5 プロファイリング

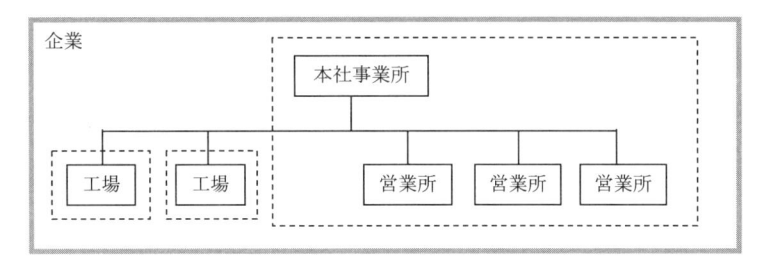

```
企業
  ├─ 本社事業所
  ├─ 工場  工場
  └─ 営業所  営業所  営業所
```

図 2.5　企業組織構造の模式図

の工場, 3つの営業所) から構成されている. 本社事業所及び営業所は, 労災保険料率が同一なので「継続事業の一括」がなされ, 工場は労災保険料率が業種により異なるので,「個別成立」がなされている. 図 2.5 において行政記録情報の記録単位 (点線の枠) は, 企業とも事業所とも一致していない.

産業分類の情報が必要なのは, 統計調査の対象を絞りこむためである. 例えば, 食料品工業について調査したければ, 食料品工業の事業所だけをリストアップして調査票を配布すればよい. だが, もしも母集団名簿に大まかな産業分類しかなければ, 調査票を広い範囲の産業の事業所に配らなければならず, しかも無関係の事業所にも報告者負担がかかることになり, 不効率である.

従業者数の情報が必要なのは, 標本調査において規模別に標本数を割り当てるためである. 小規模な事業者は数が多い割に経済活動全体の売上高等に占める割合は小さい. したがって, ある規模以下は調査をしないか, 標本抽出にすることが調査効率上考えられるが, それには規模の情報が必要である. そして産業統計では規模を従業者数で測ることが多い.

行政記録情報を統計調査に活用するために行う照会作業を, 国際的には**プロファイリング** (profiling) と呼ぶ. 略歴, 経歴など人物の紹介をフランス語でプロフィール, 英語でプロファイルというが, 事業所のプロフィールあるいはプロファイルを作成する作業であると考えればよい.

プロファイリングの方法はさまざまである. カナダ統計局のように電話による照会とインターネットのホームページで主に調べている国, 米国センサス局の企業組織調査のようにプロファイルのための統計調査 (Company

Organization Survey: COS,「企業組織調査」)を実施している国などさまざまである[13]。どういう方法を採用するかは，各国の事情による。

　わが国では総務省統計局が，労働保険記録及び商業・法人登記情報で新規に見つかった事業者についてプロファイリングを実施している。電話照会 (電話により問い合わせ) や，電話照会において回答がない事業所への郵送による照会を行っている。近い将来，米国センサス局のように，プロファイルのための調査「企業構造の把握」が総務省統計局によって開始される予定である。

　実に地味な作業であるが，これを実施することによってようやく，行政記録情報が統計調査に活用できることになる。近年この作業に光が当てられ，国際的に「プロファイリング」という名称が与えられたのは，この作業の重要性が広く認知されたからである。

---

[13] プロファイリングの定義は未だ国際的に定まっているわけではない。あらかじめ定まった調査票を用いないで照会するものをプロファイリングとする見解もあれば，それも含めてプロファイリングと呼んでいるケースもある。

3
ビジネスレジスター

3.1 統計調査のインフラストラクチャー

調査対象を見つけたら，次に**母集団名簿**を整備する。**母集団**とは調査対象全体を指すから，母集団名簿とは調査対象全体の名簿のことである。統計調査のためには母集団名簿に名称，所在地，電話番号などのコンタクト先情報，産業分類や従業者数などの**層化**(グループ分け)情報などが必要である。何十万もの調査対象について，こうした情報を収集して整理するのは大変な作業であるが，母集団名簿の良し悪しによって統計の品質が大きく左右される。統計調査ごとにこうした作業を行うことは不効率であるから，名簿情報をデータベース化して共用する。

わが国では，各省横断的に利用可能な母集団情報の管理を目的として，**事業所・企業母集団データベース**が，平成14年度(2002年度)から運用されている。その後，母集団名簿の管理及び**標本抽出**(母集団から標本を取りだす)機能が拡充された。平成20年度(2008年度)からは**政府統計共同利用システム**の一つとしての運用も始まった。政府統計共同利用システムとは，以前は各府省が個別に整備してきた統計に関するデータベースや調査システムなどの情報システムを集約し，効率的なシステム投資や業務の効率化を図る統計調査業務の最適化の取り組みとして整備されたものである。

欧米諸国では，母集団データベースに更に行政記録や各種統計調査結果などさまざまな情報を収録し，それを調査担当者間で共有することにより，既存の

情報を有効に使い，報告者に追加的な負担なしに，効率的に高い品質の統計を維持しようとする進んだ考え方がある。このような仕組みは，もはや単なる母集団名簿を超えており，国際的には**ビジネスレジスター** (Business Register) と呼ばれる[1]。ビジネスレジスターの実現によって調査設計者の創意工夫の余地が大きく広がる。ビジネスレジスターは統計調査における新しい知的作業を実現する「統計のインフラストラクチャー」(statistical infrastructure) である。

3.2 ビジネスレジスターの利活用

平成 24 年 (2012 年) 現在，わが国では総務省統計局においてビジネスレジスターの開発が進められている。その利活用の枠組みを示したのが図 3.1 である。

まず，プロファイリングされた行政記録情報や各種産業統計調査の情報をビジネスレジスターに格納し，それから母集団名簿を作成する。各府省は統計調査の実施に当たり，ビジネスレジスターから母集団名簿の提供を受ける。

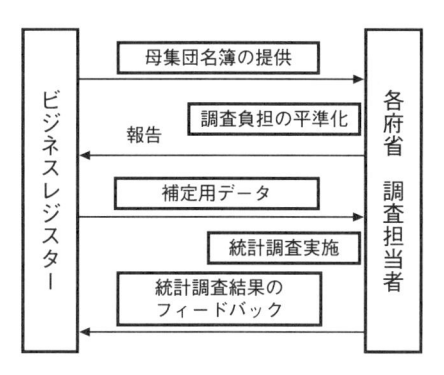

図 3.1 わが国におけるビジネスレジスターの枠組み

---

[1] レジスターとは「台帳」という意味である。ビジネスレジスターを直訳すると「事業所・企業台帳」であるが，これではその多機能性が分かりづらい。こういう場合はカタカナ表現の方が良いであろう。なお，わが国で早くからビジネスレジスターに注目し，紹介したのは松田芳郎氏である。松田芳郎 [1991] 『企業構造の統計的測定方法』岩波書店。松田芳郎 [1999] 『ミクロ統計データの描く社会経済像』日本評論社。

ここで調査担当者は，調査対象の候補となっている事業所・企業が，他の調査で何回も当たっているようであれば調査対象から外し，調査負担を平準化する。また各府省は，統計調査で回答を得られなかった事業所・企業のデータを補うためのデータも受け取れる。調査が終了した後は，調査結果をビジネスレジスターにフィードバックする。この作業が多くの調査で繰り返し実施されることで，ビジネスレジスターは最新のデータが更新される。これにより，常に新鮮な情報に基づいて調査できることになるため，経済のダイナミズムをより的確に把握できることが期待される。

3.3 各種統計情報の収録

ビジネスレジスターの中核となる情報は，平成21年(2009年)に実施された**経済センサス－基礎調査**及び平成24年(2012年)に実施された**経済センサス－活動調査**である。経済センサスについては第4章及び第5章でより詳しく説明する。そのほか表3.1にあるように全数調査及び一部の規模が全数の産業統計などが収録される。このように主要な産業統計が一堂に会し，共通データベースに収録されるのは，わが国の統計において画期的なことである。

一国の統計機構は，統計調査活動が特定の機関に集中して行われる**集中型**と，複数の行政機関においてそれぞれの行政分野について独立して行われる**分散型**がある。わが国は分散型統計機構であったため，統計調査は府省の縦割りであり，府省間の連携はほとんどなかった。そのため互いに重複やニッチ(隙間)があっても，よく分からないのが実情であった。

府省間の共通データベースが作成されることによって，初めてわが国の産業統計において，どの産業統計がどの経済活動を調査していて，どの産業統計にもカバーされていない経済活動はどれか，互いの統計数値は矛盾がないか，初めてミクロレベルで明らかになる。ただし，これを可能にするためには，産業統計間では事業所及び企業に対して同じ単一のコード(**共通事業所・企業コード**)を付し，それをデータに残さなければならない。今後，共通事業所・企業コードを調査結果データに付すことが，全ての産業統計に義務化される予定である。

表 3.1 ビジネスレジスターに優先的に収録される産業統計一覧

府省	統計調査名		調査対象		
			全数調査	企業	産業分類
総務省	サービス産業動向調査				
	科学技術研究調査			△	
	個人企業経済調査	動向調査			
		構造調査			
財務省	法人企業統計調査		△	○	
文部科学省	学校基本調査	高等教育機関	○		816　高等教育機関
		その他	○		811〜815, 817
厚生労働省	毎月勤労統計調査	全国調査			
		特別調査			
	賃金構造基本統計調査				
	医療施設調査	静態調査	○		831　病院 822　一般診療所 833　歯科診療所
		動態調査	○		
農林水産省	世界農林業センサス (法人組織経営体)		○		A　農業, 林業
	漁業センサス (法人組織経営体)	海面漁業調査	○		031　海面漁業 041　海面養殖業
		内水面漁業調査	○		032　内水面漁業 042　内水面養殖業
		流通加工調査	○		092 水産食料品製造業
経済産業省	商業統計調査		○		I　卸売業, 小売業
	商業動態統計調査				
	工業統計調査		△		E　製造業
	経済産業省企業活動基本調査			○	
	特定サービス産業実態調査		△	△	
	特定サービス産業動態統計調査				
	エネルギー消費統計調査		△		
	中小企業実態基本調査				
国土交通省	建設工事施工統計調査		△	○	

(注)　「全数調査」の列に○とあるのは全数調査, △とあるのは一部規模が全数の調査である。「企業」の列に○とあるのは企業調査, △とあるのは一部企業調査である。
(出典)　総務省統計局資料に基づき筆者作成。

3.4 年次フレーム

ビジネスレジスターから提供される母集団リストを**年次フレーム**と呼ぶ。「フレーム」とは**抽出枠**(リスト)のことである。「年次」とついているのは，現在開発中のビジネスレジスターが年次ベースで更新された母集団リストを提供することになっているからである。具体的には，ある年次の7月1日時点(作成基準日)の情報が翌年の第1四半期に提供される。なお経済センサス(基礎調査・活動調査)実施年については，速報結果についてデータベースによる補完を行った上で，年次フレームとして提供される。また経済センサス実施年以外は，行政記録情報等をベースにしたプロファイリングにより1年分の新設・廃業処理を実施した上で，年次フレームとして提供される。

これまでは2～3年に1回実施される事業所・企業統計調査の結果が公表

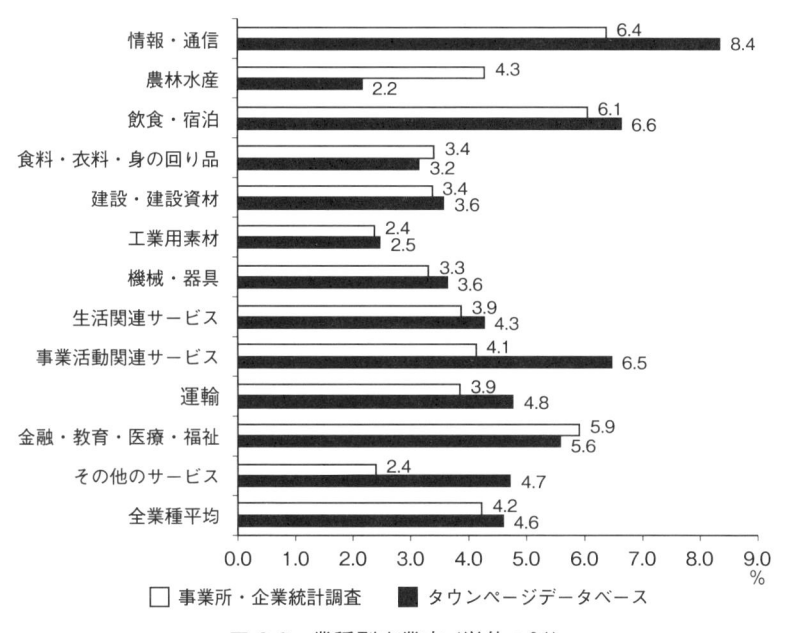

業種	事業所・企業統計調査	タウンページデータベース
情報・通信	6.4	8.4
農林水産	4.3	2.2
飲食・宿泊	6.1	6.6
食料・衣料・身の回り品	3.4	3.2
建設・建設資材	3.4	3.6
工業用素材	2.4	2.5
機械・器具	3.3	3.6
生活関連サービス	3.9	4.3
事業活動関連サービス	4.1	6.5
運輸	3.9	4.8
金融・教育・医療・福祉	5.9	5.6
その他のサービス	2.4	4.7
全業種平均	4.2	4.6

図 3.2 業種別廃業率 (単位：%)

(出典) 中小企業庁『2007年版中小企業白書』
(注) 原資料はエヌ・ティ・ティ情報開発(株)「タウンページデータベース」，総務省「事業所・企業統計調査」により特別集計。

されるのにあわせて更新されてきた。わが国において，事業所は年率約 2〜7％の割合で廃業しているといわれている (図 3.2)。2 年前の情報に基づく名簿であるならば，調査を実施する頃には約 4〜14％の事業所がなくなっていることになる。もちろん新規に開業した事業所があるはずであるが，これまでそれらの事業所は次の事業所・企業統計調査が実施するまで把握されなかった。さらに，各府省は統計調査の前に独自に名簿を更新していたが，その情報は府省間であまり共有されなかった。

ビジネスレジスターが実現すると，年次フレームでは経済センサス–活動調査による経理項目の情報，例えば売上高などを提供するようになる。事業所母集団データベースでは規模情報としては従業者数しか提供していなかったから，統計調査の担当者にとっては大きく選択肢が広がることになる。

3.5 補定用データの提供

統計調査において調査票が 100％回収できることはまずない。標本調査では代わりの標本 (**代替標本**) を選んで調査すれば良いが，全数調査では代わりの標本を選ぶわけにはいかない。また調査票は回収できても，ある項目が未記入であることもある。こうした未回収及び未記入の情報をそのままに集計すると過小になる。そこで何らかのデータに基づいて，欠けた情報を補わなければならない。これを**補定** (あるいは**補完**) という。そして補定を行うためのデータが**補定用データ**である。平成 24 年 (2012 年) 現在，総務省統計局で開発されているビジネスレジスターでは，補定用データを提供する機能が備えられる。

ビジネスレジスターから提供される補定用データを用いた具体的な補定方法はまだ開発段階である。そこで平成 18 年・16 年・13 年の事業所・企業統計調査のデータを用いて総務省統計局が実施したシミュレーションを紹介しよう。まず擬似乱数を発生させ，それとあらかじめ与えた欠損率 (10％) に基づいて平成 18 年データについて欠損事業所をつくりだす。次に，その欠損事業所の従業者数を当該欠損事業所の過去のデータ (平成 16 年・13 年) で補定した。これを 1200 回繰り返す。

3.5 補定用データの提供

表 3.2 補定シミュレーション結果

	実数	実績値との比率
従業者数の実績値 (平成 18 年)	45,289,787	100.00 %
補定前 (欠損率 10 %) の従業者数の平均	40,762,339	90.00 %
補定した従業者数の平均	4,600,438	10.16 %
補定後の従業者数の平均	45,362,778	100.16 %
補定後と実績値の誤差の状況		
平均誤差	72,991	0.16 %
最大誤差	124,348	0.27 %
最小誤差	33,683	0.07 %
標準偏差	13,763	0.03 %

(出典) 森博美, 菅幹雄 [2012]『事業所母集団データベースの更新情報等を活用したレジスター統計に関する研究について』, 総務省統計研修所リサーチペーパー第 30 号.
(注) 対象は既存事業所 (平成 18 年に存在し, かつ少なくとも平成 16 年・13 年のいずれかに存在) のみである. 実数は小数第 1 位で四捨五入して表示している.

表 3.2 は補定シミュレーションの結果を示している. 平成 18 年の既存事業所 (平成 18 年に存在し, かつ少なくとも平成 16 年・13 年のいずれかに存在) の従業者数の実績値は 45,289,787 人である. 事業所の 10% を欠損させた場合の従業者数の平均は 40,762,339 人である. 過去のデータで補定した従業者数は 4,600,438 人である. 補定後の従業者数の平均は 45,362,778 人であり, これと実績値の差

$$45{,}362{,}778 - 45{,}289{,}787 = 72{,}991$$

が平均誤差である. 1200 回のシミュレーションで最大誤差は 124,348 人, 最小誤差は 33,683 人, 誤差の標準偏差は 13,763 人である. 実績値との比較で

表 3.3 事業所・企業統計調査による従業者数の増減率の推移

調査対象年	実数	増加率	年率
(本調査)			
平成 8 年	62,781,253		
平成 13 年	60,157,509	−4.18 %	−0.85 %
平成 18 年	58,634,315	−2.53 %	−0.51 %
(簡易調査)			
平成 6 年	54,366,015		
平成 11 年	53,806,580	−1.03 %	−0.21 %
平成 16 年	52,067,396	−3.23 %	−0.65 %

(出典) 統計局「事業所・企業統計調査」

は平均誤差率が 0.16％である。

　事業所・企業統計調査は平成 3 年以降，西暦末尾 1 及び 6 の年に本調査，4 及び 9 の年に簡易調査が実施されてきた (表 3.3)。本調査と簡易調査の従業者数を直接比較することはできないので別々に比較すると，平成 8 年から 13 年にかけて −4.18％，13 年から 18 年にかけて −2.53％，6 年から 11 年にかけて −1.03％，11 年から 16 年にかけて −3.23％変化している。これは年率に換算するとそれぞれ −0.85％，−0.51％，−0.21％，−0.65％である。絶対値で比較してシミュレーションの平均誤差率 (0.16％) はこれらより小さい。

3.6　統計調査結果のフィードバック

　統計調査を実施してみたら，「廃業していた」,「移転していた」,「転業していた」等の新しい事実が判明する。こうした新しい事実を調査担当者間で共有すれば，調査を効率的にすることができる。例えば，ある調査において，ある事業所が廃業していることが分かれば，次の調査ではその事業所は調査対象から外せば，その分，無駄な調査票を配らなくてすむ。このように新しく得た情報をビジネスレジスターにフィードバックして調査担当者間で情報を共有することが効率を上げるのに重要である。

　また統計調査結果をフィードバックすることは，統計の品質向上にも貢献する。調査票に記入された数字は記入者が正しく記入したものとは限らない。過去に同一の事業所を調査していれば，過去の数値と比べて誤りを見つけることはできるが，過去からずっと間違っていたらそれを発見することは困難である。だが同一の事業所や企業についてさまざまな統計調査の結果を横に並べれば，このような間違いを発見する手がかりが得られる。こうした作業の繰り返しによって統計調査結果の誤りを正すことができるので，統計の品質が向上することが期待される。

3.7　レジスター統計

　平成 24 年現在開発中のビジネスレジスターが出来上がったとき，これを活用

3.7 レジスター統計

すれば従来にない新しい統計，**レジスター統計** (Register-based statistics) を作成できる可能性がある．米国では，ビジネスレジスターを活用して County Business Pattern (直訳すれば「郡経済状況」) という小地域 (county は郡，日本の市区町村に相当) の統計を作成しているが，これは米国の地域分析においては不可欠なものとなっている．また OECD は，各国統計機関がビジネスレジスターを活用して作成した国勢比較可能な**企業動態統計** (Business Demography) の整備を推進している．これは製造業の空洞化が深刻な問題となっている先進諸国で，いかに起業家を養成し地域を活性化するかという政策課題に対応して行われているものである．わが国においても，同様な統計が作成可能であろうし，独自のレジスター統計を作成することも可能であるように思われる．

レジスター統計の特徴は次のとおりである．第一に，行政記録情報に基づいていることである．行政記録情報の特徴の一つは申請しないと事業活動に支障があるか，無申告・誤報告について罰則があるため，ある特定の調査対象をほぼ完全にカバーしていることである．

第二に，更新頻度が短い全数の情報であることである．センサス統計を除けば全数の情報はなく，しかもセンサス統計は 5 年あるいは 10 年周期の調査であり，調査間隔が長いのが通常である．これに対して行政記録情報は年単位あるいは月単位で更新される．

第三に，行政記録情報を活用しているので追加的な報告者負担がかからないことである．報告者が統計調査の回答に投入できる人員・時間は限られており，新しい統計調査を開始するときには他の統計調査の軽量化・廃止 (スクラップ・アンド・ビルト) をしなければ必然的に回収率の低下を引き起こす．だが，行政記録情報を活用すれば追加的な報告者負担がかからない．ICT の発展に伴うユーザーの情報ニーズが急速に増大している状況を考えれば，レジスター統計に今後の統計の発展の方向を見出さざるを得ない．

第四に，レジスター統計は記録時点が異なり，かつ異なる情報源から収集された情報であるが，厳密には定義が異なるレジスター統計を活用する場合は，このことを承知した上で活用すべきである．

4
経済センサス－基礎調査

4.1 全ての事業所・企業を対象とする統計調査

平成 24 年 (2012 年) 2 月に総務省統計局と経済産業省の共同で初めて**経済センサス－活動調査**」実施された。わが国に存在するすべての企業と，その傘下にある工場，事務所，商店などを調査する統計である。センサス (census) とは，母集団すべてを調査対象とする全数調査のことである。**経済センサス**は，事業所及び企業の経済活動の状態を明らかにし，包括的な産業構造を明らかにするとともに，事業所・企業を対象とする各種統計調査の母集団情報を整備するための統計調査である。

経済センサスは，ペアになる**基礎調査**と**活動調査**から構成されている。このうち，基礎調査は事業所・企業の基本的構造を明らかにする調査のことで，平成 21 年 (2009 年) 7 月に実施され，その結果が 2012 年現在，既に公表されている。

近年になって経済センサスが実施されるようになったのは，日本経済の産業構造の変化が背景にある (表 4.1, 表 4.2)[1]。明治時代，わが国の産業構造は農林水産業中心だった。1900 年 (明治 33 年) の**国内総生産**に占める農林水産業の割合は 39.4%であり，鉱工業は 16.8%であった。明治政府は欧米諸国から技術導入を図り工業化を推進したから，鉱工業の比率はその後上昇し，そ

---

[1] 三和良一・原朗編 [2007]『近現代日本経済史要覧』はわが国の経済史に関する史資料を吟味して集めた史資料集である。こうした史資料集を有効に活用することは，全体像を的確につかむのに良いであろう。なお，表 4.1 と表 4.2 は原資料が異なることに注意されたい。

4.1 全ての事業所・企業を対象とする統計調査

表 4.1　日本経済の産業構造の推移 (1900〜1940 年)

	農林水産業	鉱工業	製造業	建設業	運輸通信公益事業	商業サービス業
1900	39.4	16.8	15.0	4.5	3.9	35.4
1910	32.5	21.5	19.1	4.6	6.7	34.7
1920	30.2	24.1	20.6	5.0	8.0	32.7
1930	17.6	25.7	23.7	5.9	13.0	37.8
1940	18.8	39.7	37.0	7.7	7.0	26.8

(出所)　三和良一・原朗編 [2007]『近現代日本経済史要覧』東京大学出版会, p.9, 表 6(a) より筆者作成。
(原資料)　大川一司他 [1974]『長期経済統計 1　国民所得』東洋経済新報社

れに伴って農林水産業の比率は低下していった。太平洋戦争の直前の 1940 年 (昭和 15 年) には農林水産業の比率は 18.8％まで低下し, 鉱工業の比率は 39.7％まで増えている。

太平洋戦争を経た 1950 年 (昭和 25 年) の国内総生産に占める農林水産業の割合は 26％であり, 鉱工業は 27.7％である。高度成長期に鉱工業の比率はさらに上昇し, 1970 年 (昭和 45 年) には 31.2％に達した。その後 1980 年 (昭和 55 年) には 27.7％, 1990 年 (平成 2 年) には 26.2％, 2000 年 (平成 12 年) には 21.4％に低下した (表 4.2)。

代わって増大したのが第三次産業の比率である。第三次産業 (電気・ガス・水道・運輸・通信・商業・金融・保険・不動産・サービス・公務) の比率は 1950

表 4.2　日本経済の産業構造の推移 (1930〜2005 年)

	農林水産業	鉱工業	製造業	建設業	電気・ガス・水道・運輸・通信	商業・金融・保険・不動産・サービス・公務
1930	16.9	23.3	21.4	3.9	13.5	42.5
1940	24.1	32.8	30.0	3.1	8.8	31.2
1950	26.0	27.7	24.8	4.0	7.4	34.9
1960	14.9	30.8	29.2	5.5	9.2	39.7
1970	7.8	31.2	30.6	7.4	8.0	45.8
1980	3.5	27.7	27.1	8.9	9.3	50.7
1990	2.4	26.2	25.9	9.6	9.5	52.3
2000	1.7	21.4	21.3	7.1	10.2	59.6
2005	1.4	20.3	20.2	6.1	9.9	62.3

(出所)　三和良一・原朗編 [2007]『近現代日本経済史要覧』東京大学出版会, p.9, 表 6(b) より筆者作成。
(原資料)　1970 年までは経済企画庁『国民所得白書』,『改訂国民所得統計』,『国民所得統計年報』。1980 年以降は内閣府経済社会総合研究所。

年 (昭和 25 年) には約 4 割であったのが，2005 年 (平成 17 年) には 7 割を超えている．このように第三次産業の重要性が高まるにつれて，全産業を包括的に調査するような統計調査が必要であることが広く認識されるようになった．だが，わが国では各府省庁がそれぞれ所管する産業を縦割りで調査していたため，各府省が実施した産業統計調査を集計しても，日本経済全体の実態が的確に把握できない状況であった．そこで府省庁横断で包括的に調査する経済センサスの必要性が叫ばれた．

4.2 経済センサスが実施されるまで

経済センサスの検討は，平成 15 年 (2003 年) の「統計行政の新たな展開方向」(平成 15 年 6 月 27 日各府省統計主管部局長等会議申合せ) において，原則，全産業分野のすべての事業所・企業を対象に経済活動の実態を経理的側面からとらえる「経済センサス」の創設に向けて検討するとされたことに遡る．その後，「経済財政運営と構造改革に関する基本方針 2005」(平成 17 年 6 月 21 日閣議決定) において，「経済センサス」の整備を進めるとされたことに基づき，関係府省，学識経験者等によって構成される「経済センサス (仮称) の創設に関する検討会 (座長：清水雅彦 慶應義塾大学教授)」において検討を行い，「経済センサスの枠組みについて」を取りまとめた．そして平成 21 年 (2009 年) に経済センサス – 基礎調査，平成 24 年 (2012 年) に経済センサス – 活動調査が実施された (図 4.1)．

検討開始から実現まで約 10 年かかった一つの理由は，経済センサスの実施

平成 15 年	「統計行政の新たな展開方向」(平成 15 年 6 月 27 日各府省統計主管部局長等会議申合せ)
平成 17 年	「経済財政運営と構造改革に関する基本方針 2005」(平成 17 年 6 月 21 日閣議決定)
平成 16 年～平成 18 年	「経済センサス (仮称) の創設に関する検討会」
平成 20 年	「経済センサスの今後の取組みについて」
平成 21 年	経済センサス – 基礎調査の実施
平成 24 年	経済センサス – 活動調査の実施

図 4.1 経済センサスが実施されるまでの経緯

にあたって府省庁間の調整が必要であったからである．一国の統計機構は，統計調査活動が特定の機関に集中して行われる**集中型**と，複数の行政機関においてそれぞれの行政分野について独立して行われる**分散型**がある．わが国は分散型統計機構であり，かつ第三次産業はさまざまな府省庁が所管していた．

もう一つの理由は，わが国には事業所・企業統計調査を除いて，全産業を包括的に網羅するような統計調査を実施した経験がなかったからある．幸いにも海外にモデルが存在した．アメリカ合衆国 (以下，「米国」と略す) のセンサス局が実施している経済センサスである．

米国では 1954 年に産業別のセンサスがまとめられて経済センサスとなってから既に約半世紀の歴史があった．平成 15 年 (2003 年) から筆者 (菅) と宮川幸三は米国センサス局に対して米国経済センサスの調査システムに関するインタビュー調査を実施した (その結果は菅幹雄・宮川幸三 [2008]『アメリカ経済センサス研究』慶應義塾大学出版会にまとめられている)．その結果として明らかになったことは，**行政記録情報の活用**，**ビジネスレジスター**，**企業組織調査**，**本社一括調査**，詳細な**産業別調査票**など，米国経済センサスにはわが国の産業統計にはない特徴があることであった．そこで，わが国の経済センサスの設計にあたって，米国経済センサスの調査システムが，わが国の実情に合わせた上で取り入れられた．

4.3　経済センサス–基礎調査の概要

経済センサス–基礎調査 (以下「基礎調査」と呼ぶ) は平成 21 年 (2009 年) 7 月 1 日に初めて実施された．母集団の名簿整備を主な目的とする調査である．

経済センサス–基礎調査の前身は，平成 18 年 (2006 年) を最後に廃止された**事業所・企業統計調査**である．さらにその前身は**事業所統計調査**である．事業所統計調査は昭和 22 年 (1947 年) に連合国総司令部 (General Headquarters：GHQ) の指令で開始された統計調査である．当初，連合国総司令部から提示された案は「同一の調査単位，同一の時期，同一の調査票で彼此生産と雇用

が関連づけられるように知り得るような単一の調査」[2]であったが，検討の過程で生産に関連する調査項目 (売上高又は営業収入) が削除された。ただし，その後，昭和 26 年 (1951 年) 調査から昭和 61 年 (1986 年) 調査まで，サービス業について標本調査で事業収入あるいは売上高を調査していた[3]。平成元年 (1989 年) の「サービス業基本調査」開始に伴い，平成 3 年 (1991 年) 事業所統計調査から売上高に関する調査項目はなくなった。事業所統計調査の流れをくむ経済センサス－基礎調査にも同様の調査項目はない。

調査方法は，対象となる企業・事業所の規模に応じて，**調査員調査**と**郵送調査**に分けて行われた。調査員調査とは，調査員が調査対象事業所を訪問して調査票を配布し，記入済みの調査票を回収する調査方法である。郵送調査とは，国，都道府県，市区町村によって郵送により配布し，記入済みの調査票を回収する調査方法である。なお，インターネットによる回答も実施された。調査員調査とは，調査員が調査対象事業所を訪問して調査票を配布し，記入済みの調査票を回収する調査方法である。郵送調査とは，国，都道府県，市区町村によって郵送により配布し，記入済みの調査票を回収する調査方法である。なお，インターネットによる回答も実施された。

企業に属するすべての支所等の情報を正確に把握するため，調査は企業等を単位として行い，支所・支社・支店の事業内容や従業員数などについても本社等において記入する**本社一括調査**が採用された。ちなみに支所・支社・支店とは，本所・本社・本店が統括している事業所のことをいい，従業者を有し，事業・活動が行われていれば，営業所，出張所，工場，自社の倉庫や社員寮，配送センターなどもすべて含む。

---

[2]「一五九 (参考) 昭和二十二年事業所統計調査計画につき G・H・Q と交渉したてん末〔六五七頁〕の別紙」，総務庁統計局編 [1990]『総理府統計局百年史資料集成第三巻 経済上』，p.78。

[3] これを「乙調査」と呼ぶ。昭和 26 年 (1951 年) 調査では法人のみ悉皆調査，昭和 29 年 (1954 年) 調査から昭和 61 年 (1986 年) 調査まで，サービス業については標本調査で実施。昭和 26 年 (1951 年) 調査では売上高及び事業収入 (1 か年間)，昭和 29 年 (1954 年) 調査から昭和 41 年 (1966 年) 調査までは事業収入，昭和 44 年 (1969 年) 調査から昭和 61 年 (1986 年) 調査までは総売上高を調査していた。

4.4 調査事項

4.4.1 調査票

　基礎調査は「甲調査」及び「乙調査」の2種類からなっている。甲調査は，国及び地方公共団体の調査事業所以外の調査事業所を，乙調査は，国及び地方公共団体の調査事業所をそれぞれ対象としている。ここでは甲調査だけを紹介する。甲調査の調査票は本社事業所で支所についても記入される。調査票Aで本社事業所及び組織全体について記入し，調査票Bで支所について記入する (図 4.2, 図 4.3)。

　わが国の産業統計調査の調査票の特徴であるが，一枚の調査票に全ての調査項目を書くようになっている。米国経済センサスの調査票は何ページもの冊子形式の調査票になっている。一枚の調査票に全ての調査項目をまとめると，記入欄が小さくなり，記入説明の文字も小さくて見づらい。またスペースの関係で調査項目の数に制約が出てくる。冊子形式であれば，記入欄も大きくとれ，記入説明もさまざまな工夫が可能であり，報告者にとって記入しやすい。冊子形式の調査票の難点は，調査票を審査するときに不便であることであり，経済センサスでは検討の結果，従来の一枚の調査票に全ての調査項目をまとめる形式に落ち着いたという経緯がある。

4.4.2 コンタクト情報

　図 4.4 に示された調査項目「1 名称及び電話番号」，「2 所在地」はビジネスレジスターに必要な**コンタクト情報**である。正式名称の記入欄の中に通称名を記入する欄「(通称名：　　)」が設けられている。これは，外見上は一般によく知られたファーストフード店やコンビニエンスストアであっても，正式名称がそれと異なることがあるからである。すなわち，フランチャイズ・チェーンに加盟している店舗であり，オーナーがロイヤルティーを支払ってフランチャイズの商号・商標を使用していても，登記上の名称はフランチャイズの商号・商標に変えないことがしばしばある。

　「2 所在地」の記入欄には「所在地」の外に「登記上の所在地」の調査項目

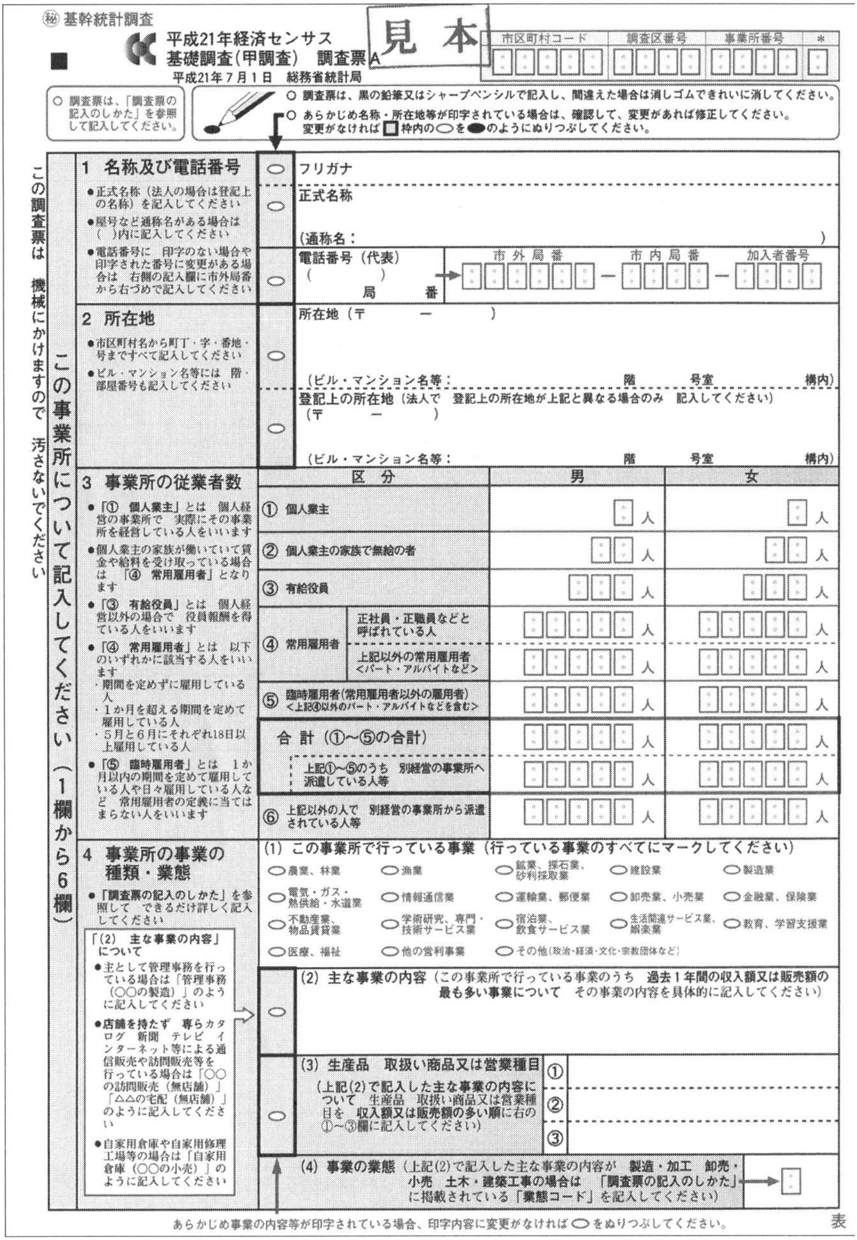
㊙ 基幹統計調査

平成21年経済センサス
基礎調査(甲調査)　調査票A　見本
平成21年7月1日　総務省統計局

市区町村コード	調査区番号	事業所番号	＊

○ 調査票は、「調査票の記入のしかた」を参照して記入してください。

○ 調査票は、黒の鉛筆又はシャープペンシルで記入し、間違えた場合は消しゴムできれいに消してください。
○ あらかじめ名称・所在地等が印字されている場合は、確認して、変更があれば修正してください。変更がなければ■枠内の○を●のようにぬりつぶしてください。

この調査票は　機械にかけますので　汚さないでください

この事業所について記入してください（1欄から6欄）

1　名称及び電話番号
- 正式名称（法人の場合は登記上の名称）を記入してください
- 屋号など通称名がある場合は（　）内に記入してください
- 電話番号に　印字のない場合や印字された番号に変更がある場合は　右側の記入欄に市外局番から右づめで記入してください

フリガナ
正式名称
（通称名：　　　　　　　）
電話番号（代表）（　　　）　局　番 → 市外局番 － 市内局番 － 加入者番号

2　所在地
- 市区町村名から町丁・字・番地・号まですべて記入してください
- ビル・マンション名等には　階・部屋番号も記入してください

所在地（〒　　－　　）
（ビル・マンション名等：　　階　　号室　　構内）
登記上の所在地（法人で　登記上の所在地が上記と異なる場合のみ　記入してください）
（〒　　－　　）
（ビル・マンション名等：　　階　　号室　　構内）

3　事業所の従業者数
- 「① 個人業主」とは　個人経営の事業所で　実際にその事業所を経営している人をいいます
- 個人業主の家族が働いていて賃金や給料を受け取っている場合は　「④ 常用雇用者」となります
- 「③ 有給役員」とは　個人経営以外の場合で　役員報酬を得ている人をいいます
- 「④ 常用雇用者」とは　以下のいずれかに該当する人をいいます
  - ・期間を定めずに雇用している人
  - ・1か月を超える期間を定めて雇用している人
  - ・5月と6月にそれぞれ18日以上雇用している人
- 「⑤ 臨時雇用者」とは　1か月以内の期間を定めて雇用している人や日々雇用している人など　常用雇用者の定義に当てはまらない人をいいます

区分		男	女
① 個人業主		人	人
② 個人業主の家族で無給の者		人	人
③ 有給役員		人	人
④ 常用雇用者	正社員・正職員などと呼ばれている人	人	人
	上記以外の常用雇用者 <パート・アルバイトなど>	人	人
⑤ 臨時雇用者(常用雇用者以外の雇用者) <上記④以外のパート・アルバイトなどを含む>		人	人
合計（①～⑤の合計）		人	人
上記①～⑤のうち　別経営の事業所へ派遣している人等		人	人
⑥ 上記以外の人で　別経営の事業所から派遣されている人等		人	人

4　事業所の事業の種類・業態
- 「調査票の記入のしかた」を参照して　できるだけ詳しく記入してください

「(2)　主な事業の内容」について
- 主として管理事務を行っている場合は「管理事務（○○の製造）」のように記入してください
- 店舗を持たず　専らカタログ　新聞　テレビ　インターネット等による通信販売や訪問販売等を行っている場合は「○○の訪問販売（無店舗）」「△△の宅配（無店舗）」のように記入してください
- 自家用倉庫や自家用修理工場等の場合は「自家用倉庫（○○の小売）」のように記入してください

(1)　この事業所で行っている事業（行っている事業のすべてにマークしてください）
○農業、林業　○漁業　○鉱業、採石業、砂利採取業　○建設業　○製造業
○電気・ガス・熱供給・水道業　○情報通信業　○運輸業、郵便業　○卸売業、小売業　○金融業、保険業
○不動産業、物品賃貸業　○学術研究、専門・技術サービス業　○宿泊業、飲食サービス業　○生活関連サービス業、娯楽業　○教育、学習支援業
○医療、福祉　○他の営利事業　○その他（政治・経済・文化・宗教団体など）

(2)　主な事業の内容（この事業所で行っている事業のうち　過去1年間の収入額又は販売額の最も多い事業について　その事業の内容を具体的に記入してください）

(3)　生産品　取扱い商品又は営業種目
（上記(2)で記入した主な事業の内容について　生産品　取扱い商品又は営業種目を　収入額又は販売額の多い順に右の①～③欄に記入してください）
①
②
③

(4)　事業の業態（上記(2)で記入した主な事業の内容が　製造・加工　卸売・小売　土木・建築工事の場合は　「調査票の記入のしかた」に掲載されている「業態コード」を記入してください）

あらかじめ事業の内容等が印字されている場合、印字内容に変更がなければ○をぬりつぶしてください。

表

図 4.2　平成 21 年経済センサス－基礎調査 (甲調査) 調査票 A

(出典)　総務省統計局「経済センサス－基礎調査」

この調査は、統計法に基づき政府が実施する基幹統計調査です。
秘密の保護には万全を期していますので、ありのままを記入してください。

【調査票の記入について】
- 別にお配りした「調査票の記入のしかた」及び「支所等とは」を参考に記入してください。
- 答えを記入する欄が ○ の場合は、当てはまる ○ を ● のようにぬりつぶしてください。
- 答えを数字で記入する欄は、右の例のように、枠からはみださないように、右づめで記入してください。

＜数字の記入例＞ 縦線１本 すきまを開ける 上につきぬける 角をつける 閉じる
1 2 3 4 5 6 7 8 9 0

調査票の記入内容について照会する場合がありますので記入をお願いいたします →	記入者氏名	電話番号（ ） 局 番 （内線 ： ）

（続き）

項目	記入欄
5 事業所の開設時期 ●現在の場所で事業を始めた時期を記入してください	昭和59年以前 ／ 昭和60～平成６年 ／ 平成７～11年 ／ 平成12年以降 → 平成 年
6 経営組織 ●会社以外の法人：財団・社団法人 学校・宗教・医療法人 協同組合 信用金庫等の事業所 ●法人でない団体：法人格のない労働組合・後援会・協議会等の事業所	株式会社（有限会社を含む）／ 合名会社 合資会社 ／ 合同会社 ／ 相互会社 → 7欄へ；会社以外の法人 → 12欄へ；個人経営 → 14欄へ；外国の会社（本社が外国にある会社）／ 法人でない団体 →（記入終わりです）

組織全体について記入してください

項目	記入欄
7 資本金等の額及び外国資本比率 ●金額は １万円未満を四捨五入して記入してください	(1) 資本金又は出資金・基金の額 十兆 兆 千億 百億 十億 億 千万 百万 十万 万 万円　(2) うち外国資本比率 ． ％（小数第2位を四捨五入）（外国資本が含まれない場合は「0.0」と記入してください）
8 決算月 ●本決算月について 該当する月にすべてマークしてください	1月 2月 3月 4月 5月 6月 7月 8月 9月 10月 11月 12月
9 持株会社か否か	○ 純粋持株会社 ○ 事業持株会社 ○ 持株会社でない
10 親会社の有無等 ●親会社の定義は 「調査票の記入のしかた」を参照してください ●「親会社の所在地」欄には 市区町村名から町丁・字・番地・号まですべて記入してください ●ビル・マンション名等には 階・部屋番号も記入してください	○ 国内にある ○ 海外にある ○ 親会社はない → 11欄へ フリガナ 親会社の正式名称 （通称名： ） 電話番号（代表） 市外局番から記入してください （ ） 局 番 親会社の所在地（親会社が海外にある場合は 所在国名のみを記入してください）（〒 － ） （ビル・マンション名等： 階 号室 構内）
11 子会社の有無等 ●子会社の定義は 「調査票の記入のしかた」を参照してください	○ ある → 国内の子会社数 社　海外の子会社数 社 ○ ない （子会社がない場合は「0」と記入してください）
12 法人全体の常用雇用者数 ●他の場所に支社・支店等がある法人のみが記入してください	(1) 国内 人　(2) 海外 人（常用雇用者がいない場合は「0」と記入してください）
13 法人全体の主な事業の種類 ●他の場所に支社・支店等がある法人のみが記入してください	
14 支所等の有無等 ●支所等には 支所・支社・支店だけではなく 工場 営業所などのほか 従業者のいる倉庫や管理人のいる寮なども含めます ●詳しくは「支所等とは」を参照してください	○ ある → 国内に所在する支所等の数 事業所／海外に所在する支所等の数 事業所（支所等がない場合は「0」と記入してください） ○ ない →（記入終わりです）

調査員記入欄　1

国内に所在している支所等について 裏面に記入してください
（ただし 国内に支所等がない場合は 記入終わりです）

市区町村使用欄				

面

図 4.2 続き

㊙ 基幹統計調査

見本

平成21年経済センサス
基礎調査（甲調査）　調査票B
平成21年7月1日　総務省統計局

市区町村コード	調査区番号	事業所番号	＊

調査員記入欄	事業所目

○ 調査票は、「調査票の記入のしかた」を参照して記入してください。
○ 調査票は、黒の鉛筆又はシャープペンシルで記入し、間違えた場合は消しゴムできれいに消してください。

この調査票は 機械にかけますので 汚さないでください

1 名称及び電話番号
●正式名称（法人の場合は登記上の名称）を記入してください
●屋号など通称名がある場合は（ ）内に記入してください

フリガナ
支所等の正式名称
（通称名：　　　　）

電話番号（代表）
電話番号は　市外局番から右づめで記入してください
市外局番 ― 市内局番 ― 加入者番号

2 所在地
●都道府県名から町丁・字・番地・号まですべて記入してください
●ビル・マンション名等には　階・部屋番号も記入してください

（〒　　－　　）
（ビル・マンション名等：　　階　　号室　　構内）

3 開設時期
●現在の場所で事業を始めた時期を記入してください

○昭和59年以前　○昭和60～平成6年　○平成7～11年　○平成12年以降 → 平成□□年

4 事業所の従業者数
●「① 個人業主」とは　個人経営の事業所で　実際にその事業所を経営している人をいいます
●個人業主の家族が働いていて賃金や給料を受け取っている場合は　「④ 常用雇用者」となります
●「③ 有給役員」とは　個人経営以外の場合で　役員報酬を得ている人をいいます
●「④ 常用雇用者」とは　以下のいずれかに該当する人をいいます
・期間を定めずに雇用している人
・1か月を超える期間を定めて雇用している人
・5月と6月にそれぞれ18日以上雇用している人
●「⑤ 臨時雇用者」とは　1か月以内の期間を定めて雇用している人や日々雇用している人など　常用雇用者の定義に当てはまらない人をいいます

区分		男	女
① 個人業主		人	人
② 個人業主の家族で無給の者		人	人
③ 有給役員		人	人
④ 常用雇用者	正社員・正職員などと呼ばれている人	人	人
	上記以外の常用雇用者 <パート・アルバイトなど>	人	人
⑤ 臨時雇用者（常用雇用者以外の雇用者）<上記④以外のパート・アルバイトなどを含む>		人	人
合 計（①～⑤の合計）		人	人
上記①～⑤のうち　別経営の事業所へ派遣している人等		人	人
⑥ 上記以外の人で　別経営の事業所から派遣されている人等		人	人

5 事業所の事業の種類・業態
●「調査票の記入のしかた」を参照して　できるだけ詳しく記入してください

「(2) 主な事業の内容」について
●主として管理事務を行っている場合は「管理事務（○○の製造）」のように記入してください
●店舗を持たず　専らカタログ　新聞　テレビ　インターネット等による通信販売や訪問販売等を行っている場合は「○○の訪問販売（無店舗）」「△△の宅配（無店舗）」のように記入してください
●自家用倉庫や自家用修理工場等の場合は「自家用倉庫（○○の小売）」のように記入してください

(1) この事業所で行っている事業（行っている事業のすべてにマークしてください）
○農業、林業　○漁業　○鉱業、採石業、砂利採取業　○建設業　○製造業
○電気・ガス・熱供給・水道業　○情報通信業　○運輸業、郵便業　○卸売業、小売業　○金融業、保険業
○不動産業、物品賃貸業　○学術研究、専門・技術サービス業　○宿泊業、飲食サービス業　○生活関連サービス業、娯楽業　○教育、学習支援業
○医療、福祉　○他の営利事業　○その他（政治・経済・文化・宗教団体など）

(2) 主な事業の内容（この事業所で行っている事業のうち　過去1年間の収入額又は販売額の最も多い事業について　その事業の内容を具体的に記入してください）

(3) 生産品　取扱い商品又は営業種目
（上記(2)で記入した主な事業の内容について　生産品　取扱い商品又は営業種目を　収入額又は販売額の多い順に右の①～③欄に記入してください）
①
②
③

(4) 事業の業態（上記(2)で記入した主な事業の内容が　製造・加工　卸売・小売　土木・建築工事の場合は　「調査票の記入のしかた」に掲載されている「業態コード」を記入してください）→ □

表

図 4.3　平成 21 年経済センサス－基礎調査 (甲調査) 調査票 B
(出典)　総務省統計局「経済センサス－基礎調査」

4.4 調査事項　　　　　　　　　　　　　　　　　　　　　　　　　47

図 4.3　続き

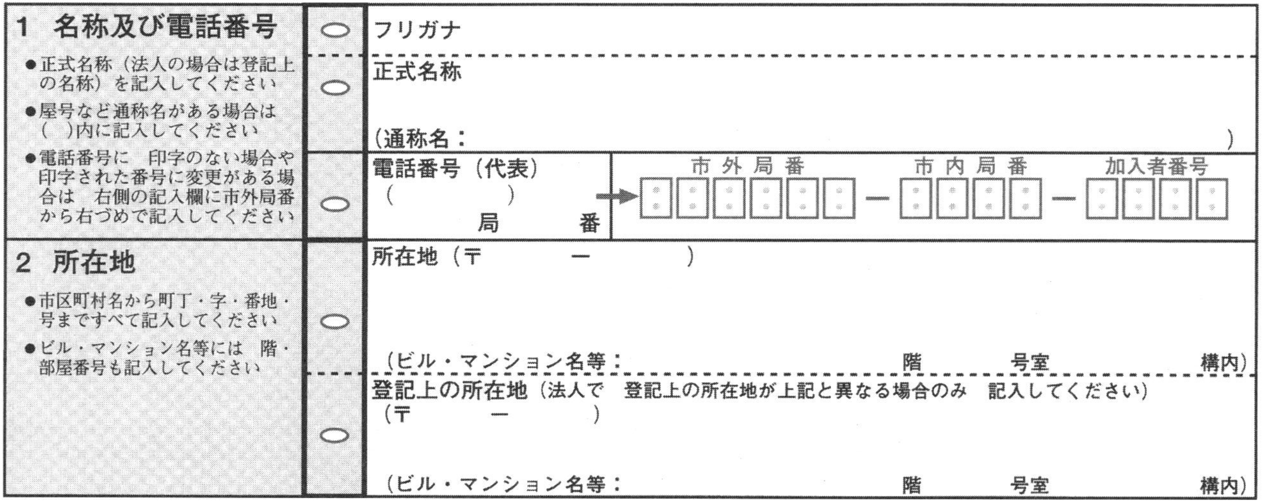

1 名称及び電話番号
- 正式名称（法人の場合は登記上の名称）を記入してください
- 屋号など通称名がある場合は（ ）内に記入してください
- 電話番号に 印字のない場合や印字された番号に変更がある場合は 右側の記入欄に市外局番から右づめで記入してください

フリガナ
正式名称
（通称名：　　）
電話番号（代表）
（　　）
局　　番
市外局番　―　市内局番　―　加入者番号

2 所在地
- 市区町村名から町丁・字・番地・号まですべて記入してください
- ビル・マンション名等には 階・部屋番号も記入してください

所在地（〒　　ー　　）
（ビル・マンション名等：　　階　　号室　　構内）
登記上の所在地（法人で 登記上の所在地が上記と異なる場合のみ 記入してください）
（〒　　ー　　）
（ビル・マンション名等：　　階　　号室　　構内）

図 4.4 平成 21 年経済センサス－基礎調査 (甲調査) 調査票の調査項目
「1 名称及び電話番号」,「2 所在地」
(出典) 総務省統計局「経済センサス－基礎調査」

4.4 調査事項　　　　　　　　　　　　　　　　　　　　　　　　　49

がある．第 3 章で述べたように，ビジネスレジスターの整備においては商業・法人登記の情報を活用している．だが，事業を営んでいる実際の場所と商業・法人登記上の場所が異なることがある．ビジネスレジスターの整備においては，プロファイリングで事業を営んでいる実際の場所を確認しているが，経済センサス–基礎調査でも再度確認する．

4.4.3　従業者数

　図 4.5 に示された調査項目「3 事業所の従業者数」は規模分類に必要な情報である．**従業者**とは，調査日現在，その事業所に所属して働いている全ての人をいう．事業所は場所の概念であるから，その場所に所属している人である．従業者数の分類は，① 個人業主，② 個人業種の家族で無給の者，③ 有給役員，④ 常用雇用者，⑤ 臨時雇用者であり，これらの合計が「従業者数」になる (図 4.6)．

　常用雇用者の定義は「期間を定めずに雇用している人」，「1 か月を超える期間を定めて雇用している人」，「5 月と 6 月にそれぞれ 18 日以上雇用している人」のいずれかに該当する人である．「5 月と 6 月」とあるのは，調査が実施されたのが 7 月であるから，その前々月，前月ということである．1 か月に「18 日以上」働いているということは，単純に計算すれば 1 か月が 4 週であるとして，18 日 ÷ 4 週 = 4.5 日／週働くことになるから，平日はほぼすべて働いていることになる．

　常用雇用者の内訳は「正社員・正職員と呼ばれる人」，「上記以外の常用雇用者＜パート・アルバイトなど＞」となっており，あいまいな区分となっている．これは正社員あるいは正職員の法令上の定義は存在しないため，厳密な定義での内訳を設定するのが難しいからである．

　図 4.5 に示された調査項目「3 事業所の従業者数」では従業者数の内数として別経営の事業所へ派遣している人等を調べている．これはいわゆる労働者派遣法にいう派遣労働者のほかに，在籍出向などその事業所に籍がありながら，他の会社など別経営の事業所で働いている人をいう．また従業者の外数として，⑥ 別経営の事業所から派遣されている人等の人数も調査している．これはいわゆる労働者派遣法にいう派遣労働者のほかに，在籍出向など出向

3 事業所の従業者数

区　分	男	女
① 個人業主	人	人
② 個人業主の家族で無給の者	人	人
③ 有給役員	人	人
④ 常用雇用者　正社員・正職員などと呼ばれている人	人	人
上記④以外の常用雇用者〈パート・アルバイトなど〉	人	人
⑤ 臨時雇用者（常用雇用者以外の雇用者）〈上記④以外のパート・アルバイトなどを含む〉	人	人
合計（①～⑤の合計）	人	人
上記①～⑤のうち　別経営の事業所へ派遣している人等	人	人
⑥ 上記以外の人で　別経営の事業所から派遣されている人等	人	人

- 「① 個人業主」とは、個人経営の事業所で実際にその事業所を経営している人をいいます
- 「② 個人業主の家族で無給の者」は、個人業主の家族で給料を受け取っている場合は、「④ 常用雇用者」となります
- 「③ 有給役員」とは、個人経営以外の場合で役員報酬を得ている人をいいます
- 「④ 常用雇用者」とは、以下のいずれかに該当する人をいいます
  - 期間を定めずに雇用している人
  - 1か月を超える期間を定めて雇用している人
  - 5月と6月にそれぞれ18日以上雇用している人
- 「⑤ 臨時雇用者」とは、1か月以内の期間を定めて雇用している人や日々雇用している人など、常用雇用者の定義に当てはまらない人をいいます

図 4.5　平成 21 年経済センサス－基礎調査（甲調査）調査票の調査項目
「3 事業所の従業者数」

（出典）総務省統計局「経済センサス－基礎調査」

4.4 調査事項

```
                ┌─ ① 個人業主
                ├─ ② 個人業種の家族で無給の者
従業者数 ───────┼─ ③ 有給役員
                ├─ ④ 常用雇用者 ─┬─ 正社員・正職員などと呼ばれている人
                │                └─ 上記以外の常用雇用者
                │                   ＜パート・アルバイトなど＞
                └─ ⑤ 臨時雇用者
```

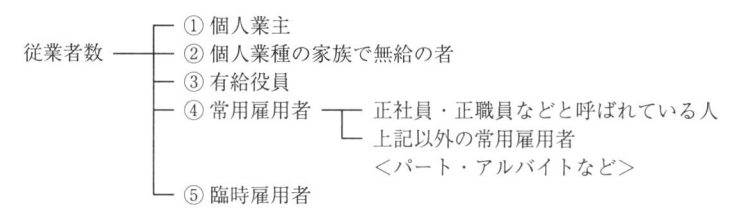

図 4.6　平成 21 年経済センサス−基礎調査の従業者の区分
(出典)　総務省統計局「経済センサス−基礎調査」

元に籍がありながらその事業所に来て働いている人をいう。

　事業所に所属している人が，実際のその事業所で働いているとは限らない。別経営の事業所へ派遣されている従業者は，その所属の事業所で実際に働いていない。別経営の事業所から派遣されている人は，派遣先事業所の従業者には含まれないが，その事業所で働いている。別経営の事業所から派遣されている人数が多いと見かけ上，事業所の規模が小さくなる。実際にその事業所で働いている人数で規模を見るため，「従業者」から「別経営の事業所への派遣している人等」を除き，「⑥ 別経営の事業所からの派遣されている人等」を含めて**事業従事者**として従業者と区別する。

4.4.4　産業分類

　図 4.7 に示された調査項目「4 事業所の事業の種類・業態」は産業分類に必要な情報である。まず「(1) この事業所で行っている事業」をマークする。「行っている事業のすべてにマークしてください」とあるのは，複数の事業を行っている事業所がありうるからである。(1) の分類は産業大分類の大雑把なものであるから「(2) 主な事業の内容」，「(3) 生産品　図 4.7 参照取扱商品又は営業種目」，「(4) 事業の業態」の記入内容に応じて専門家がより詳細に分類する。例えば，(2) に「電子機器の製造卸売業」，(3) に「パソコン」，「DVD プレーヤー」と記入された場合は「電子計算機・同付属装置製造業」に格づける。(2) に「建具製造販売業」と記入され，(3) に「建具」とだけ記入してある場合は，製造卸売か製造小売か判断できないため，(4) を確認して格付けする。ちなみに，後で述べる工業統計調査では商品別出荷額の割合を

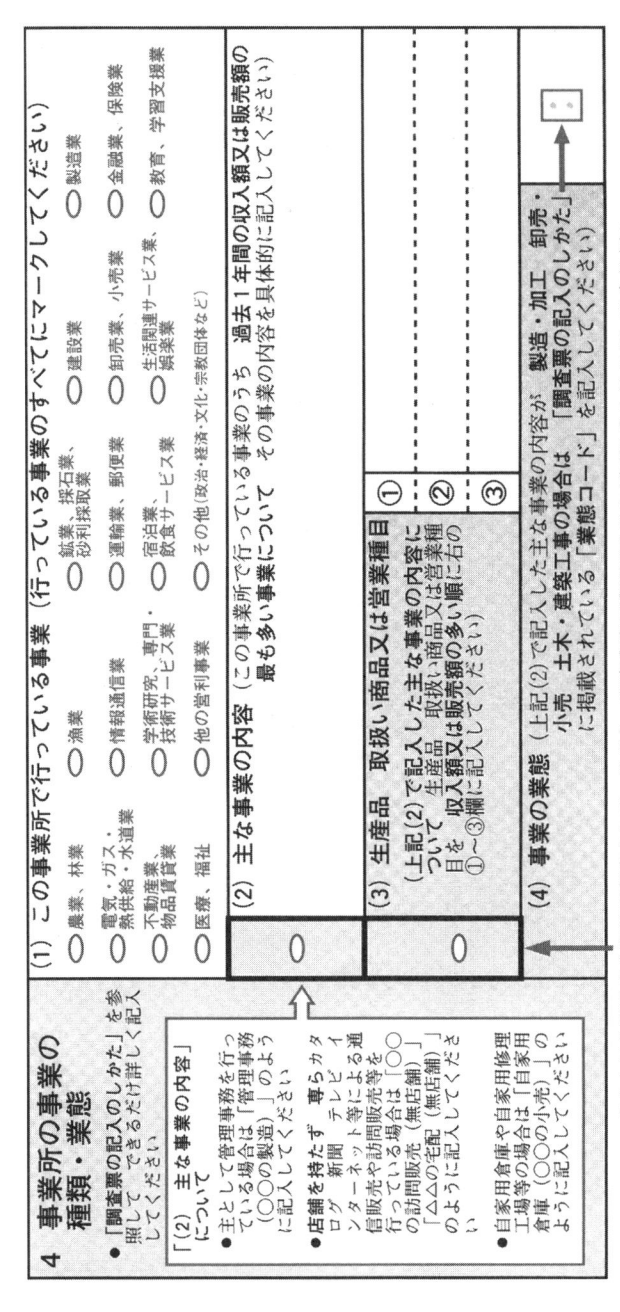

52　　4　経済センサス－基礎調査

図 4.7　平成 21 年経済センサス－基礎調査（甲調査）調査票の調査項目
「4　事業所の種類・業態」

(出典) 総務省統計局「経済センサス－基礎調査」

計算して機械的に産業格付けを行っている。

4.4.5 開設時期，経営組織

図 4.8 に示された調査項目「5 事業所の開設時期」は，会社や企業の創業時期ではなく，その事業所が現在の場所で事業を始めた時期をいう。これは事業所が新しく見つかったときに，それが過去の調査で見逃されていたためか，それとも，調査実施以降に開設されたためかを識別するのに役立つ。調査項目「6 経営組織」はこの事業所を所有する組織が，会社か，会社以外の法人か，個人経営か，外国の会社か，法人でない団体かを識別するためにある。会社である場合は調査項目 7 へ移行する。

4.4.6 企　　業

図 4.9 に示された調査項目「7 資本金等の額及び外国資本比率」は企業の規模 (資本金) を分類し，外資企業であるか否かを判定する調査項目である。**資本金**とは，**貸借対照表** (Balance Sheet, B/S) の純資産の部の中の株主資本の一調査項目であり，企業が株式を発行して調達した資金である。財務省「**法人企業統計調査**」で資本金階層別，業種別に層化して抽出を行っているように，資本金は企業の規模を表す変数としてしばしば用いられる。これは従業者数が少ないにもかかわらず，売上高が大きい企業が存在するからである。

外国資本比率は単に外資系であるか否かを判定するだけでない。経済産業省「**外資系企業動向調査**」の名簿に活用することをも念頭に置いて設定されている。このように経済センサスの調査票には，他の統計調査の名簿に活用することをも念頭に置いて設定された調査項目がいくつかある。外資系企業動向調査はその名称通り，わが国における外資系企業の経営動向を把握することを目的とした調査である。かつてわが国では外国資本の導入に抵抗があり，強い制限が行われてきたが，これに対しては海外から批判があった。そのため昭和 42 年 (1967 年) から昭和 48 年 (1973 年) まで，**資本自由化**が段階的に行われた。外資系企業動向調査が開始されたのは昭和 42 年 (1967 年) であり，資本自由化にあわせて開始された。今日，「対日投資の促進は，健全な競争社会を実現し，経営資源の移転や新技術・新システムの導入を通じて，

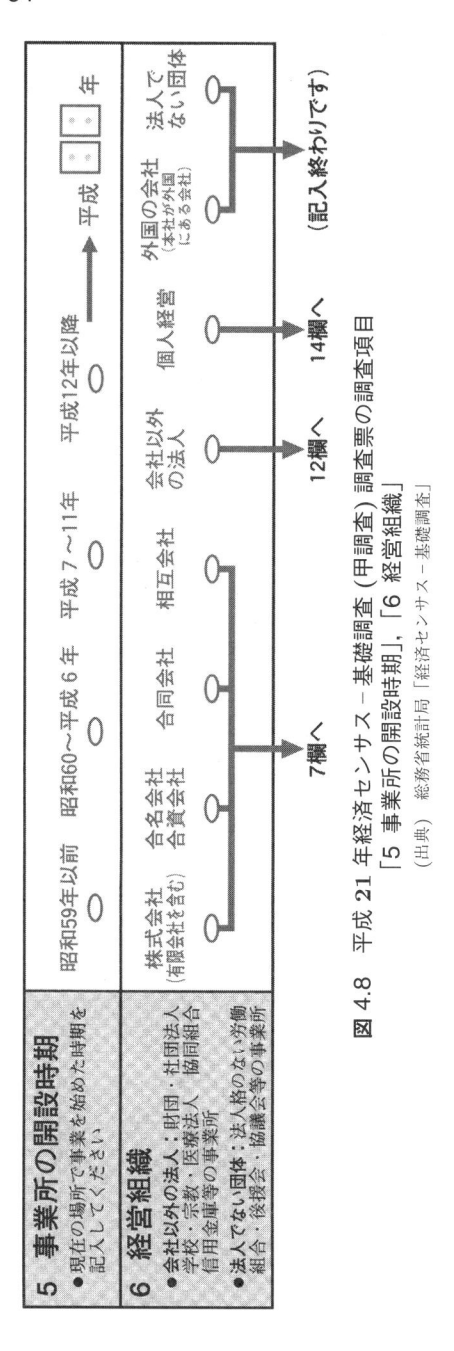

図 4.8 平成 21 年経済センサス–基礎調査（甲調査）調査票の調査項目「5 事業所の開設時期」，「6 経営組織」
(出典) 総務省統計局「経済センサス–基礎調査」

図 4.9 平成 21 年経済センサス–基礎調査（甲調査）調査票の調査項目「7 資本金等の額及び外国資本比率」，「8 決算月」
(出典) 総務省統計局「経済センサス–基礎調査」

世界に通用する経済社会システムを創造することに資するもの」[4]と位置付けられており，外資系企業動向調査の役割も創設時とは変わっている。

図 4.9 に示された調査項目「8 決算月」は，企業によって決算月が異なるために存在する調査項目である。決算月が異なることは，企業の経理事項を調査する場合に無視できない問題となる。

図 4.10 に示された調査項目 9〜11 は企業グループに関係する調査項目である。調査項目「9 持ち株会社か否か」は「純粋持株会社」，「事業持株会社」，「持株会社でない」を尋ねている。**純粋持株会社**とは他の企業の株式を保有して支配することを主目的としている会社である。第二次世界大戦前の財閥は純粋持ち株会社の形態をとっていた。戦後，財閥が軍国主義化の一因になったという認識から，日本を占領していた連合国軍総司令部 (GHQ) の指令で財閥解体が進められ，**独占禁止法**が作られて純粋持株会社が禁止された。そのため長らく純粋持ち株会社は存在していなかったが，平成 9 年 (1997 年) に独占禁止法が改正されて解禁された。一方，**事業持株会社**は自ら事業も行ないつつ，他の企業の株式を保有して他の企業の支配の両方を行っている形態であり，独占禁止法の改正前から存在しているものである。

企業が純粋持株会社化されると，企業活動を企業単体で見るのは意味がなくなり，企業グループ全体で見ないといけないことになる。そこで企業グループの把握が重要になる。調査項目「10 親会社の有無等」では具体的に親会社の名称，所在地，電話番号を調査しているのに対し，調査項目「11 子会社の有無等」は単に子会社数を尋ねている。

図 4.11 に示された調査項目「12 法人全体の雇用者数」，「13 法人全体の主な事業の種類」は法人を対象とする調査のために設定された調査項目である。「14 支所等の有無等」は企業構造の把握のために設定された調査項目であり，ここで支所が「ある」と回答した場合は，さらに支所のそれぞれについて，調査票 B の調査項目 1〜5 を記入することになる。このように企業と事業所の関係をトップダウンで把握する。

---

[4] 経済産業省ホームページ，アドレス＜http://www.meti.go.jp/policy/trade_policy/investmentq_a/html/questions.html#Q4＞，アクセス：2012 年 6 月 12 日。

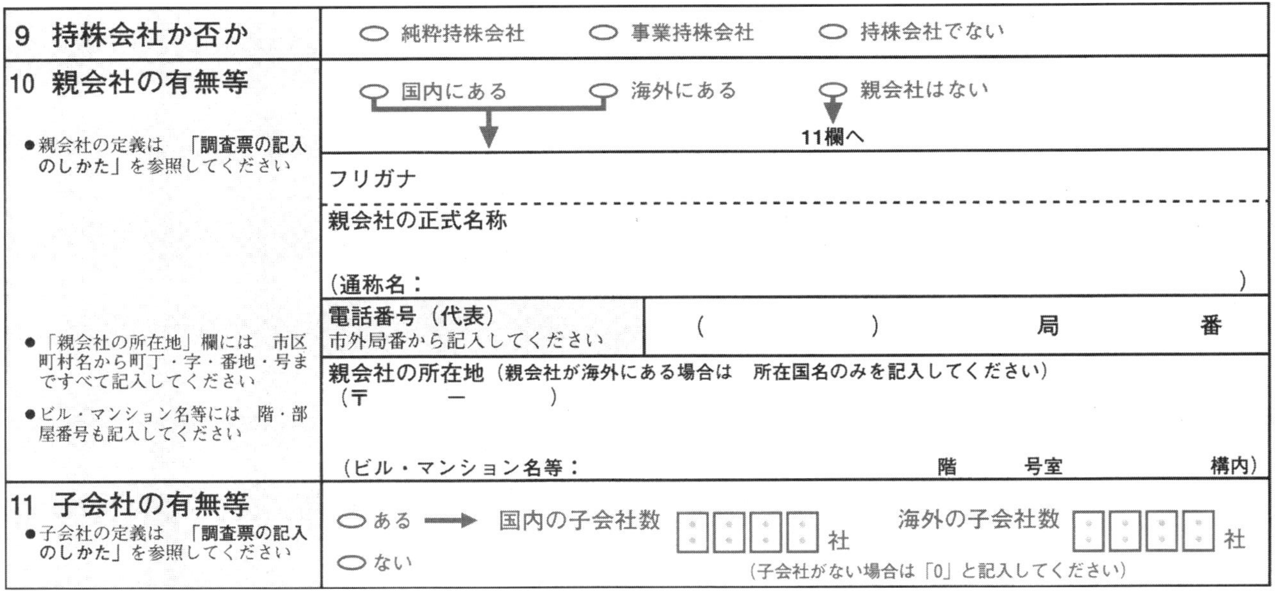
9　持株会社か否か
○ 純粋持株会社　○ 事業持株会社　○ 持株会社でない

10　親会社の有無等
●親会社の定義は　「調査票の記入のしかた」を参照してください
●「親会社の所在地」欄には　市区町村名から町丁・字・番地・号まですべて記入してください
●ビル・マンション名等には　階・部屋番号も記入してください

○ 国内にある　○ 海外にある　○ 親会社はない
11欄へ
フリガナ
親会社の正式名称
（通称名：　　　）
電話番号（代表）
市外局番から記入してください
（　　）　局　番
親会社の所在地（親会社が海外にある場合は　所在国名のみを記入してください）
（〒　－　）
（ビル・マンション名等：　階　号室　構内）

11　子会社の有無等
●子会社の定義は　「調査票の記入のしかた」を参照してください

○ ある → 国内の子会社数　社　海外の子会社数　社
○ ない
（子会社がない場合は「0」と記入してください）

図 4.10　平成 21 年経済センサス－基礎調査 (甲調査) 調査票の調査項目
「9 持ち株会社か否か」,「10 親会社の有無等」,「11 子会社の有無等」

(出典)　総務省統計局「経済センサス－基礎調査」

4.4 調査事項

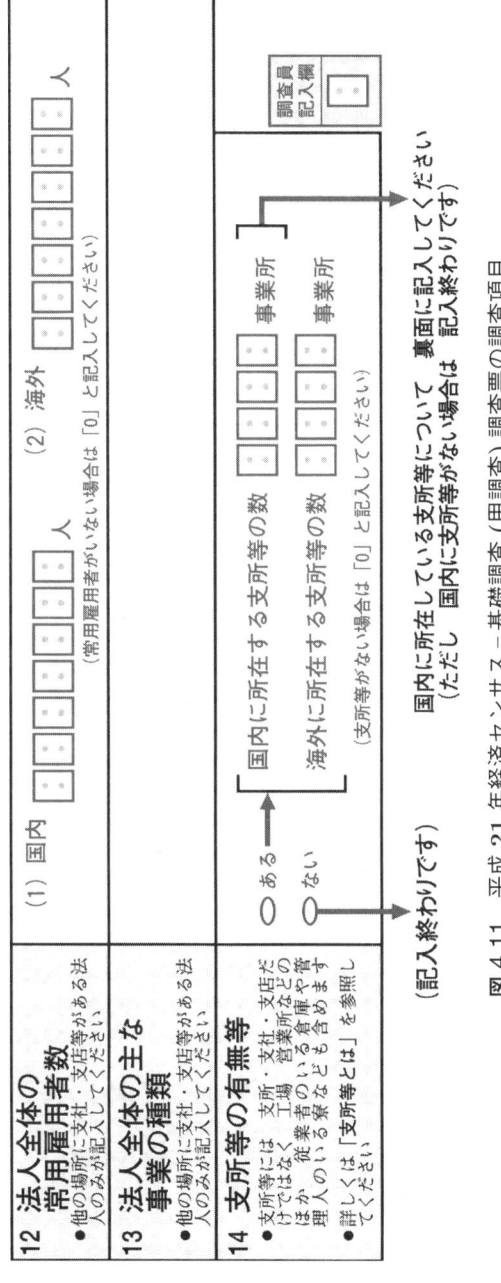

12 法人全体の常用雇用者数 ●他の場所に支店等がある法人のみが記入してください	(1) 国内 ☐☐☐☐☐☐ 人　(2) 海外 ☐☐☐☐☐☐ 人 (常用雇用者がいない場合は「0」と記入してください)
13 法人全体の主な事業の種類 ●他の場所に支店・支店等がある法人のみが記入してください	
14 支所等の有無等 ●支所等には、支所・支店・営業所などのほか、工場や従業者のいる倉庫や管理人のいる寮なども含めます ●詳しくは「支所等とは」を参照してください	○ ある →　国内に所在する支所等の数 ☐☐☐☐ 事業所 ○ ない　　海外に所在する支所等の数 ☐☐☐☐ 事業所 (支所等がない場合は「0」と記入してください) 国内に所在している支所等について 裏面に記入してください (ただし 国内に支所等がない場合は 記入終わりです)

(記入終わりです)

調査員記入欄 ☐

図 4.11 平成 21 年経済センサス-基礎調査 (甲調査) 調査票の調査項目
「12 法人全体の雇用者数」,「13 法人全体の主な事業の種類」,「14 支所等の有無等」
(出典) 総務省統計局「経済センサス-基礎調査」

4.5 調査結果の概要

平成 21 年経済センサス－基礎調査の結果は平成 24 年現在，既に公表されている．それによれば平成 21 年 7 月 1 日現在のわが国の総事業所数は 635 万 6 千事業所であるが，その内，事業内容等が不詳の事業所を除いた事業所数は 604 万 3 千事業所，従業者数は 6286 万 1 千人，1 事業所当たり従業者数は 10.4 人である (表 4.3 の ④)．調査方法が異なるので，平成 18 年事業所・企業統計調査と比較することは本来できない．そのため国においては統計表の時系列比較を行っていない．あえて比較すると，事業所数で約 13 万 2 千事業所，従業者数で約 422 万 6 千人増加していることが分かる (表 4.3 の ⑤)．一方，事業所・企業統計調査では平成 13 年から 18 年にかけて事業所数で約 43 万 9 千事業所，従業者数で約 152 万 3 千人減少していた (表 4.3 の ③)．これは景気悪化だけでなく，調査方法の問題によるものもあったと考えられる．経済センサス－基礎調査の実施に伴って，商業・法人登記情報の活用や本社一括調査の導入など調査方法を変更しなければ，同じくらいの事業所，従業者が減ったであろう．

また平成 21 年経済センサス－基礎調査によれば，わが国の「個人経営」及び「会社以外の法人」を含む企業等の数は 448 万 1 千企業，そのうち，「個人経営」が 242 万 6 千企業 (企業等全体の 54.1%)，「法人」のうち，「会社企業」(株式会社 (有限会社を含む)，合名会社，合資会社，合同会社及び相互会社) は 180 万 6 千企業 (同 40.3%) であるという結果となった．平成 18 年調査の会社企業数は 151 万 6 千企業であったから，約 29 万企業増えており，行政記録情報活用の効果があったことが分かる．

表 4.3　平成 21 年経済センサスと平成 13 年・18 年事業所・企業統計調査の比較

	事業所数	従業者数
① 平成 13 年事業所・企業統計調査	6,349,969	60,157,509
② 平成 18 年事業所・企業統計調査	5,911,038	58,634,315
③ 差 (②－①)	−438,931	−1,523,194
④ 平成 21 年経済センサス－基礎調査	6,043,300	62,860,514
⑤ 差 (④－②)	132,262	4,226,199

(出典)　総務省統計局「事業所・企業統計調査」，総務省統計局「経済センサス－基礎調査」より筆者作成．

5
経済センサス−活動調査

5.1 経済センサス−活動調査の概要

経済センサス−活動調査は2012年(平成24年)2月1日に初めて実施された調査である。基礎調査とは異なって，売上高等の経理事項などの把握を主な目的とする調査である。これまでの統計調査と異なるのは，農林漁家に属する個人経営の事業所，家事サービス業及び外国公務に属する事業所を除くすべての事業所及び企業の経理事項を同時に調査する初めての調査であることである。

活動調査を実施する意義は，次のとおりである。

第一に，**国民経済計算や産業連関表作成の精度向上**である。これまで国民経済計算や産業連関表は，調査項目や調査時点・周期が互いに異なる統計調査をパッチワークのように組み合わせて作成してきたため，多くの部分は推計されていた。とりわけサービス業については，活用できるデータが少なく，それが精度を低下させてきた。経済センサス−活動調査の実施により，調査項目と時点が統一された調査対象からの作成が可能になり，推計の部分が大幅に減ることにより精度の向上が期待できる。

第二に，**サービス産業の統計整備**である。国民経済に占めるサービス産業の割合が上昇しているにもかかわらず，これまでサービス産業の分野の統計は体系的に未整備となっていた。すなわち，サービス産業分野を所管する府省庁は多くあるが，わが国が分散型統計機構を採用していたため，横の連携

がほとんどなく，サービス産業分野の統計に重複や漏れがあった。

第三に，**母集団名簿の整備**である。第3章で説明したように，欧米諸国では母集団データベースに更に行政記録や各種統計調査結果などさまざまな情報を収録し，それを調査担当者間で共有することにより，既存の情報を有効に使い，報告者に追加的な負担なしに，効率的に高い品質の統計を維持しようとするビジネスレジスターが実現している。わが国の総務省統計局でもその構築が進んでおり，その基礎となる情報を提供する。

第四に，すべての産業にわたる**経済活動の多角化に対応した統計情報及び母集団情報を整備**することである。従来は大まかな産業分野別の統計であったから，調査された事業所が調査対象となる産業以外の経済活動を行っていても把握されなかった。

第五に，地域の実情に応じてきめ細かな施策を展開するための基礎資料として，**地域の経済活動に関する一次統計を整備**することである。従来，データが不足していた市町村単位の情報が拡充されることになるため，地域分析が大きく発展することが期待される。

第六に，地方消費税の清算，中小企業振興のための補助金分配等の**行政施策に資する基礎情報を整備**することである。地方消費税の清算とは，地方消費税を最終的に消費が行われた都道府県の税収となるよう，各都道府県の「消費に相当する額」に応じて按分することである。この「消費に相当する額」とは，地方税法施行令及び同法施行規則に定められた「消費に関連する指標」に基づいて計算されており，その指標の一つとして都道府県別従業者数が利用されている。

5.2 調査事項の構成

調査事項は，**企業単位**と**事業所単位**で把握する調査項目に分かれる(図5.1)。企業単位や事業所単位では，それぞれ把握が困難な調査項目があるからである。費用(費用総額，租税公課，給与総額，減価償却費など)や，設備投資などの調査項目は事業所単位で帳簿がつけられていないケースがしばしばあるため企業単位で把握される。従業者数については，正社員の人数はともかく，

5.2 調査事項の構成

		企業単位で把握する調査項目		事業所単位で把握する調査項目	
		存続企業	新設企業	存続事業所	新設事業所
産業共通調査項目	基本調査項目	経営組織，電子商取引の有無及び割合，資本金，自家用自動車の保有台数，決算月，土地・建物の所有の有無，主な事業の内容 など		開設時期，従業者数，主な事業の内容 など	
	経理調査項目 売上高	産業大分類レベル		産業大分類レベル	
	経理調査項目 費用	費用総額，租税公課，給与総額 など 減価償却費		—	
	経理調査項目 その他	設備投資 など			
産業別調査項目	主産業売上高	<売上高を事業所単位で把握できない産業> 産業小分類レベル	—	<売上高を事業所単位で把握できる産業> 主産業売上高：産業細分類レベル 従産業売上高：産業細分類レベル（調査票番号24，サービス関連産業B）	—
	従産業売上高	産業小分類レベル（建設業・サービス関連産業A）		その他：○既存統計調査を統合して把握する産業においては既存統計調査の調査項目を原則踏襲。○上記以外の産業については，基本的調査項目に限定し把握。	

図 5.1 「平成 24 年経済センサス−活動調査」の調査事項の構成
(出典) 内閣府統計委員会，第 19 回サービス統計・企業統計部会配布資料より筆者作成。

パート・アルバイトなどの人数は本社事業所では分からず，支所に問い合わせないと分からないケースがしばしばあるため事業所単位で把握される。付加価値については企業単位で計算し，後で当該企業の傘下事業所の従事者数で按分する予定である。

なお売上高を事業所単位で把握できない産業がある。例えば電話業である。電話を東京から大阪にかけたときに，その電話料金は東京の事業所の売上に計上すべきか，大阪の事業所の売上に計上すべきか，あるいは東京から大阪の途中の事業所の売上に計上すべきか，統一的な判断が難しい。その他にも建設業，電気・ガス・熱供給・水道業，運輸業，郵便業，金融業，保険業，放送業などネットワーク型の産業については同様の問題があるため，売上高を企業単位で把握し，それ以外の産業は事業所単位で把握する。

5.3　調査票の構成

　調査票は大きく**単独事業所企業**と**複数事業所企業**に分かれる (図 5.2)。単独事業所企業とは，ひとつの事業所しか所有していない企業のことである。単独事業所企業は主に個人経営である。個人事業主は税務申告のときに伝票や領収書を税理士に持ち込んで処理してもらっていることが多く，税務申告にない経理事項は税理士に依頼しないと記入ができない可能性が高い。そこで単独事業所は税務申告 (青色・白色申告) に基づいた調査票になっている。**青色申告**とは複式簿記等の一定水準の記帳をし，その記帳に基づいて正しい申告をする人については，所得金額の計算などについて有利な取扱いが受けられる制度であり，**白色申告**とは通常の申告制度である。

　単独事業所企業は**調査員調査**，複数事業所企業は**直轄調査**となっている。調査員調査とは，調査員が担当調査区内の単独事業所 (直轄調査の対象事業所を除く) 及び新設事業所に調査票を配布し，回収する方法である。直轄調査とは，国が契約する民間事業者を活用し，**本社一括調査**の報告者である本所事業所及び特定の単独事業所に対し，調査票を郵送で配布し，郵送又はオンラインで回収する方法である。本社一括調査とは，複数事業所企業について，本社に本社事業所及び支所の調査票を一括して配布する方法である。これは事業所単位の調査項目について，支所の担当者では記入できないケースがあるため，本社事業所で一括して代わりに記入することにしたものである。

　複数事業所企業の調査票は**企業調査票**と**事業所調査票**に分かれる。企業単位でないと把握できない調査項目と，事業所単位でないと把握できない調査項目がそれぞれあるからである。事業所の調査票は産業分類別になっている。活動調査の実施に当たっては，従来の事業所・企業統計調査，サービス業基本調査をはじめとした大規模調査を統合するほか，商業統計調査，工業統計調査の調査項目についても，活動調査の中で把握する。このため産業別の大規模統計調査の集合体という性格を有している。単独事業所企業の調査票は，複数事業所企業の企業調査票及び事業所調査票を併せて簡単化したものである。全ての調査票を紹介するのは紙幅に限りがあることから，以下では「企業調査票」(調査票番号 13) の調査項目，事業所調査票 (調査票番号 16〜24)

5.3 調査票の構成

産業分類		調査員調査				直轄調査		
		単独事業所				複数事業所企業		
		種類	単独事業所調査票＜A3単票＞	種類	企業調査票＜A3単票＞	種類	企業調査票	事業所調査票＜A3単票＞
A	農業、林業	1	単独事業所調査票（農業、林業、漁業）	13	企業調査票	16		事業所調査票（農業、林業、漁業）
B	漁業							
C	鉱業、採石業、砂利採取業	2	単独事業所調査票（鉱業、採石業、砂利採取業）			17		事業所調査票（鉱業、採石業、砂利採取業）
E	製造業	3	単独事業所調査票（製造業）			18		事業所調査票（製造業）
I	卸売業、小売業	4	単独事業所調査票（卸売業、小売業）（個人経営用）			19		事業所調査票（卸売業、小売業）
		5	単独事業所調査票（卸売業、小売業）（法人・団体用）					
P	医療、福祉	6	単独事業所調査票（医療、福祉）			20		事業所調査票（医療、福祉）
O1	教育、学習支援業（学校教育）	7	単独事業所調査票（学校教育）	14	企業調査票（学校教育）	21		事業所調査票（学校教育）
D	建設業	8	単独事業所調査票（建設業、サービス関連産業A）	15	企業調査票（建設業、サービス関連産業A）	22		事業所調査票（建設業、サービス関連産業A）
F	電気・ガス・熱供給・水道業							
G1	情報通信業（ネット業種）							
H	運輸業、郵便業							
J	金融業、保険業							
R1	サービス業（政治・経済・文化団体、宗教）							
Q1	複合サービス事業（郵便局）							
Q2	複合サービス事業（協同組合）	9	単独事業所調査票（協同組合）			23		事業所調査票（協同組合）
G2	情報通信業（非ネット業種）	10	単独事業所調査票（サービス関連産業B）（個人経営用）	13	企業調査票	24		事業所調査票（サービス関連産業B）
K	不動産業、物品賃貸業							
L	学術研究、専門・技術サービス業							
M	宿泊業、飲食サービス業	11	単独事業所調査票（サービス関連産業B）（法人・団体用）					
N	生活関連サービス業、娯楽業							
O2	教育、学習支援業（その他の教育、学習支援業）							
R2	サービス業（政治・経済・文化団体、宗教を除く）							
新設用産業共通・本・支社用		12	産業共通調査票					

G1 中分類「37 通信業」、「38 放送業」、「41 映像・音声・文字情報制作業」
G2 中分類「39 情報サービス業」、「40 インターネット附随サービス業」
O1 中分類「81 学校教育」
O2 中分類「82 その他の教育、学習支援業」

Q1 中分類「86 郵便局」
Q2 中分類「87 協同組合（他に分類されないもの）」
R1 中分類「93 政治・経済・文化団体」、「94 宗教」
R2 中分類「88 廃棄物処理業」、「89 自動車整備業」、「90 機械等修理業」、「91 職業紹介・労働者派遣業」、「92 その他の事業サービス業」、「95 その他のサービス業」

図 5.2 平成 24 年経済センサス－活動調査の調査票の構成

（出典）内閣府統計委員会，第 19 回サービス統計・企業統計部会配布資料より筆者作成．

の共通調査項目，事業所調査票 (調査票番号 24, サービス関連産業 B) の産業別調査項目について解説する．

5.4 企業調査票の調査項目 (調査票番号 13)

　企業調査票は，企業調査票 (調査票番号 13)，企業調査票 (学校教育) (調査票番号 14)，企業調査票 (建設業，サービス関連産業 A) (調査票番号 15) の 3 種類あるが，第 1 面の調査項目はほぼ同じである．ここでは企業調査票 (調査票番号 13) について説明する (図 5.3)．

　図 5.4 に示された調査項目「1 名称及び電話番号」，「2 所在地」は**プレプリント**の調査項目である．プレプリントは調査側があらかじめ事業所母集団データベースに記録された情報を印字するものである．注意書きに「印字されている内容に変更がある場合は，二重線で消して修正してください」とあるのは，事業所母集団データベースに記録された後に変更がありうるからである．調査項目「3 経営組織」，「4 海外支所」，「5 企業全体の主な事業の内容」は企業に関する基礎的な情報を収集する調査項目である．海外支所等の数及海外支所等の常用雇用者数は，単に日系企業の活動を把握するというだけでなく，経済産業省「**海外事業活動基本調査**」の名簿に活用することをも念頭に置いて設定されている．同調査はわが国企業の海外事業活動の現状と，その海外事業活動が現地及び日本に与える影響を把握することを目的としている調査であり，昭和 46 年 (1971 年) に開始された．近年，わが国の企業の海外への生産拠点の移転 (いわゆる「**空洞化**」) が進んでいると言われており，その実態を把握する上で重要な統計である．

　図 5.5 に示された調査項目「消費税込みで記入してください．経理処理上，税込みで記入できない場合は，右の□にチェックし，税抜きで記入してください．」は番号が付されていないが重要である．これはかつてある統計調査において「税込で記入してください」とあったにも関わらず，税抜きで書いた企業が多くあったことが判明し，それで税込みと税抜きの両方で記入できるように改定されたのを反映させたものである[1]．

---

[1] 消費税は消費者に課せられる税金であり，企業が負担すべき費用ではないから，税抜

5.4　企業調査票の調査項目 (調査票番号 13)

　図 5.6 に示された調査項目「6 企業全体の売上 (収入) 金額，費用総額及び費用内訳」は，単に企業の経理を調査する調査項目というだけでなく，付加価値を計算するための調査項目である。この中の ① 売上 (収入) 金額から ② 費用総額 (売上原価＋販売費及び一般管理費) を差し引き，④ 給与総額と ⑧ 租税公課を加えた値が付加価値になる。

　ところで図 5.5 には「平成 23 年 1 月から 12 月までの 1 年間 (この期間で記入できない場合は，平成 23 年を最も多く含む決算期間) の決算について記入してください。」と書かれている。重要なのは ( ) 内の部分である。基礎調査のところで述べたように，企業によって決算月は異なる。企業によっては決算期間についての金額でないと記入できないところがある。そこで，調査期間 (1 月 1 日～12 月 31 日) と決算期間がずれることを承知した上で，このような注意書きが設定された。図 5.7 に例を示すと，平成 23 年 1 月から 12 月までの 1 年間の決算について記入出来ない場合，企業 A は決算期間が 4 月 1 日から翌年 3 月 31 日までであるから平成 23 年度の決算期間について記入する[2]。また企業 B は決算期間が 9 月 1 日から翌年の 8 月 31 日までであるから，平成 22 年度の決算期間について記入する。企業ベースの調査を行う場合，このように回答する期間のずれが生じることは，統計調査結果を利用する上で覚悟しなければならない点である。

　図 5.8 に示された調査項目「7 企業全体の事業別売上 (収入) 金」額は，複数の事業を展開している，すなわち多角化している企業の売上 (収入) 構成比を調査する調査項目である。ちなみに，この調査項目の注意書きでは「金額で記入できない場合は，右欄に割合を記入してください」とあるが，これは比率の方が書きやすいのではないかという点から，報告者負担に配慮して設定されている。

方式が本来の会計処理である。桜井久勝，須田一幸 (2011)『財務会計・入門第 8 版』有斐閣アルマ，p.70。

[2] 総務省統計局は「平成 24 年経済センサス-活動調査の基本に関する Q & A」において「3 月決算なので，平成 23 年度 (平成 23 年 4 月から 24 年 3 月) の売上高を記入してよいですか。」という質問に対して，「可能であれば平成 23 年 1 年間の売上高に組み替えてご記入ください。組み替えることができない場合は，平成 23 年度の売上高をご記入ください。」と答えている。総務省統計局ホームページ，アドレス＜http://www.stat.go.jp/data/e-census/2012/qa1.htm＞，アクセス：2012 年 7 月 30 日。

図 5.3 経済センサス－活動調査の企業調査票 (調査票番号 13) の第 1 面
(出典) 総務省統計局・経済産業省「経済センサス－活動調査」

5.4　企業調査票の調査項目 (調査票番号 13)

- この調査は、統計法に基づく基幹統計調査で、報告の義務があります。
- 秘密の保護には万全を期していますので、ありのままを記入してください。
- この調査票は、統計的に処理され、税務資料などに使われることはありません。

		フリガナ	
		記入者氏名	
		部　署　名	
		電話番号	(内線：　　)

7　企業全体の事業別売上（収入）金額

- 記入に当たっては、「調査票の記入のしかた」10ページを参照してください。
- 6欄「①売上（収入）金額」に記入した売上（収入）金額の内訳を記入してください。（万円未満四捨五入）
- 金額で記入できない場合は、6欄「①売上（収入）金額」に占める割合を記入してください。（小数点以下四捨五入）
- 「3　経営組織」欄が「会社以外の法人」の場合の寄付金、補助金、運営費交付金等は行った事業の収入になります。

事 業 別 内 訳		売上（収入）金額 十兆 千億 百億 十億 億 千万 百万 十万 万円	又は割合（％）
(ア)	農業、林業、漁業の収入		
(イ)	鉱物、採石、砂利採取事業の収入		
(ウ)	製造品の売上金額		
(エ) 商業	① 卸売の商品販売額（代理・仲立手数料を含む）		
	② 小売の商品販売額		
(オ) 建設業、サービス関連産業A	③ 建設事業の収入（完成工事高）		
	④ 電気、ガス、熱供給、水道事業の収入		
	⑤ 通信、放送、映像・音声・文字情報制作事業の収入		
	⑥ 運輸、郵便事業の収入		
	⑦ 金融、保険事業の収入		
	⑧ 政治・経済・文化団体、宗教団体の事業活動収入		
(カ) サービス関連産業B	⑨ 情報サービス、インターネット附随サービス事業の収入		
	⑩ 不動産事業の収入		
	⑪ 物品賃貸事業の収入		
	⑫ 学術研究、専門・技術サービス事業の収入		
	⑬ 宿泊事業の収入		
	⑭ 飲食サービス事業の収入		
	⑮ 生活関連サービス、娯楽事業の収入		
	⑯ 社会教育、学習支援事業の収入		
	⑰ 上記以外のサービス事業の収入		
(キ)	学校教育事業の収入		
(ク)	医療、福祉事業の収入		
合　　計		6欄「①売上（収入）金額」	1 0 0

右欄の注記：金額で記入できない場合は、右欄に割合を記入してください。

8　電子商取引の有無及び割合
- 該当する番号をすべて○で囲んでください。

1　一般消費者と行った　→　[　　　]％　　6欄「①売上（収入）金額」に占める一般消費者との電子商取引の割合を記入してください。（小数点以下四捨五入）
2　他の企業と行った
3　行わなかった

※電子商取引とは、インターネットなどを介して成約（受発注が確定）した商取引をいい、ホームページでの広告掲載や見積もり・資料請求などへの対応などの商取引の準備行為は該当しません。

9　設備投資の有無及び取得額
- 平成23年1月から12月までの1年間に行った設備投資の有無について、該当する番号を○で囲んでください。
- 中古品は含みません。

1　設備投資を行った　→　取得額（減価償却前の額）を記入してください。（万円未満四捨五入）
2　設備投資を行わなかった

有形固定資産（土地を除く）	十兆 千億 百億 十億 億 千万 百万 十万 万円
無形固定資産（ソフトウェアのみ）	

10　自家用自動車の保有台数
- 業務に使用する自家用自動車の台数を記入してください（リースで借りている車両も含みます）。

(1) 貨物自動車　※人員輸送のみの使用は除きます。　[　]台　　(3) バス　[　]台
(2) 乗用自動車　[　]台

11　土地、建物の所有の有無（3欄が1または2の場合のみ記入）
- それぞれ該当する番号を○で囲んでください。

土地　1 ある　2 ない　　建物　1 ある　2 ない　　借地、借家や関連会社名義の土地、建物は含みません。

12　商品売上原価（3欄が1または2の場合のみ記入）
- 7欄において、「(エ)商業」に記入した法人のみ記入してください。

十兆 千億 百億 十億 億 千万 百万 十万 万円　　平成23年1月から12月までの売上原価（年間商品販売額に対する仕入原価）を記入してください。商品売上原価は、年初在庫額＋当年仕入額－年末在庫額により計算してください。（万円未満四捨五入）

13　資本金等の額及び外国資本比率（3欄が1の場合のみ記入）

(1) 資本金又は出資金、基金の額を記入してください。
十兆 千億 百億 十億 億 千万 百万 十万 万円　（万円未満四捨五入）

(2) うち外国資本比率を記入してください。
[　　].[　]％　（小数点第2位四捨五入）

14　決算月

[　]月　（[　]月）
- 本決算月を記入してください。
- 年2回決算を採用している場合は両方の月を記入してください。

1 名称及び電話番号 ●印字されている内容に変更がある場合は、二重線で消して修正してください。 ●法人の場合は登記上の名称を「正式名称」欄に記入してください。 ●屋号など通称名がある場合は「通称名」欄に記入してください。	フリガナ	
	正式名称	○○○○○○○（株）
	通称名	
	電話番号（代表）	（　　　）　　－

2 所在地 ●印字されている内容に変更がある場合は、二重線で消して修正してください。 ●他の事業所の構内にある場合は、その事業所の名称を「ビル・マンション名等」欄に記入してください。	郵便番号	都道府県名	市区町村名
	000－0000	東京都	△△区
	町丁・字・番地・号		ビル・マンション名等（階、号室まで記入してください）
	□□19－1		

3 経営組織 ●該当する番号を○で囲んでください。 ●会社以外の法人：財団・社団法人、学校・宗教・医療法人、協同組合、信用金庫等	1 個人経営	2 株式会社 有限会社	3 合名会社 合資会社	4 合同会社	5 会社以外の法人
		会社			
		法人			

4 海外支所等の数及び海外支所等の常用雇用者数 ●工場、営業所などや従業者のいる倉庫、管理人のいる寮なども含めます。	(1) 海外の支所・支社・支店数　　　事業所 (2) 海外の支所・支社・支店の常用雇用者数　　　人

5 企業全体の主な事業の内容 ●「調査票の記入のしかた」5ページを参照して、できるだけ詳しく記入してください。	(1)主な事業の内容	(2)生産品、取扱い商品又は営業種目
		①
		②
		③

図 5.4　経済センサス－活動調査の企業調査票 (調査票番号 13) の調査項目
「1 名称及び電話番号」,「2 所在地」,「3 経営組織」,「4 海外支所」,「5 企業全体の主な事業の内容」

(出典)　総務省統計局・経済産業省「経済センサス－活動調査」

5.4 企業調査票の調査項目 (調査票番号 13)

以下の金額を記入する欄について
・消費税込みで記入してください。経理処理上、税込みで記入できない場合は、税抜きで記入してください。右の□にチェックし、税抜きで記入してください。
・平成23年1月から12月までの1年間 (この期間で記入できない場合は、平成23年を最も多く含む算期間) の決算について記入してください。

図 5.5 経済センサス‐活動調査の企業調査票 (調査票番号 13) の調査項目「消費税込か否か」
(出典) 総務省統計局・経済産業省「経済センサス‐活動調査」

6 企業全体の売上 (収入) 金額、費用総額及び費用内訳			十兆	兆	千億	百億	十億	億	千万	百万	十万	万円
●平成23年1月から12月までの1年間の売上 (収入) 金額及び費用総額等について記入してください。(万円未満四捨五入) ●「3 経営組織」欄が「個人経営」の場合は、①、②、④、⑥、⑦、⑧の6項目のみ記入してください。 ●「3 経営組織」欄が「会社以外の法人」の場合は、以下のように記入してください。 ・[①売上 (収入) 金額 J: 経常収益を記入 ・[②費用総額 J: 経常費用を記入 ・[③うち売上原価 (特掲) J: 各欄に記入	① 売上 (収入) 金額											
	② 費用総額 (売上原価+販売費及び一般管理費)											
	費用の内訳	③ うち売上原価										
		④ 給与総額										
		⑤ 福利厚生費 (退職金を含む)										
		⑥ 動産・不動産賃借料										
		⑦ 減価償却費										
		⑧ 租税公課 (法人税、住民税、事業税を除く)										
		⑨ 外注費										
		⑩ 支払利息等										

図 5.6 経済センサス‐活動調査の企業調査票 (調査票番号 13) の調査項目「6 企業全体の売上 (収入) 金額、費用総額及び費用内訳」
(出典) 総務省統計局・経済産業省「経済センサス‐活動調査」

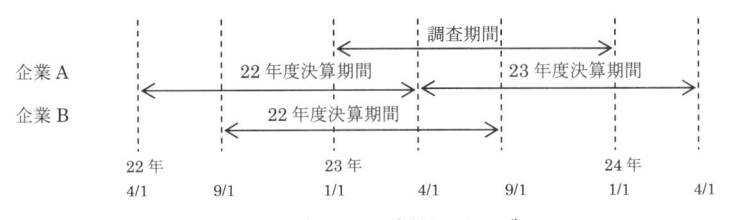

```
                         調査期間
              ├─────────────────┤
企業 A  ├─── 22 年度決算期間 ───┤├── 23 年度決算期間 ──┤
企業 B      ├── 22 年度決算期間 ──┤

     22年  9/1   23年   4/1   9/1   24年         4/1
     4/1         1/1                1/1
```

図 5.7 調査期間と決算期間のずれ

　図 5.9 に示された調査項目「8 電子商取引の有無及び割合」は，経済産業省**「消費者向け電子商取引実態調査」**の名簿の活用することをも意図して設定された調査項目である．この情報から，調査前の名簿準備の時点において，一般消費者と電子商取引を行っている企業に調査対象を絞ることができる．調査項目「9 設備投資の有無及び取得額」はマクロの民間設備投資の規模を測るために設定された調査項目である．中でも「無形固定資産 (ソフトウェアのみ)」という調査項目があるのは，国民経済計算の推計に活用することを意図している．「10 自家用自動車の保有台数」は国土交通省**「自動車輸送統計調査」**の名簿に活用することを意図して設定された．ちなみに，営業用自動車については，国土交通省の行政記録情報から事業者のリストを得ることができるが，自家用車については得られない．

　図 5.10 に示された調査項目「11 土地，建物の所有の有無」は国土交通省**「土地基本調査」**の名簿に活用することをも意図している．同調査は土地・建物の所有・利用状況等に関する実態を全国及び地域別に明らかにし，土地の有効利用を的確に進める上で必要となる基礎的な統計データを収集・整備することを目的としている．調査項目「12 商品売上原価」は年間商品販売額に対する仕入原価である．後に述べる商業統計調査の年間商品仕入額とは異なる．調査項目「13 資本金等の額及び外国資本比率」と「14 決算月」の意味については基礎調査のところで述べた通りである．

5.5　事業所調査票 (調査票番号 16～24) の共通調査項目

　複数事業所企業の事業所調査票の種類は 9 種類存在するが，その第 1 面の調査項目は調査票番号 21, 22, 23 の 3 種類を除き共通である．そこで事業

5.5 事業所調査票 (調査票番号 16〜24) の共通調査項目

7 企業全体の事業別売上 (収入) 金額	事業別内訳	売上 (収入) 金額 十兆 兆 千億 百億 十億 億 千万 百万 十万 万円	金額で記入できない場合は、右欄に割合を記入してください。	又は割合 (%)
・記入に当たっては「調査票の記入のしかた」10ページを参照してください。 ・6欄「①売上 (収入) 金額」の内訳を記入してください。 ・金額で記入できない場合は、6欄「①売上 (収入) 金額」に占める割合を記入してください。(小数点以下四捨五入) ・「3 経営組織」欄が「会社以外の法人」の場合の寄付金、補助金、運営費交付金等は行った事業の収入になります。	(ア) 農業、林業、漁業の収入			
	(イ) 鉱物、採石、砂利採取業の収入			
	(ウ) 製造品の売上金額			
	商業 ① 卸売の商品販売額 (代理中立手数料含む)			
	② 小売の商品販売額			
	建設業、サービス関連産業A ③ 建設事業の収入 (完成工事高)			
	④ 電気、ガス、熱供給、水道事業の収入			
	⑤ 通信、放送、映像・音声・文字情報制作業の収入			
	⑥ 運輸、郵便事業の収入			
	⑦ 金融、保険事業の収入			
	⑧ 政治経済・文化団体、宗教団体の事業活動収入			
	サービス関連産業B ⑨ 情報サービス、インターネット附随サービス業の収入			
	⑩ 不動産業の収入			
	⑪ 物品賃貸業の収入			
	⑫ 学術研究、専門・技術サービス事業の収入			
	⑬ 宿泊業の収入			
	⑭ 飲食サービス事業の収入			
	⑮ 生活関連サービス、娯楽事業の収入			
	⑯ 社会教育、学習支援事業の収入			
	⑰ 上記以外のサービス事業の収入			
	(キ) 学校教育事業の収入			
	(ク) 医療、福祉事業の収入			
	合計 6欄①の売上 (収入) 金額			1 0 0

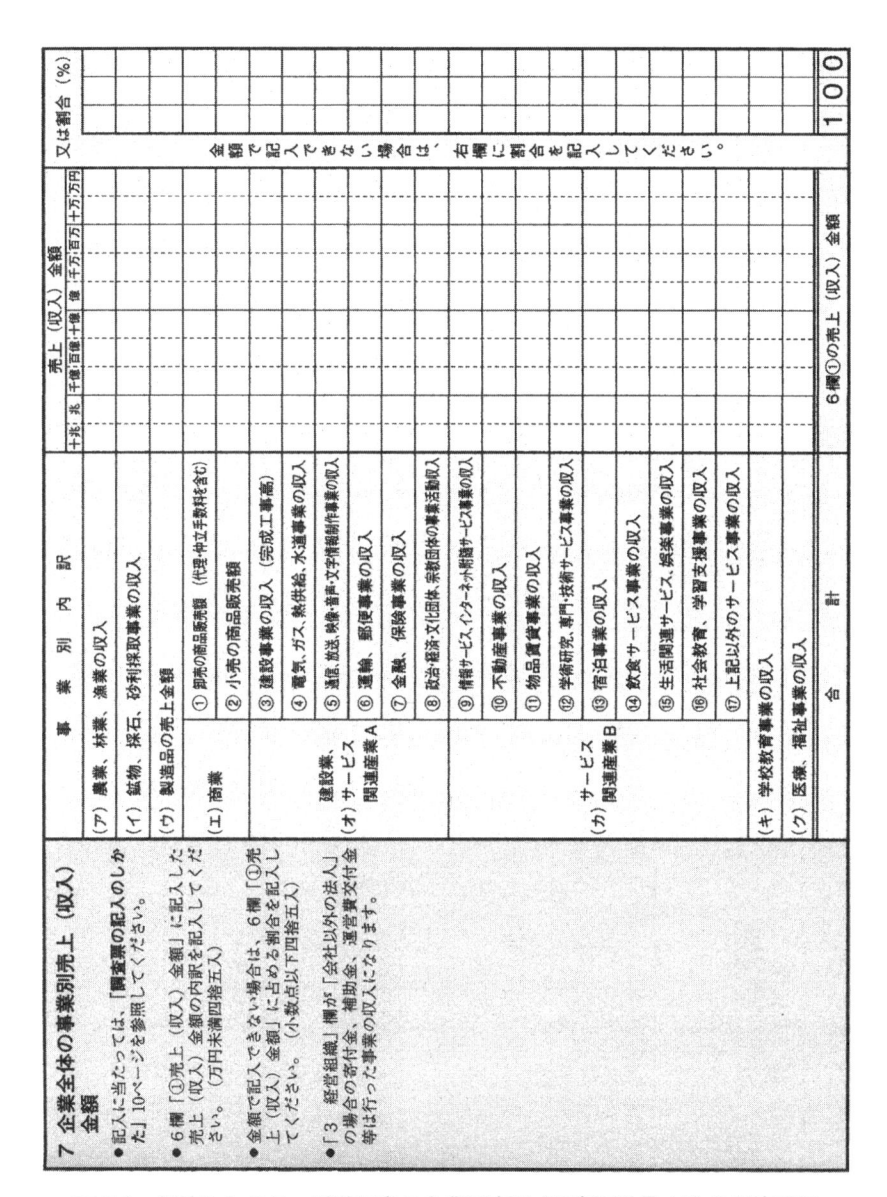

図 5.8 経済センサス-活動調査の企業調査票 (調査票番号 13) の調査項目
「7 企業全体の事業別売上 (収入) 金額」

(出典) 総務省統計局・経済産業省「経済センサス-活動調査」

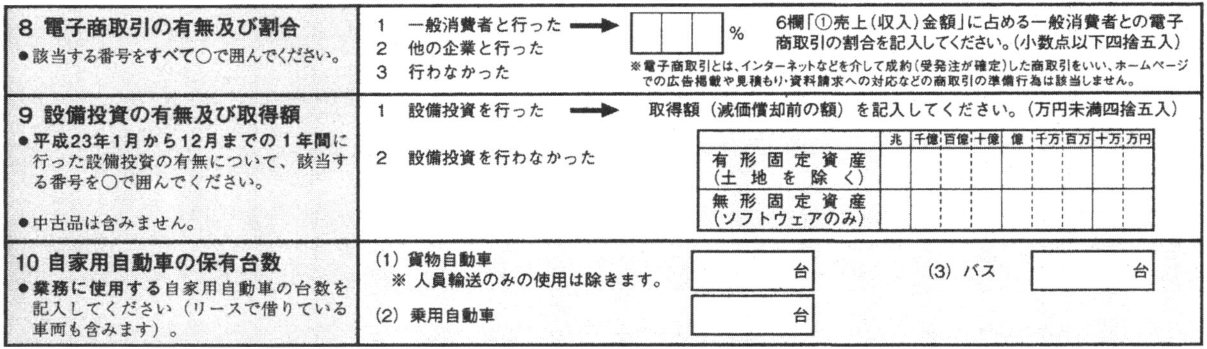

図 5.9 経済センサス-活動調査の企業調査票の調査項目
「8 電子商取引」,「9 設備投資」,「10 自家用自動車」
(出典) 総務省統計局・経済産業省「経済センサス-活動調査」

図 5.10 経済センサス-活動調査の企業調査票の調査項目
「11 土地, 建物」,「12 商品売上原価」,「13 資本金」,「14 決算月」
(出典) 総務省統計局・経済産業省「経済センサス-活動調査」

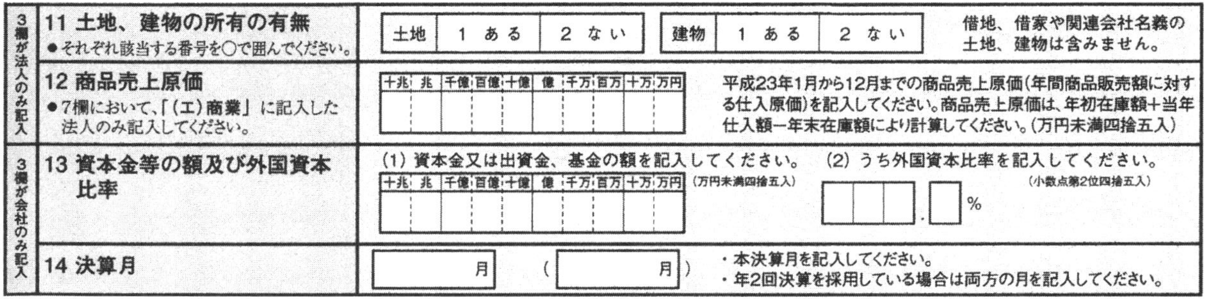

5.5 事業所調査票 (調査票番号 16〜24) の共通調査項目

所調査票の共通調査項目 (第 1 面) について説明する (図 5.11)。

図 5.12 に示された調査項目「1 事業所の名称及び電話番号」,「2 事業所の所在地」は企業調査票と同様にプレプリントの調査項目である。調査項目「3 事業所の開設時期」は選択肢「10 平成 23 年」のところだけ矢印が出ていて開設月を記入するように求めている。活動調査は平成 24 年 2 月に実施されるが,記入を求めるのは平成 23 年 1 月〜12 月までの 1 年間の金額である。もしも平成 23 年 7 月に開業した場合,他の 1 年間を通して活動を行った同規模の事業所に比べて,売上等の金額が半分であったとしてもおかしくはない。平成 23 年中に開設したのか否か,何月の開設したのかという情報が,データの読み取りに重要な意味を持つ。

図 5.13 に示された調査項目「4 事業所の従業者数」は,調査日である平成 24 年 2 月 1 日現在の従業者数を記入する調査項目である。従業者数の内訳は男女別に ① 個人業主,② 個人業主の家族で無給の人,③ 有給役員 (無給役員は除く),常用雇用者で ④ 正社員・正職員などと呼ばれている人,⑤ 上記以外の常用雇用者 (パート・アルバイトなど),⑥ 臨時雇用者,⑦ 合計 (①〜⑥ の合計) である。さらに ⑦ の内数として,⑧ 別経営の事業所へ出向又は派遣している人 (送出者) を調査している。また別経営の事業所からきてこの事業所で働いている人 (受入れ者),さらにその内訳として ⑨ 出向, ⑩ 派遣を調べている。

常用雇用者の定義は,(1) 期間を定めずに雇用している人,(2) 1 か月を超える期間を定めて雇用している人,(3) 平成 23 年 12 月と 24 年 1 月にそれぞれ 18 日以上雇用している人,のいずれかに該当する人となっている。この定義に当てはまるパート・アルバイトは常用雇用者に含まれる。また**臨時雇用者**の定義は,1 か月以内の期間を定めて雇用している人や日々雇用している人である。

図 5.14 に示された調査項目「5 本所等か否か」は,この事業所が経営全体を統括している本所かどうかを確認する調査項目である。本所は本社と同じ意味である。複数事業所企業については本社一括調査を実施しているため,どこが本所かは調査上,重要な情報である。調査項目「6 管理・補助的業務」は日本標準産業分類の第 12 回 (平成 19 年 11 月) 改定で中分類ごとに設定さ

見本

29621107

経済センサス-活動調査　㊙　基幹統計調査

【24】事業所調査票（サービス関連産業B）

「調査票の記入のしかた」を参照して記入してください。

平成24年2月1日
総務省・経済産業省

市区町村コード	調査区番号	事業所番号	＊	整理番号
13101	9999	0011	9	00005

1 事業所の名称及び電話番号 ●印字されている内容に変更がある場合は、二重線で消して修正してください。 ●法人の場合は登記上の法人名とこの事業所の名称（店舗名等）を記入してください。 ●屋号など通称名がある場合は「通称名」欄に記入してください。	フリガナ	
	正式名称	○○○○○○○（株）
	通称名	
	電話番号（代表）	（　　　）　　－

	郵便番号	都道府県名	市区町村名
2 事業所の所在地 ●印字されている内容に変更がある場合は、二重線で消して修正してください。 ●他の事業所の構内にある場合は、その事業所の名称を「ビル・マンション名等」欄に記入してください。	000－0000	東京都	△△区
	町丁・字・番地・号		ビル・マンション名等（階、号室まで記入してください）
	□□19－1		

3 事業所の開設時期
●開設時期に○囲みの印字がない場合は、現在の場所で事業を始めた時期について、該当する番号を○で囲んでください。

1	2	3	4	5	6	7	8	9	10	11
昭和59年以前	昭和60〜平成6年	平成7〜16年	平成17年	平成18年	平成19年	平成20年	平成21年	平成22年	平成23年	平成24年

→開設月　　月

4 事業所の従業者数
●2月1日現在の従業者数を記入してください。
●「①個人業主」：個人経営の事業主で実際にその事業所を経営している人
●個人業主の家族で賃金や給料を受け取っている場合は「常用雇用者」となります。
●「③有給役員」：個人経営以外で役員報酬を得ている人
●「常用雇用者」：以下のいずれかに該当する人
・期間を定めずに雇用している人
・1か月を超える期間を定めて雇用している人
・平成23年12月と24年1月にそれぞれ18日以上雇用している人
●「⑥臨時雇用者」：1か月以内の期間を定めて雇用している人や日々雇用している人
●「⑧　⑦のうち、別経営の事業所へ出向又は派遣している人（送出者）」：労働者派遣法でいう派遣労働者のほかに、在籍出向などこの事業所に籍を置いたまま、他の会社など別経営の事業所で働いている人
●「⑨出向」：在籍出向など出向元に籍を置いたまま、この事業所で働いている人
●「⑩派遣」：労働者派遣法でいう派遣労働者で、この事業所で働いている人
なお、別経営の事業所から業務請負によりこの事業所の一区画で働いている人は、派遣されている人には含めません。

		男	女
(1) この事業所に所属する従業者数	① 個人業主	人	人
	② 個人業主の家族で無給の人	人	人
	③ 有給役員（無給役員は除く）	人	人
	常用雇用者　④ 正社員・正職員などと呼ばれている人	人	人
	常用雇用者　⑤ 上記以外の常用雇用者（パート・アルバイトなど）	人	人
	⑥ 臨時雇用者（⑤以外のパート・アルバイトなどを含む）	人	人
	⑦ 合　計（①〜⑥の合計）	人	人
	⑧ ⑦のうち、別経営の事業所へ出向又は派遣している人（送出者）	人	人
(2)（1）以外で、別経営の事業所からきてこの事業所で働いている人（受入者）	⑨ 出　向	人	人
	⑩ 派　遣	人	人

5 本所等か否か
「調査票の記入のしかた」36ページを参照し、この事業所が経営全体を統括している本所事業所の場合は、右の□にチェックしてください。 ⟶ □

6 管理・補助的業務
●「調査票の記入のしかた」37ページを参照し、この事業所がもっぱら管理・補助的業務を行っている場合は、該当する番号を○で囲んでください。

1　管理運営業務　［支所等の管理業務　総務、経理、広報業務等］
2　補助的業務　［自家用車庫　自家用修理工場等］
3　自家用倉庫

7 主な事業の内容
●印字されている場合、内容に変更がありましたら、二重線で消して修正してください。

A003A1C0000210-0015/0015-116T0100000014　　第1

図 5.11　経済センサス－活動調査の事業所調査票（調査票番号 24，サービス関連産業 B）の第 1 面

（出典）　総務省統計局・経済産業省「経済センサス－活動調査」

5.5 事業所調査票(調査票番号 16〜24)の共通調査項目　　　　　　　　　　　　　　　　75

・この調査は、統計法に基づく基幹統計調査で、報告の義務があります。
・秘密の保護には万全を期していますので、ありのままを記入してください。
・この調査票は、統計的に処理され、税務資料などに使われることはありません。

8 事業所の売上(収入)金額
● 平成23年1月から12月までの1年間の売上(収入)金額について記入してください。
　(万円未満四捨五入)

売上(収入)金額　兆 千億 百億 十億 億 千万 百万 十万 万円

9 事業別売上(収入)金額
● 記入に当たっては、**調査票の記入のしかた**」10ページを参照してください。
● 「8 事業所の売上(収入)金額」欄に記入した売上(収入)金額の内訳を記入してください。(万円未満四捨五入)
● 金額で記入できない場合は、「8 事業所の売上(収入)金額」欄に記入した売上(収入)金額に占める割合を記入してください。(小数点以下四捨五入)
● 自己建設による不動産取引収入は「(オ)⑧建設事業の収入」になります。
● 倉庫業での収入は「(オ)⑥運輸・郵便事業の収入」になります。なお、駐輪場やコインロッカー等一時的に物品を預かる事業の収入は「(カ)⑮生活関連サービス、娯楽事業の収入」になります。
● 土地、建物、駐車場の賃貸収入は「(カ)⑪不動産事業の収入」になります。ただし、映画館、スポーツ施設の賃貸収入は「(カ)⑮生活関連サービス、娯楽事業の収入」に、展示会、集会場等の施設の賃貸収入は「(カ)⑰上記以外のサービス事業の収入」に、公民館等の社会教育施設の利用収入は「(カ)⑯社会教育、学習支援事業の収入」になります。
● 店内での飲食、顧客の注文により調理した飲食料品の販売は「(カ)⑭飲食サービス事業の収入」になります。調理済みの飲食料品の販売は「(エ)②小売の商品販売額」になります。
● 「(カ)⑰上記以外のサービス事業の収入」には、廃棄物処理、自動車整備、機械等修理、労働者派遣、建物サービス、警備業などが該当します。
● 「経営組織」が「会社以外の法人」の場合の寄付金、補助金、運営費交付金等は行った事業の収入になります。

事業別内訳		売上(収入)金額	又は割合(%)
(ア) 農業、林業、漁業の収入			
(イ) 鉱物、採石、砂利採取事業の収入			
(ウ) 製造品の出荷額・加工賃収入額			
(エ) 商業	① 卸売の商品販売額(代理・仲立手数料を含む)		
	② 小売の商品販売額		
(オ) 建設業、サービス関連産業A	③ 建設事業の収入(完成工事高)		
	④ 電気、ガス、熱供給、水道事業の収入		
	⑤ 通信、放送、映像・音声・文字情報制作事業の収入		
	⑥ 運輸、郵便事業の収入		
	⑦ 金融、保険事業の収入		
	⑧ 政治・経済・文化団体、宗教団体の活動収入		
(カ) サービス関連産業B	⑨ 情報サービス、インターネット附随サービス事業の収入		
	⑩ 不動産事業の収入		
	⑪ 物品賃貸事業の収入		
	⑫ 学術研究、専門・技術サービス事業の収入		
	⑬ 宿泊事業の収入		
	⑭ 飲食サービス事業の収入		
	⑮ 生活関連サービス、娯楽事業の収入		
	⑯ 社会教育、学習支援事業の収入		
	⑰ 上記以外のサービス事業の収入		
(キ) 学校教育事業の収入			
(ク) 医療、福祉事業の収入			
合　計		8欄の売上(収入)金額	100

第2面にお進みください。　→

面

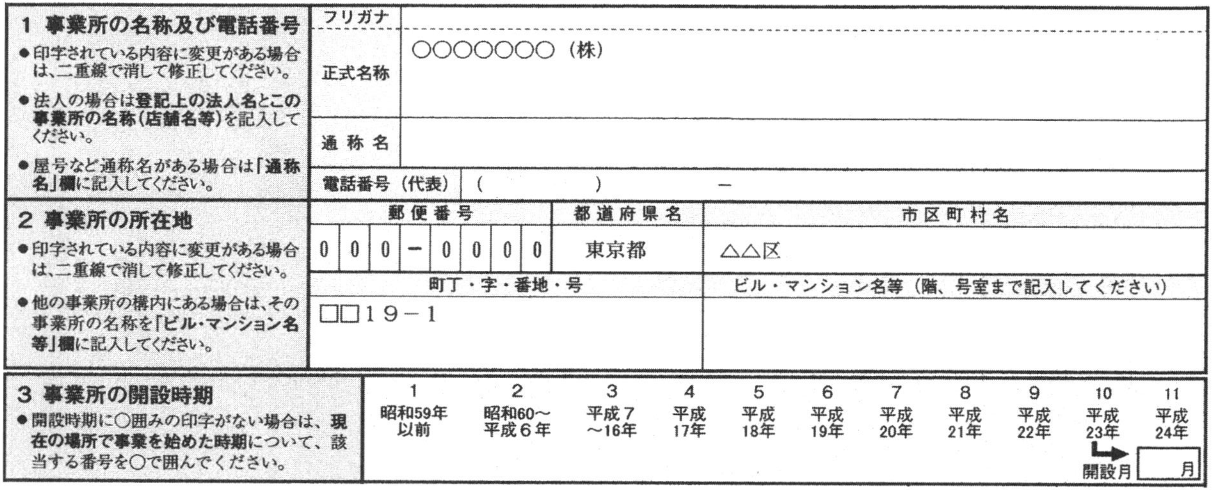

1 事業所の名称及び電話番号
- 印字されている内容に変更がある場合は、二重線で消して修正してください。
- 法人の場合は**登記上の法人名とこの事業所の名称（店舗名等）**を記入してください。
- 屋号など通称名がある場合は「**通称名**」欄に記入してください。

フリガナ
正式名称　○○○○○○○（株）
通称名
電話番号（代表）　（　　　）　－

2 事業所の所在地
- 印字されている内容に変更がある場合は、二重線で消して修正してください。
- 他の事業所の構内にある場合は、その事業所の名称を「**ビル・マンション名等**」欄に記入してください。

郵便番号	都道府県名	市区町村名
0 0 0 － 0 0 0 0	東京都	△△区

町丁・字・番地・号	ビル・マンション名等（階、号室まで記入してください）
□□19－1	

3 事業所の開設時期
- 開設時期に○囲みの印字がない場合は、**現在の場所で事業を始めた時期**について、該当する番号を○で囲んでください。

1	2	3	4	5	6	7	8	9	10	11
昭和59年以前	昭和60～平成6年	平成7～16年	平成17年	平成18年	平成19年	平成20年	平成21年	平成22年	平成23年	平成24年

開設月　　月

図 5.12　経済センサス－活動調査の事業所調査票（調査票番号 24，サービス関連産業 B）の 調査項目「1 事業所の名称及び電話番号」，「2 事業所の所在地」，「3 事業所の開設時期」

（出典）　総務省統計局・経済産業省「経済センサス－活動調査」

4 事業所の従業者数

- 2月1日現在の従業者数を記入してください。
- 「**①個人業主**」：個人経営の事業主で実際にその事業所を経営している人
- 個人業主の家族で賃金や給料を受け取っている場合は「**常用雇用者**」となります。
- 「**③有給役員**」：個人経営以外で役員報酬を得ている人
- 「**常用雇用者**」：以下のいずれかに該当する人
  - ・期間を定めずに雇用している人
  - ・1か月を超える期間を定めて雇用している人
  - ・平成23年12月と24年1月にそれぞれ18日以上雇用している人
- 「**⑥臨時雇用者**」：１か月以内の期間を定めて雇用している人や日々雇用している人
- 「**⑧　⑦のうち、別経営の事業所へ出向又は派遣している人（送出者）**」：労働者派遣法でいう派遣労働者のほかに、在籍出向などこの事業所に籍を置いたまま、他の会社など別経営の事業所で働いている人
- 「**⑨出向**」：在籍出向など出向元に籍を置いたまま、この事業所で働いている人
- 「**⑩派遣**」：労働者派遣法でいう派遣労働者で、この事業所で働いている人
  なお、別経営の事業所から業務請負によりこの事業所の一区画で働いている人は、派遣されている人には含めません。

			男	女
(1) この事業所に所属する従業者数	① 個人業主		人	人
	② 個人業主の家族で無給の人		人	人
	③ 有給役員（無給役員は除く）		人	人
	常用雇用者	④ 正社員・正職員などと呼ばれている人	人	人
		⑤ 上記以外の常用雇用者（パート・アルバイトなど）	人	人
	⑥ 臨時雇用者（⑤以外のパート・アルバイトなどを含む）		人	人
	⑦ 合　計（①〜⑥の合計）		人	人
		⑧ ⑦のうち、別経営の事業所へ出向又は派遣している人（送出者）	人	人
(2) (1)以外で、別経営の事業所からきてこの事業所で働いている人（受入者）		⑨ 出　向	人	人
		⑩ 派　遣	人	人

図 5.13　経済センサス－活動調査の事業所調査票
(調査票番号 24，サービス関連産業 B) の調査項目「4 事業所の従業者数」
(出典)　総務省統計局・経済産業省「経済センサス－活動調査」

| 5 本所等か否か |
| 6 管理・補助的業務 |
| ● 「調査票の記入のしかた」37ページを参照し、この事業所がもっぱら管理・補助的業務を行っている場合は、該当する番号を〇で囲んでください。 |
| 7 主な事業の内容 |
| ● 印字されている場合、内容に変更がありましたら、二重線で消して修正してください。 |

「調査票の記入のしかた」36ページを参照し、この事業所が経営全体を統括している本所事業所の場合は、右の□にチェックしてください。　→　□

1　管理運営業務　　　　2　補助的業務　　　　3　自家用倉庫
[支所等の管理業務　　　][自家用車庫　　　　　]
[総務、経理、広報業務等][自家用修理工場等　　]

図 5.14　経済センサス - 活動調査の事業所調査票 (調査票番号 24, サービス関連産業 B) の調査項目
　　　「5 本所等か否か」,「6 管理・補助的業務」,「7 主な事業の内容」
(出典) 総務省統計局・経済産業省「経済センサス - 活動調査」

れた産業「管理, 補助的経済活動を行う事業所」の分類のための調査項目である。調査項目「7 主な事業の内容」はプレプリントである。

　図 5.15 に示された調査項目「8 事業所の売上 (収入) 金額」は売上 (収入) 金額のみを調査する調査項目である。すなわち, 企業調査票では調査項目「5 企業全体の売上 (収入) 金額, 費用総額及び費用内訳」において売上 (収入) 金額だけでなく, 費用総額及び費用内訳を調べているのに対し, 事業所では費用について調べていない。これは事業所単位では費用を把握することが難しいことが珍しくないからである。調査項目「9 事業別売上 (収入) 金額」は, 企業調査票の調査項目「7 企業全体の事業別売上 (収入) 金額」と同じ様式の調査項目である。これによって企業の多角化の実態を各事業所レベルでも確認することができる。

5.5 事業所調査票 (調査票番号 16〜24) の共通調査項目

図 5.15 経済センサス−活動調査の事業所調査票 (調査票番号 24, サービス関連産業 B) の調査項目
「8 事業所の売上 (収入) 金額」,「9 事業別売上 (収入) 金額」

(出典) 総務省統計局・経済産業省「経済センサス−活動調査」

図 5.16 経済センサス−活動調査の事業所調査票 (調査票番号 24，サービス関連産業 B) の第 2 面

(出典) 総務省統計局・経済産業省「経済センサス−活動調査」

5.5 事業所調査票(調査票番号 16〜24)の共通調査項目

ス - 活動調査
サービス関連産業B)

以下の事項(15欄から17欄まで)については、該当する項目のみ記入してください。

15 物品賃貸業のレンタル年間売上高及びリース年間契約高

「物品賃貸業」を主な業務として営んでいる場合は、平成23年1月から12月までの「レンタル年間売上高」、「リース年間契約高」(万円未満四捨五入)及び該当する物件区分の割合(小数点以下四捨五入)を記入してください。

レンタル年間売上高 [兆 千億 百億 十億 億 千万 百万 十万 万円]

リース年間契約高 [兆 千億 百億 十億 億 千万 百万 十万 万円]

物件区分		レンタル年間売上高割合(%)	リース年間契約高割合(%)
産業用機械器具	産業機械		
	工作機械		
	土木・建設機械		
	医療用機器		
	商業用機械・設備		
	通信機器		
	サービス業用機械・設備		
	その他の産業機械・設備		
事務用機械器具	電子計算機・同関連機器		
	事務用機器		
自動車			
スポーツ・娯楽用品			
その他の物品	映画・演劇用品		
	音楽・映像記録物		
	貸衣しょう		
	その他		
合計		100	100

注:「リース」と「レンタル」の区分
・「リース」…物件を使用させる期間が1年を超え、契約期間中に解約の申し入れができない賃貸契約
・「レンタル」…「リース」以外のすべての賃貸契約

16 特定のサービス業における取扱件数、入場者数、利用者数等

以下の「サービス業務」を主な業務として営んでいる場合は、該当する区分の「件数・利用者数等」欄に記入してください。
区分の①〜⑥は、平成23年1月から12月までの1年間の件数等を記入してください。

	サービス業務	区分	件数・利用者数等
冠婚葬祭業	葬儀業、結婚式場業、冠婚葬祭互助会	① 結婚式・披露宴の年間取扱件数	件
		② 葬儀の年間取扱件数	件
映画館		③ 年間入場者数	人
		④ 年間公開本数	本
興行場、興行団	劇場、興行場、劇団、楽団、舞踏団、演芸・プロスポーツの興行など	⑤ 年間入場者数	人
スポーツ施設提供業	スポーツ施設(興行目的以外)、体育館、ゴルフ場、ゴルフ練習場、ボウリング場、テニス場、バッティング・テニス練習場、フィットネスクラブなど	⑥ 年間施設利用者数	人
学習塾		⑦ 受講生数(在籍者数)※平成23年12月31日現在	人
教養・技能教授業	音楽、書道、生花・茶道、そろばん、外国語会話、スポーツ・健康などの教授業	⑧ 受講生数(会員数)※平成23年12月31日現在	人

17 特定のサービス業における同業者との契約割合   個人経営の事業所は記入する必要はありません。

「ソフトウェア業」、「情報処理・提供サービス業」、「インターネット付随サービス業」を主な業務として営んでいる場合は、第1面の9欄「(カ)⑨情報サービス、インターネット付随サービス事業の収入」に占める、同じ業務を営む者(同業者)との契約(受注)割合を記入してください。(小数点以下四捨五入)

同業者との契約割合 [　　]%

備考

5.6 事業所調査票の産業別調査項目 (調査票番号 24, サービス関連産業 B)

　複数事業所企業の事業所調査票の第 2 面は産業別調査項目となっている。経済センサス - 活動調査は既存の大規模統計調査を置き換えた部分と，新しく設定した部分がある。例えば，事業所調査票 (鉱業，採石業，砂利採取業) (調査票番号 17) は経済産業省「本邦鉱業のすう勢調査」，事業所調査票 (製造業) (調査票番号 18) は経済産業省「工業統計調査」，事業所調査票 (卸売業，小売業) (調査票番号 19) は経済産業省「商業統計調査」の調査票と実質的には同じものだと見なしてよい。

　一方，既存の大規模調査にはない調査票としては事業所調査票 (調査票番号 24，サービス関連産業 B) (調査票番号 24) がある (図 5.16)。この調査票ではサービス関連産業 B の事業収入のより細かい内訳を調査項目「10 サービス関連産業 B の事業収入内訳」で調査している (図 5.17)。記入方法は，調査票に同封の分類表の中から金額の多い順に選び，第 1 位から第 10 位までの欄にその分類番号，事業内容及び売上 (収入) を記入するというものである。それに配慮して金額で記入できない場合は，割合 (%) で記入してもよいことになっている。これによって**主業**だけでなく**従業** (副業) の収入の内訳が明らかになる[3]。建設業及びサービス関連産業 A では同じ様式の調査項目を「主な事業収入の内訳」として企業調査票 (建設業，サービス関連産業 A) (調査票番号 15) で調査している。

　図 5.18 に示された調査項目「11 施設・店舗等形態」は次のような事情で設定されたものである。飲食サービス業の産業細分類は，「日本料理店」，「中華料理店」，「ラーメン店」… となっている。これをそのまま「事業」扱いし

---

[3] 1973 年以来，長年にわたってサービス業の主要な構造統計調査としての役割を担ってきた経済産業省「特定サービス産業実態調査」は，対象となるサービスを主として提供している事業所しか調査しないため，当該サービスの市場規模を把握することができないという弱点があった。例えば，製造業務が主業であり，ソフトウェア業務が従業 (副業) である事業所は調査対象とならないから，その事業所のソフトウェア業務の売上高は把握されなかった。経済センサス - 活動調査では，この弱点を克服するために，あえて図 5.17 に示された調査項目を設定した。

5.6 事業所調査票の産業別調査項目 (調査票番号 24, サービス関連産業 B)

10 サービス関連産業 B の事業収入内訳

第1面の9欄の「(カ) サービス関連産業 B」について、その内訳を同封の「分類表 (サービス関連産業 B)」の中から金額の多い順に選び、第1位から第10位までの分類番号、事業内容及び売上 (収入) 金額を記入してください。(万円未満四捨五入)

金額で記入できない場合は、第1面の「8 事業所の売上 (収入) 金額」欄に記入した売上 (収入) 金額に占める割合を記入してください。(小数点以下四捨五入)

順位	分類番号	事　業　内　容	売上 (収入) 金額 兆 千億 百億 十億 億 千万 百万 十万 万円	又は割合 (%)
第1位				
第2位				
第3位				
第4位				
第5位				
第6位				
第7位				
第8位				
第9位				
第10位				

金額で記入できない場合は、右欄に割合を記入してください。

図 5.17 経済センサス-活動調査の事業所調査票 (調査票番号 24, サービス関連産業 B) の調査項目「10 サービス関連産業 B の事業収入内訳」

(出典) 総務省統計局・経済産業省「経済センサス-活動調査」

11 施設・店舗等形態

主力事業(本業)の施設・店舗等の形態が「分類表(サービス関連産業B)」にある「Ⅱ 施設・店舗等の形態番号」に掲載されている場合は、その形態を選び、番号を記入してください。

施設・店舗等の形態番号 ☐

12 サービス関連産業Bの相手先別収入割合

第1面の9欄の「(カ)サービス関連産業B」について、その収入を得た相手先別の割合を記入してください。(小数点以下四捨五入)

収入を得た相手先	収入割合(%)
① 個人(一般消費者)	
② 民間 他の企業・団体	
③ 公務(官公庁)	
④ 海 外 取 引	
⑤ 同 一 企 業 内 取 引	
①～⑤の合計	100

- 「③公務(官公庁)」とは、国や地方公共団体の国家事務、地方事務を行う事業所をいいます。
- 国、地方公共団体が直接経営する現業の事業所(水道局、交通局、病院、学校、社会福祉施設など)は、「②民間」に含めて記入してください。

図5.18 経済センサス-活動調査の事業所調査票(調査票番号24, サービス関連産業B)の調査項目「11 施設・店舗等形態」,「12 相手先別収入割合」
(出典) 総務省統計局・経済産業省「経済センサス-活動調査」

5.6 事業所調査票の産業別調査項目 (調査票番号 24, サービス関連産業 B)

て売上高を把握すると, 一つのお店でありながら, 餃子などの売上高は「中華料理」, ラーメンは「ラーメン店」としてそれぞれ分けて記入しなければならず大変である。そのため事業別売上高は「飲食サービス事業」として一括して計上し, その上で「どういうお店ですか？」(施設・店舗等形態) と聞いて産業分類の格付を行う。旅館業 (事業は宿泊事業, 施設はホテル, 旅館, ユースホステル等) も同様な取り扱いをしている。

調査項目「12 サービス関連産業 B の相手先収入割合」は産業連関表の産出にあたる情報であり, その推計に活用することを念頭に置いている (図 5.18)。本来であれば, より細かい産業別の割合が欲しいところであるが, 企業は帳簿を産業別ではなく, 取引先企業別に管理する傾向があるため難しい。

短時間のパートが多い業種において, 単に人数だけの把握であると, 集計値をミスリードする可能性がある。例えば, 昼間だけのパート 1 名と夜間だけのパート 1 名がいる場合, パート 2 人と集計されると, 労働生産性を測る際の従業者数が過大となる。これが 8 時間換算値では「1 名」と集計されるが, 労働生産性を測る上ではこの方が望ましい。したがって, 現行の商業統計調査でも採用している「8 時間換算人数」を, 短時間のパートが多い業種である飲食サービス業にも適用したものが調査項目「13 飲食サービス業の 8 時間換算雇用者数」である (図 5.19)。

調査項目「14 宿泊業の収容人数, 客室数」の収容人数, 客室数は, 観光庁「**宿泊旅行統計調査**」の名簿に活用することをも念頭に置いて設定されたものである。同調査は標本調査であるが, その抽出の際に従業者規模で層化 (グループ分け) して抽出しているが, 実際には従業者数は少ないが宿泊客数が非常に多いホテルがあり, 母集団値の推定の際に困ることがあった。そこで収容人数, 客室数の情報があれば, 標本抽出のやり方の工夫の余地が広がるであろうと期待して設定されたものである。

以下の事項(13欄、14欄)については、該当する項目のみ記入してください。

13 飲食サービス業の8時間換算雇用者数

「飲食サービス業」を主な業務として営んでいる場合は、第1面の「4 事業所の従業者数」の常用雇用者のうち「⑤ 上記以外の常用雇用者(パート・アルバイトなど)」の男女計について、8時間換算した雇用者数を記入してください。(端数は切り上げ)

・常用雇用のパート・アルバイト全員の1日の延べ労働時間を8時間で割った値を記入してください。
  [例: 3時間が3人、5時間が1人、6時間が2人の場合]
  {(3×3)+(5×1)+(6×2)}÷8時間=3.25 ⇒ 4人

[　　　　]人

14 宿泊業の収容人数、客室数

「宿泊業」を営んでいる場合で、宿泊施設の形態が「旅館・ホテル」及び「簡易宿所」である場合は、宿泊施設の収容人数及び客室数を記入してください。

収容人数 [　　　　]人　　客室数 [　　　　]室

図5.19 経済センサス-活動調査の事業所調査票(調査票番号24、サービス関連産業B)の調査項目「13 飲食サービス業の8時間換算雇用者数」、「14 宿泊業の収容人数、客室数」

(出典) 総務省統計局・経済産業省「経済センサス-活動調査」

6
工業統計調査

6.1 経済センサス以外の大規模産業統計調査

　経済センサスの実施以前は，大まかな産業別の大規模調査である**工業統計調査**，**商業統計調査**，**特定サービス産業実態調査**，**サービス業基本調査**が一緒になって「センサス」の役割を担っていた。ただし調査負担を平準化するため，表 6.1 のように調査実施年をずらしていたので，全ての事業所の経理情報を同じ時点で把握することができなかった。例外としては平成 16 年 (2004 年) であり，事業所・企業統計調査，商業統計調査 (簡易調査)，サービス業基本調査の三調査が同時に実施された。ただし，工業統計調査，特定サービス産業実態調査との間で客体の重複や漏れが依然としてあり，かつ調査事項はばらばらであり，これらのデータを集計しても日本経済全体の姿は分からない状況にあった。こうした事情から平成 21 年 (2009 年) の経済センサス－基礎調査，平成 24 年 (2012 年) の経済センサス－活動調査へ移行することとなる。

　上記の五調査のうち事業所・企業統計調査，サービス業基本調査は経済センサスの実施に伴い既に廃止された。残りの三調査——工業統計調査，商業統計調査，特定サービス産業実態調査——は経済センサスの実施に伴って今後，その目的や役割が大きく変わるものと考えられる。

表 6.1 大規模産業統計調査の実施年 (2000〜2010 年)

	事業所・企業統計調査（五年に一回、間に簡易調査）	工業統計調査（毎年、西暦末尾〇、三、五、八年は全数調査）	商業統計調査（五年に一回、間に簡易調査）	特定サービス産業実態調査（アクティビティ・ベース、業種グループ別に原則として三年に一回のローテーション）	特定サービス産業実態調査（産業分類ベース、毎年）	サービス業基本調査（五年に一回）
2000 年		○全数調査		○		
2001 年	○	○		○		
2002 年		○	○	○		
2003 年		○全数調査		○		
2004 年	○簡易調査	○	○簡易調査	○		○最後の調査
2005 年		○全数調査				
2006 年	○最後の調査	○			○ 8 業種	
2007 年		○	○		○ 11 業種	
2008 年		○全数調査			○ 21 業種	
2009 年		○			○ 28 業種	
2010 年		○			○ 28 業種	

6.2 工業統計調査の概要

経済産業省「**工業統計調査**」は，明治 42 年 (1909 年) に「工場統計調査」として開始された歴史の長い調査である。日本最初の近代製鐵所である八幡製鐵所が操業を開始したのが，明治 34 年 (1901 年) であるから，それよりやや遅れて開始されたことが分かる。だが，開始当初の工業統計調査は製造業の発展に伴う「光」よりは「影」を明らかにするものであったようだ。溝口敏行氏は次のように述べている。「工業統計を推進したのは，明治末期における労働条件の改善政策にあったといってよい。…『工場法』制定を核とする労働条件の改善が社会的要請であり，『工場統計表』は工場の実態を把握する

6.2 工業統計調査の概要

のを主目的として実施されるようになった」[1]。通商産業大臣官房調査統計部は「出発点としては労働統計としての色彩が強かった」が，その後，「工業統計の関心は，労働統計的から経営統計的に，さらにそれが企業統計的に移行」したと記している[2]。労働統計的な性格は，従業者数の内訳を詳しく調査している形で今日にも引き継がれている (6.6 節参照)。

開始当時は 5 年に 1 回の頻度で実施されたが，大正 9 年 (1920 年) からは毎年調査に改められた。時期的には第一次世界大戦 (1914〜1918 年) による戦争特需景気で製造業が大いに発展した直後である。最終的に「工業統計調査」という名称に落ち着いたのは第二次世界大戦後の昭和 26 年 (1951 年) である。

戦後は平成 22 年 (2010 年) まで工業統計調査は毎年実施されてきた (平成 23 年調査は実施せず，経済センサス－活動調査の中で，必要な事項を把握された)。西暦末尾 0, 3, 5 及び 8 年は全数調査であり，それ以外の年は一定規模以上 (従業者数が 4 人以上) の事業所が調査 (**裾切り調査**) されてきた。そのためセンサスという性格も帯びていて，一時的に昭和 25 年 (1950 年) だけ「工業センサス」と呼ばれたこともある。長年にわたり回収率は 90%を超えていたから，報告したことがない製造業事業所はほとんどないと考えてよい。なお，経済センサス－活動調査の創設に伴い，平成 22 年 (2010 年) より従業者数 3 人以下は除外されることになった。

100 年以上の歴史があり，西暦末尾 0, 3, 5 及び 8 年には全数調査が行われてきたことから，どの製造業事業所にとっても，工業統計調査に報告することがすでに「習慣」となっている。これは統計調査として重要なことである。

産業統計において報告者 (企業の経理担当者など) が行う作業は，まず帳簿を持ってきて，次に調査票の調査項目に対応する勘定科目 (取引の内容がわかるように同一種類の取引をまとめて分類したもの) を帳簿の中から見つけ出し，その帳簿の数字を調査票の調査項目に転記して提出することである。帳簿にどのような勘定科目を設定するかは，会計原則はあるものの，企業によって自由に設定してよいから，帳簿の勘定科目は企業によって千差万別である

---

[1] 溝口敏行 [1985]『経済統計論第 3 版』東洋経済新報社
[2] 通商産業大臣官房調査統計部 [1961]『工業統計 50 年史解説編』龍渓書舎，pp.3-4。

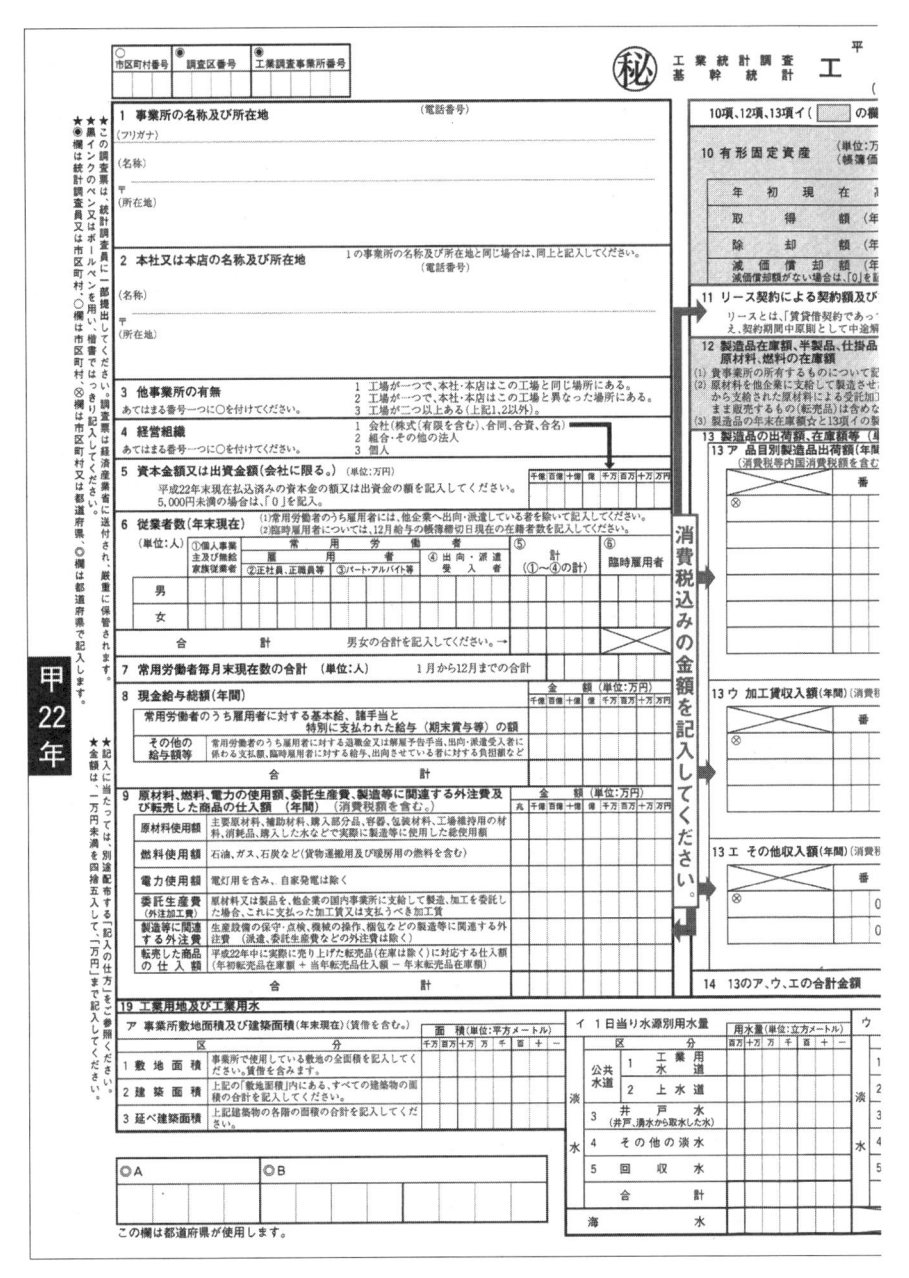

図 6.1　工業統計調査 (平成 21 年) の調査票 (甲)

(出典)　経済産業省「工業統計調査」

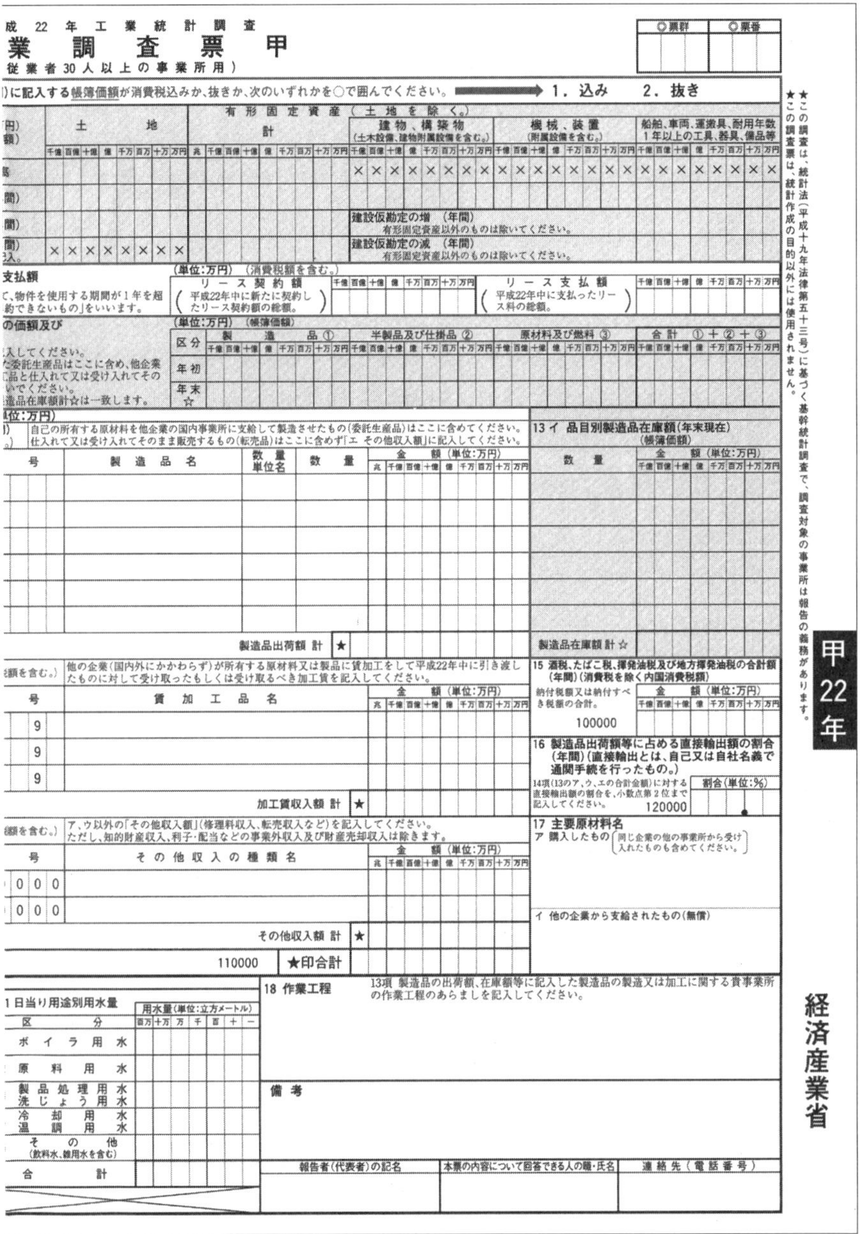

成 22 年 工 業 統 計 調 査

業 調 査 票 甲

従 業 者 30 人 以 上 の 事 業 所 用 ）

◎票群　◎票番

)に記入する帳簿価額が消費税込みか、抜きか、次のいずれかを○で囲んでください。 → 1．込み　2．抜き

★この調査は、統計法（平成十九年法律第五十三号）に基づく基幹統計調査で、調査対象の事業所は報告の義務があります。
★この調査票は、統計作成の目的以外には使用されません。

円) 額)	土　地	有形固定資産（土地を除く。）計	建物、構築物（土木設備、建物附属設備を含む。）	機械、装置（附属設備を含む。）	船舶、車両、運搬具、耐用年数1年以上の工具、器具、備品等
高			×	×	×
間)					
間)			建設仮勘定の増（年間）有形固定資産以外のものは除いてください。		
間) 入。	×		建設仮勘定の減（年間）有形固定資産以外のものは除いてください。		

支払額

（単位：万円）（消費税額を含む。）

て、物件を使用する期間が1年を超
約できないもの」をいいます。

リース契約額（平成22年中に新たに契約したリース契約額の総額。）

リース支払額（平成22年中に支払ったリース料の総額。）

の価額及び

（単位：万円）（帳簿価額）

入してください。
た委託生産品はここに含め、他企業
品と仕入れて又は受け入れてその
いでください。
造品在庫額計☆は一致します。

区分	製造品①	半製品及び仕掛品②	原材料及び燃料③	合計 ①＋②＋③
年初				
年末☆				

位：万円)

自己の所有する原材料を他企業の国内事業所に支給して製造させたもの（委託生産品）はここに含めてください。
仕入れて又は受け入れてそのまま販売するもの（転売品）はここに含めず「エ その他収入額」に記入してください。

号	製造品名	数量単位名	数量	金額（単位：万円）
			製造品出荷額計	★

13 イ 品目別製造品在庫額（年末現在）（帳簿価額）

数量	金額（単位：万円）
製造品在庫額計☆	

額を含む。)

他の企業（国内外にかかわらず）が所有する原材料又は製品に賃加工をして平成22年中に引き渡したものに対して受け取ったもしくは受け取るべき加工賃を記入してください。

号	賃加工品名	金額（単位：万円）
9		
9		
9		
	加工賃収入額計	★

15 酒税、たばこ税、揮発油税及び地方揮発油税の合計額（年間）（消費税を除く内国消費税額）

納付税額又は納付すべき税額の合計。

100000

金額（単位：万円）

16 製造品出荷額等に占める直接輸出額の割合（年間）（直接輸出とは、自己又は自社名義で通関手続を行ったもの。）

14項（13のア、ウ、エの合計金額）に対する直接輸出額の割合を、小数点第2位まで記入してください。

120000

割合（単位：%）

額を含む。)

ア、ウ以外の「その他収入額」（修理料収入、転売収入など）を記入してください。
ただし、知的財産収入、利子・配当などの事業外収入及び財産売却収入は除きます。

号	その他収入の種類名	金額（単位：万円）
000		
000		
	その他収入額計	★
110000	★印合計	

17 主要原材料名

ア 購入したもの（同じ企業の他の事業所から受け入れたものも含めてください。）

イ 他の企業から支給されたもの（無償）

1日当り用途別用水量

区分	用水量（単位：立方メートル）
ボイラ用水	
原料用水	
製品処理用水 洗じょう用水	
冷却用水 温調用水	
その他（飲料水、雑用水を含む）	
合計	

18 作業工程

13項 製造品の出荷額、在庫額等に記入した製造品の製造又は加工に関する貴事業所の作業工程のあらましを記入してください。

備考

報告者（代表者）の記名	本票の内容について回答できる人の職・氏名	連絡先（電話番号）

甲 22年

経済産業省

と考えてよい．報告者が調査票と帳簿を見比べて，調査票の調査項目に対応する勘定科目が帳簿に見つからないということは十分にありうる．調査票の調査項目に対応する勘定科目が帳簿の中に見つからないとき，報告者はどうすることになるであろうか．帳簿に対応するものがないのであるから，帳簿の元となる情報，すなわち**伝票** (金銭の出入や取引内容などを記入する一定の様式を備えた紙) にさかのぼって，調査票の調査項目に合うような勘定科目に取引を分類し直すことになる．だが，伝票は取引の数だけあるわけであるから，その数は膨大であり，かつその作業には専門的な知識が必要である．本業と特に関係のない統計調査に時間と人を割いて大変な作業をしなければならない．いい加減な数字を政府に提出するのも嫌だから，結局は調査票を提出しないことになりかねない．

　工業統計調査の場合，100 年以上の歴史があり，どの報告者も調査票に記入した経験があり，それにどのような調査項目があるのかよく知っている．このような場合，報告者はあらかじめ調査票の調査項目に合うように帳簿の勘定科目を設定するか，記録を整えておく方が楽だから，そのような準備・工夫をあらかじめ行う．報告者は，製品別出荷額など細かい調査項目であっても，帳簿や記録から調査票に転記すれば良いだけであるから，あまり負担を感じないのである．

　ただし，規模の小さい事業者の場合，税理士が作成した書類の範囲内でないと調査票に記入できないことがある．こうした事情から，従業者数 4 人未満の事業所は西暦末尾が 0,3,5 及び 8 年以外の年は調査されず，どの年次も従業者数が 29 人以下の事業所は調査項目が少ない調査票 (乙調査票) で調査してきた．

　経済センサス – 活動調査の複数事業所企業の事業所調査票 (製造業) は，工業統計表の調査票 (甲) とほぼ同じである．異なるのは，工業統計の調査項目「8 現金給与総額」が，経済センサス – 活動調査では調査項目「10 人件費及び人材派遣会社への支払額」と詳細になっていること，工業用地及び工業用水が経済センサス – 活動調査では簡単化されていることである．

　図 6.1 は工業統計調査 (平成 21 年) の調査票 (甲) の全体を示している．図 6.2 は工業統計調査による事業所数の推移を，1965～2008 年までの西暦末尾

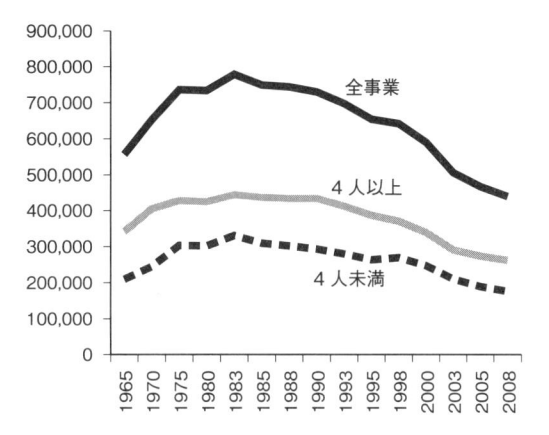

図 6.2 事業所数の推移 (単位：所，1965〜2008 年)
(出典) 経済産業省「工業統計調査」

0, 3, 5, 8 の全数調査年次について，全事業所，従業者数 4 人以上，4 人未満の事業所別に示している．従業者数 4 人以上，4 人未満の事業所のどちらも，1983 年 (昭和 58 年) をピークに減少傾向にある．なお，2000 年 (平成 12 年) から 2003 年 (平成 15 年) にかけて大きく減少しているのは，日本標準産業分類の第 11 回改定 (平成 14 年) で「新聞業」及び「出版業」が大分類「H-情報通信業」へ移行した影響もある．

6.3 生産額と出荷額

事業所がどれだけの生産活動を行ったのか，それを測る指標には**生産額**，**製造品出荷額**，**付加価値額**の三種類がある．これらの指標の関係をまずは大まかに説明しよう．生産と出荷の違いは，事業所内で生産したものが，事業所の門から出れば出荷になると考えればよい．事業所は生産した製造品を出荷して収入を得るが，生産が出荷に足りないときには，事業所は倉庫にある在庫を取り崩して出荷する．したがって，出荷額と生産額，在庫の取り崩しの関係は

$$出荷額 = 生産額 + 在庫の取り崩し \tag{1}$$

となる．在庫の取り崩しは，年初の在庫から，年末の在庫を差し引いたもの

であるから,
$$出荷額 = 生産額 + 年初の在庫 - 年末の在庫 \qquad (2)$$
となる.逆に,生産しても売れないときには,在庫が積み上がるから,
$$生産額 = 出荷額 + 在庫の積み上げ \qquad (3)$$
となる.在庫の積み上げは,年末の在庫から,年初の在庫額を差し引いたものであるから,
$$生産額 = 出荷額 + 年末の在庫 - 年初の在庫 \qquad (4)$$
となるが,(4) 式を変形すれば,(2) 式と同じになる.年末の在庫から年初の在庫を引いたものを在庫の年間増減とすれば,
$$生産額 = 出荷額 + 在庫の年間増減 \qquad (5)$$
となる.

　実際の計算はもっと複雑である.工業統計調査 (平成 21 年) の甲調査 (従業者が 30 人以上の事業所) の調査票を見て確認しよう.図 6.3 を見ると,事業所の収入には「**製造品出荷額**」だけでなく,「**加工賃収入額**」,「**その他の収入額**」があることが分かる.製造品の出荷とは,その事業所の所有に属する原材料によって製造されたものを,調査対象年中にその事業所から出荷した場合をいう.また,同一企業に属する他の事業所へ引き渡したもの,自家使用されたもの,委託販売に出したものも含む.したがって,事業所の出荷額と,その事業所を保有する企業の売上高が一致するとは限らない.

　「加工賃収入額」とは,他の所有に属する主要原材料又は製品 (半製品を含む) に加工処理を加えた場合,これに対して受け取った加工賃及び受け取るべき加工賃である.「その他の収入額」とは冷蔵保管料,製造工程から出たくずや廃物の出荷額及び自家発電の余剰電力の販売収入額等である.これらの収入を合計して「**製造品出荷額等**」とする.

　在庫は**製造品在庫**,**半製品及び仕掛品在庫**,**原材料及び燃料在庫**の三区分がある (図 6.4).製造品在庫は最終完成品,半製品在庫は中間的な製品であるが販売可能なもの,仕掛品在庫は製造のため加工中 (仕掛中) のもの,原材料及び燃料在庫は製造工程で消費される原材料及び燃料の在庫である.事業所の所有に属するものを帳簿価額によって記入したものであり,原材料を他

6.3 生産額と出荷額

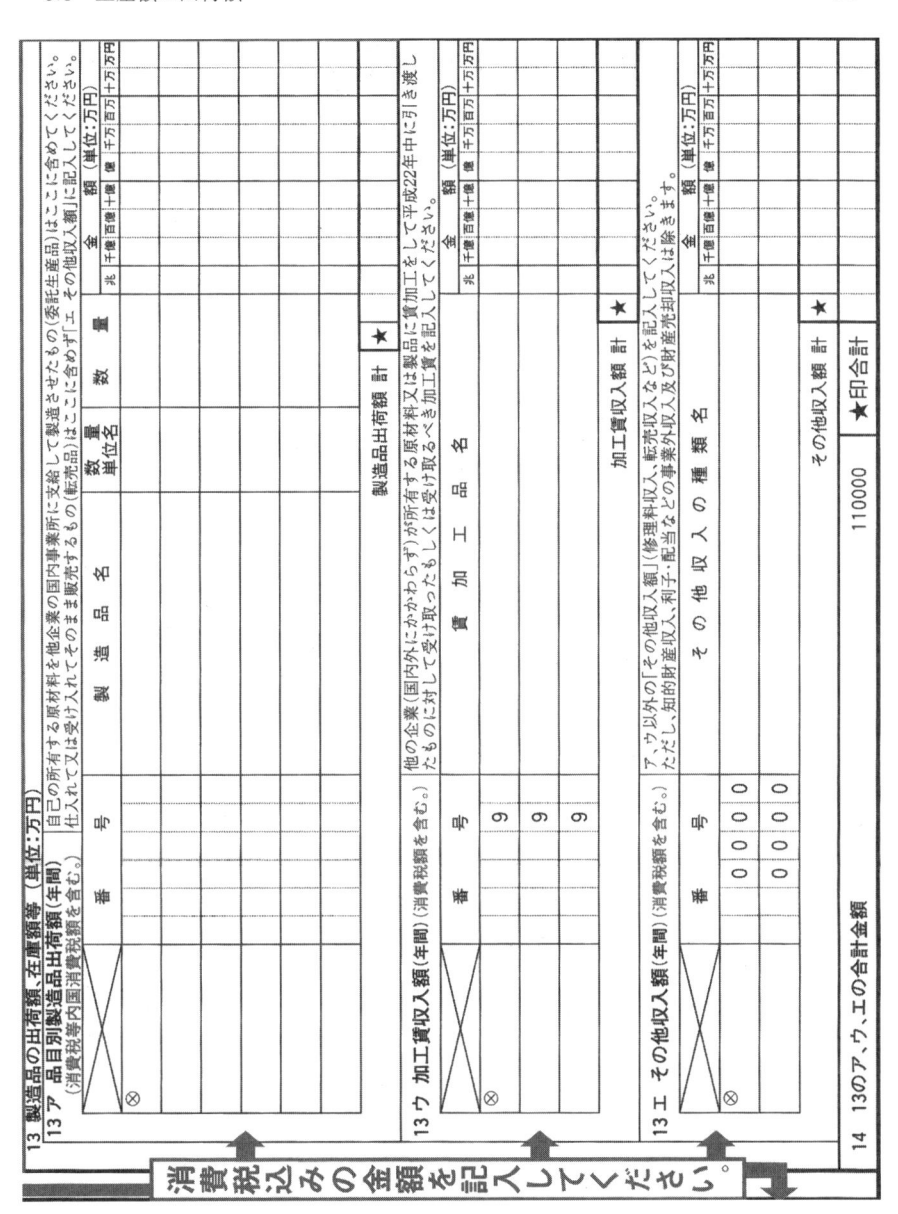

図 6.3 工業統計調査 (平成 21 年) の調査票 (甲) の調査項目
「13 製造品の出荷額, 在庫額等」の出荷額の記入欄

(出典) 経済産業省「工業統計調査」

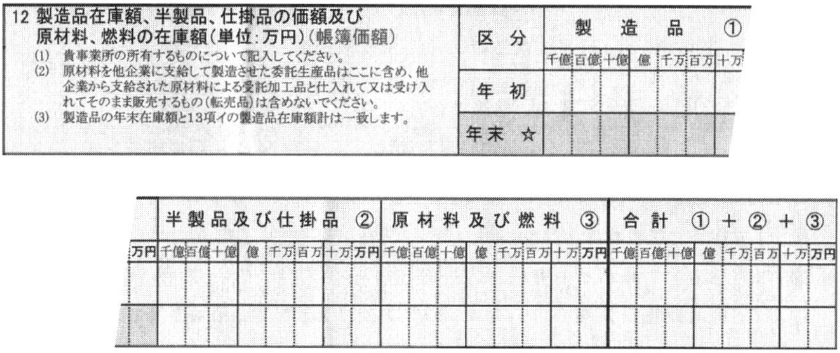
12 製造品在庫額、半製品、仕掛品の価額及び原材料、燃料の在庫額(単位:万円)(帳簿価額)

(1) 貴事業所の所有するものについて記入してください。
(2) 原材料を他企業に支給して製造させた委託生産品はここに含め、他企業から支給された原材料による受託加工品と仕入れて又は受け入れてそのまま販売するもの(転売品)は含めないでください。
(3) 製造品の年末在庫額と13項イの製造品在庫額計は一致します。

区分	製造品 ①	半製品及び仕掛品 ②	原材料及び燃料 ③	合計 ①＋②＋③
	千億 百億 十億 億 千万 百万 十万 万円	千億 百億 十億 億 千万 百万 十万 万円	千億 百億 十億 億 千万 百万 十万 万円	千億 百億 十億 億 千万 百万 十万 万円
年初				
年末 ☆				

図 6.4　工業統計調査 (平成 21 年) の調査票 (甲) の調査項目「12 製造品在庫額，半製品，仕掛品の価額及び原材料，燃料の在庫額」

(出典)　経済産業省「工業統計調査」

に支給して製造される委託生産品も含まれる。

(5) 式の「出荷額」を「製造品出荷額＋加工賃収入額」に，「在庫の年間増減」を「製造品在庫の年間増減＋半製品及び仕掛品在庫の年間増減」にそれぞれ置き換えると

$$\begin{aligned}\text{生産額} &= \text{製造品出荷額} + \text{加工賃収入額}\\ &\quad + \text{製造品在庫の年間増減}\\ &\quad + \text{半製品及び仕掛品在庫の年間増減} \qquad (6)\end{aligned}$$

となる。ちなみに 2006 年 (平成 18 年) までは

$$\begin{aligned}\text{生産額} &= \text{製造品出荷額等} + \text{製造品在庫の年間増減}\\ &\quad + \text{半製品及び仕掛品在庫の年間増減} \qquad (7)\end{aligned}$$

と計算していた。計算式が変更されたのは，製造事業所においてサービス事業等の製造以外の事業活動が増加傾向にあることを反映して，2007 年 (平成 19 年) から**転売収入**を「その他収入」の形で調査するようになったからである。転売収入とは，他の事業所等から製品を受け入れて，その事業所で製造加工せずにそのまま出荷して得た収入のことである。これによって製造品出荷額等には製造以外の事業活動が大きく含まれるようになったので，(7) 式では生産額を適切に求めることができなくるおそれがあったため，(6) 式へ変更したのである。

6.3 生産額と出荷額

どうして生産額を直接調査しないのであろうか。報告者は1年間に生産した数量は分かるが，その価格は売ってみないと分からない。そのため，報告者が生産額を調査票に記入するとすれば，報告者側が(6)式を用いて計算しないと出てこない。それならば(6)式の各調査項目を報告者に記入してもらって，それに基づいて調査側が計算した方が報告者の負担が軽く，かつ正確である。乙調査票(従業者が29人以下の事業所)では特定の年次(西暦末尾0，5年)を除き在庫額を調査していないので，その年次を除き，生産額を計算することはできない。

表6.2は工業統計調査による製造品出荷額等，在庫の年間増減，生産額の推移(従業者数が30人以上の事業所，2005〜2009年)を示している。2007年(平成19年)から「転売収入(仕入商品販売収入)」が調査されるようになり，「その他収入額」が大きく増えている。2005年(平成17年)は生産額を

$$260{,}664\,(生産額) = 259{,}653\,(製造品出荷額等)$$
$$+ 402 (製造品在庫の年間増加)$$
$$+ 609 (半製品及び仕掛品在庫の年間増加) \quad (8)$$

と計算していること，2009年(平成21年)は生産額を

表6.2 工業統計調査による製造品出荷額等，在庫の年間増減，生産額の推移
(単位：10億円，30人以上の事業所，2005〜2009年)

	2005	2006	2007	2008	2009
製造品出荷額等	259,653	279,185	298,262	297,202	233,860
製造品出荷額	252,321	270,990	273,684	272,234	214,229
加工賃収入額	6,449	7,155	7,931	7,793	6,209
くず廃物の出荷額	148	164	172	208	134
その他収入額	734	877	16,475	16,967	13,287
修理料収入	576	685	508	703	657
販売電力収入	}158	}191	188	232	202
冷蔵保管料収入			2	3	5
転売収入(仕入商品販売収入)	—	—	15,329	15,413	11,794
その他			447	616	630
製造品在庫の年間増減	402	600	432	706	−1,267
半製品及び仕掛品在庫の年間増減	609	1,074	731	351	−1,782
生産額	260,664	280,859	282,778	281,084	217,389

(出典) 経済産業省「工業統計調査」

$$217{,}389 \text{ (生産額)} = 214{,}229 \text{ (製造品出荷額)}$$
$$+ 6{,}209 \text{ (加工賃収入額)}$$
$$- 1{,}267 \text{ (製造品在庫の年間減少)}$$
$$- 1{,}782 \text{ (半製品及び仕掛品在庫の年間減少)} \tag{9}$$

と計算していることがわかるであろう。

6.4 原材料使用額等と付加価値額

次に付加価値額について考えよう。付加価値とは，企業が事業活動を通じて新たに生み出した価値である。付加価値額は生産額から，その生産に使用した中間投入額，及び減価償却額を差し引いたものである。

$$\text{付加価値額} = \text{生産額} - \text{中間投入額} - \text{減価償却額} \tag{10}$$

(10) 式に (5) 式を代入すれば，

$$\text{付加価値額} = \text{出荷額} + \text{在庫の年間増減} - \text{中間投入額}$$
$$- \text{減価償却額} \tag{11}$$

となる。

(11) 式にあるように付加価値額の計算には中間投入額が必要である。工業統計調査における事業所の中間投入額に関連する調査項目としては，「**原材料使用額**」，「**燃料・電力使用額**」，「**委託生産費**」，「製造等に関連する外注費」がある (図 6.5)。「原材料使用額」とは，主要原材料，補助材料，購入部分品，容器，包装材料，工場維持用の材料及び消耗品，購入した水等の使用額で，原材料として使用した石炭，石油等も含んでいる。また，下請工場等に原材料を支給して製造加工を行わせた場合には，支給した原材料の額も含んでいる。「電力使用額」とは，購入した電力の使用額であり，自家発電は含んでいない。「委託生産費」とは，原材料又は中間製品を他の企業の工場等に支給して，製造加工を委託した場合，これに支払った加工賃及び支払うべき加工賃である。「製造等に関連する外注費」はサービスの投入である。

工業統計調査の付加価値額には，**消費税**及び**内国消費税** (酒税，たばこ税，

6.4 原材料使用額等と付加価値額

9	原材料、燃料、電力の使用額、委託生産費、製造等に関連する外注費及び転売した商品の仕入額(年間)(消費税額を含む。)	金 額 (単位:万円)								
		兆	千億	百億	十億	億	千万	百万	十万	万円
	原材料使用額 主要原材料、補助材料、購入部分品、容器、包装材料、工場維持用の材料、消耗品、購入した水などで実際に製造等に使用した総使用額。									
	燃料使用額 石油、ガス、石炭など(貨物運搬用及び暖房用の燃料を含む。)。									
	電力使用額 電灯用を含み、自家発電は除く。									
	委託生産費 (外注加工費) 原材料又は製品を他企業の事業所に支給して製造、加工を委託した場合、これに支払った加工賃又は支払うべき加工賃。									
	製造等に関連する外注費 生産設備の保守・点検、機械の操作、梱包などの製造等に関連する外注費で、派遣、委託生産費などの外注費を除く。									
	転売した商品の仕入額 平成20年中に実際に売り上げた転売品(在庫は含まない)に対応する仕入額(年初転売品在庫額+当年転売品仕入額-年末転売品在庫額)。									
	合　　　　　　計									

図 6.5 工業統計調査 (平成 21 年) の調査票 (甲) の調査項目
「9 原材料，燃料，電力の使用額，委託生産費，製造等に関連する外注費及び転売した商品の仕入額」
(出典) 経済産業省「工業統計調査」

揮発油税及び地方道路税) が含まれない。(11) 式の「出荷額」を「製造品出荷額」に，「在庫の年間増減」を「製造品在庫の年間増減＋半製品及び仕掛品在庫の年間増減」に，「中間投入額」を「原材料使用額等」にそれぞれ置き換え，さらに消費税及び内国消費税を控除する．

$$\begin{aligned}付加価値額 =\ &製造品出荷額等 \\&+ 製造品在庫の年間増減 \\&+ 半製品及び仕掛品在庫の年間増減 \\&- 消費税及び内国消費税 \\&- 原材料使用額等 - 減価償却額 \quad (12)\end{aligned}$$

工業統計調査では，「**消費税を除く内国消費税額**」を図 6.6 のように直接調査している．一方，消費税額は直接調査しておらず，他の調査項目の情報から推計している (**推計消費税額**)．したがって，

$$\begin{aligned}付加価値額 =\ &製造品出荷額等 + 製造品在庫の年間増減 \\&+ 半製品及び仕掛品在庫の年間増減 \\&- (消費税を除く内国消費税額 + 推計消費税額) \\&- 原材料使用額等 - 減価償却額 \quad (13)\end{aligned}$$

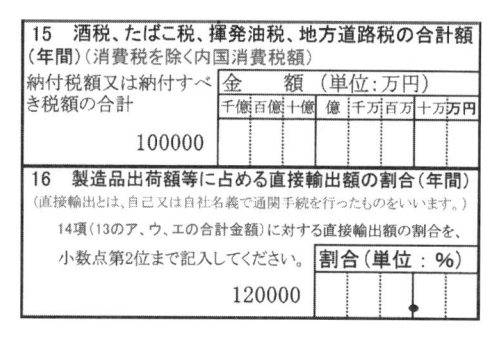

図 6.6 工業統計調査 (平成 21 年) の調査票 (甲) の調査項目
「15 消費税を除く内国消費税額」,「16 直接輸出」

(出典) 経済産業省「工業統計調査」

となる.なお,消費税額の推計に当たっては,直接輸出分,設備投資,原材料を控除している.直接輸出分を控除するのは免税であるからである.また企業が設備投資をした場合は税金の還付を受けることができる.原材料を控除するのは,事業者が消費税として収めるのが,製品価格の 5% 相当額から原材料に含まれていた消費税分を差し引いた金額であるからである.以上の控除分を推計するための調査項目が図 6.5 (原材料),図 6.6 (直接輸出),図

表 6.3 工業統計調査による製造品出荷額等,生産額,原材料使用額等,付加価値額,付加価値率の推移

(単位:10 億円,従業者数が 30 人以上の事業所,2005〜2009 年)

	2005	2006	2007	2008	2009
製造品出荷額等	259,653	279,185	298,262	297,202	233,860
生産額	260,664	280,859	282,778	281,084	217,389
原材料使用額等	156,998	172,974	190,800	196,337	146,951
原材料使用額	135,468	149,912	152,249	156,456	116,759
燃料使用額	2,705	3,253	3,257	3,837	2,725
購入電力使用額	3,016	3,223	3,400	3,718	3,140
委託生産費	15,809	16,587	16,553	16,093	11,646
製造等に関連する外注費	—	—	3,006	3,131	2,671
転売した商品の仕入額	—	—	12,335	13,103	10,010
付加価値額	86,948	90,894	91,357	84,735	66,655
付加価値額／製造品出荷額等	33%	33%	31%	29%	29%
付加価値額／生産額	33%	32%	32%	30%	31%

(出典) 経済産業省「工業統計調査」

6.4 原材料使用額等と付加価値額

6.8 (有形固定資産) である。

ちなみに従業者 29 人以下の事業所は，減価償却額を調査していないため，粗付加価値額として算出している。

$$\text{粗付加価値額} = \text{製造品出荷額等} - (\text{消費税を除く内国消費税額} + \text{推計消費税額}) - \text{原材料使用額等} \quad (14)$$

表 6.3 は工業統計調査による製造品出荷額等，生産額，原材料使用額等，付加価値額，付加価値率の推移 (従業者数が 30 人以上の事業所，2005～2009 年) を示している。2007 年 (平成 19 年) から「製造品等に関連する外注費」と「転売した商品の仕入れ額」が調査されるようになっている。これは「その他収入」の中で「転売収入」を調査するようになったことと対応している。付加価値額を製造品出荷額あるいは生産額で割った値 (付加価値率) を見ると若干低下傾向にあり，約 30%である。

図 6.7 は工業統計調査による製造品出荷額等，付加価値額の推移を，1965～2008 年までの全数調査年次 (西暦末尾 0, 3, 5, 8 年) の全事業所について示したものである。2005 年 (平成 17 年) から 2008 年 (2020 年) にかけて製造品出荷額等が大きく伸びているが，これは既に述べたように平成 19 年 (2007 年) に調査項目を変更したことによる影響である。付加価値額の方は，製造品出荷額等に転売収入を追加する一方で，転売した商品の仕入額を原材料使

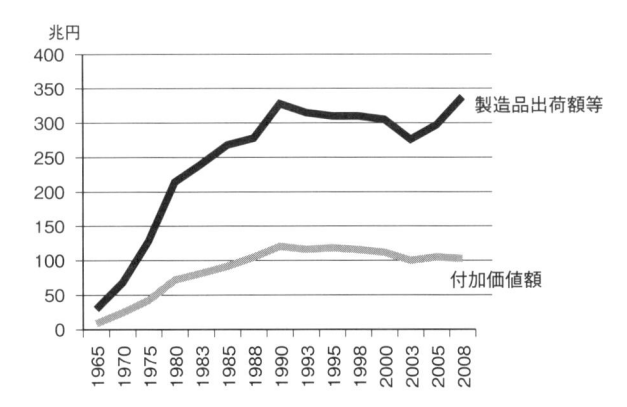

図 6.7 工業統計調査による製造品出荷額等，付加価値額の推移
(単位：兆円，全事業所，1965～2008 年)

(出典) 経済産業省「工業統計調査」

用額等に追加しており，両者が相殺しあうので製造品出荷額等に比べ，ゆるやかに増加している。このようにデータを観察するときには，調査項目がどのように変更されたのかを知っておかなければならない。

6.5 有形固定資産

　企業が事業活動のため1年を超えて利用するため所有する資産を**固定資産**という。そのなかでも，物として具体的に形がある資産を**有形固定資産**という。工業統計調査では有形固定資産の**取得額**を「土地」，「建物・構築物」，「船舶・車両・運搬具・耐用年数1年以上の工具・器具・備品等」という三区分，**年初現在高**及び**除却額**を「土地」及び「有形固定資産(土地を除く)」という二区分，**減価償却額**を「有形固定資産(土地を除く)」という区分について**帳簿価額**(帳簿上の価格)で調査している(土地は減価償却されない資産である)。わが国の会計基準では原材料や機械などの事業用資産は取得原価で評価し，金融資産は時価で評価するのを原則としている。事業用資産が取得原価で評価されているのは，時価変動による利益獲得を目的としていないこと，転売してしまえば事業活動に大きな支障が生じるためである[3]。

　減価償却額とは，有形固定資産の取得額を費用として規則的に計上したものである。長期的に利用する有形固定資産の取得額を，それを取得したときに計上すれば，購入した会計期間にのみ費用負担があり，その後それを利用する会計期間には費用を負担させないことになる。そこで適正な期間損益計算を行うため行われているのが減価償却である[4]。除却額とは売却，撤去，滅失及び同一企業に属する他の事業所への引き渡しなどの額のことである。

　年初現在高に取得額を足し，除却額と減価償却額を差し引けば，**年末現在高**

$$年初現在高 + 取得額 - 除却額 - 減価償却額 = 年末現在高$$

(15)

となる。また有形固定資産を建設する場合，完成まで数年を要する場合，この建設に要した材料費，労務費，経費などを完成するまで一時的に処理する

---

[3] 桜井久勝，須田一幸 (2011)『財務会計・入門 第8版』有斐閣アルマ，p.146。
[4] 横山和夫 (1995)『減価償却の実際』日本経済新聞社，pp.13-14。

6.5 有形固定資産

10 有形固定資産 (単位:万円)(帳簿価額)			土 地							計							
			千億	百億	十億	億	千万	百万	十万 万円	兆	千億	百億	十億	億	千万	百万	十万 万円
年 初 現 在 高																	
取 得 額 (年間)																	
除 却 額 (年間)																	
減価償却額 (年間) 減価償却額がない場合は、「0」を記入。			×	×	×	×	×	×	×								
建設仮勘定の増 (年間)			有形固定資産以外のものは除いてください。														
建設仮勘定の減 (年間)			有形固定資産以外のものは除いてください。														

有形固定資産(土地を除く。)																							
建物、構築物 (土木設備、建物附属設備を含む。)								機械、装置 (附属設備を含む。)								船舶、車両、運搬具、耐用年数 1年以上の工具、器具、備品等							
千億	百億	十億	億	千万	百万	十万	万円	千億	百億	十億	億	千万	百万	十万	万円	千億	百億	十億	億	千万	百万	十万	万円
×	×	×	×	×	×	×	×	×	×	×	×	×	×	×	×	×	×	×	×	×	×	×	×
11 リース契約による契約額及び支払額(消費税額を含む。) (単位:万円)								リ ー ス 契 約 額 (平成20年中に新たに契約したリース契約額の総額。)								千億 百億 十億 億 千万 百万 十万 万円							
リースとは、「賃貸借契約であって、物件を使用する期間が1年を超え、契約期間中原則として中途解約できないもの」。								リ ー ス 支 払 額 (平成20年中に支払ったリース料の総額。)								千億 百億 十億 億 千万 百万 十万 万円							

図 6.8 工業統計調査 (平成 21 年) の調査票 (甲) の調査項目
「10 有形固定資産」

(出典) 経済産業省「工業統計調査」

ための**建設仮勘定**の増加額と減少額も調査している。

図 6.8 を記入する元となるのは**固定資産台帳**である。企業は固定資産台帳を備え付け，定期的に物品の有無，稼働状況，管理状況など実地調査をすることによって，正確な貸借対照表・損益計算書の作成が可能となる。固定資産台帳には ① 資産の種類，② 資産の名称，③ 取得年月，④ 取得価格，⑤ 減価償却方法，⑥ 耐用年数，⑦ 償却率，⑧ 減価償却費，⑨ 減価償却累計額，⑩ 帳簿価額などの項目が設けられる。

表 6.4 は工業統計調査による有形固定資産の推移 (従業者数が 30 人以上の事業所，2005～2009 年) を示している。2005 年 (平成 17 年) は

表 6.4 工業統計調査による有形固定資産の推移
(単位:10 億円,従業者数が 30 人以上の事業所,2005〜2009 年)

			2005	2006	2007	2008	2009
年初現在高			68,901	70,195	72,597	74,325	74,222
	土地		18,765	18,818	19,116	19,621	19,156
	土地以外のもの		50,136	51,377	53,481	54,704	55,066
取得額			11,178	12,292	13,498	13,418	10,655
	土地		416	431	469	468	300
	土地以外のもの	建物及び構築物	2,211	2,580	2,892	2,607	2,377
		機械及び装置	6,764	7,389	8,259	8,394	6,468
		その他	1,786	1,891	1,878	1,950	1,510
除却額			1,943	1,793	1,665	1,756	1,679
	土地		241	275	179	171	147
	土地以外のもの		1,702	1,518	1,486	1,585	1,532
減価償却額			8,424	8,826	9,661	10,549	10,548
年末現在高			69,712	71,868	74,769	75,439	72,650

(出典) 経済産業省「工業統計調査」

$$68{,}901(\text{年初現在高}) + 11{,}178(\text{取得額}) - 1{,}943(\text{除却額})$$
$$- 8{,}424(\text{減価償却額}) = 69{,}712(\text{年末現在高}) \tag{16}$$

という関係が成り立っていることが確認できるであろう.工業統計調査の調査期日は毎年 12 月 31 日である.その日に存在して調査に回答した事業所が,年初にどれだけの有形固定資産を保有していたかを示すのが年初現在高である.年初に存在していても,年末までに廃業した事業所は調査の対象とされない.そのため各年の年末現在高と翌年の年初現在高は一致しない.

6.6 従業者数と現金給与総額

事業所の生産活動のためにどれだけの労働者が働いたのかを記入するとき,報告者はどうやってその数を把握するのであろうか.当然ながら,その基礎となるデータがないと記入できない.それが**賃金台帳**である.賃金台帳とは,**労働基準法**(昭和 22 年法律第 49 号)により,事業所で労働者に賃金を支払うときに作成しないといけないと定められた帳簿の 1 つである.労働基準法の第 108 条には「賃金台帳とは使用者は,各事業場ごとに,賃金台帳を調製

6.6 従業者数と現金給与総額

し，賃金計算の基礎となる事項及び賃金の額その他厚生労働省令で定める事項を賃金支払の都度遅滞なく記入しなければならない。」とある。賃金台帳には，① 氏名，② 性別，③ 賃金の計算期間，④ 労働日数，⑤ 労働時間数，⑥ 時間外労働，休日労働，深夜労働を行った時間数，⑦ 基本給，手当その他賃金の種類毎にその額，⑧ 賃金の一部を控除した場合はその額が記録されている。労働時間数はタイムカードの記録に基づいている。報告者は賃金台帳を見て，男女別に人数を合計して調査票の調査項目「6 従業者数」に記入する（図 6.9）。

「6 従業者数」は雇用形態によってさらにいくつかの項目に分かれている。期間を決めず，または 1 か月を超える期間を決めて雇われている者の人数は，「**正社員，正職員等**」の項目に記入する。日々または 1 か月以内の期間を限って雇われていた者のうち，その月とその前月にそれぞれ 18 日以上雇われた者の人数は「**パート・アルバイト等**」の項目に記入する。月 18 日以上ということは週 4 日を超えることになるから，平日はほぼ毎日勤務していることになる。世間一般に言うところの「パート・アルバイト」であっても，その月とその前月にそれぞれ 17 日以下しか働いていない者の人数は「**臨時雇用者**」の項目に記入する。「正社員，正職員等」と「パート・アルバイト等」を総称して「**雇用者**」と呼ぶ。

$$\text{雇用者数} = \text{正社員，正職員等の人数} + \text{パート・アルバイト等の人数} \tag{17}$$

工業統計調査では「臨時雇用者」は「雇用者」に含まれないので注意が必要である。

事業所で働いているが，賃金台帳に記録されない労働者もいる。まず，業務に従事している**個人事業主**とその家族で，かつ無報酬で常時就業している**無給家族従業者**である。これは無給だから賃金台帳にのっていない。だが報告者にとって無給の家族従業者を数えるのは難しくない。

他の企業から受け入れている出向者及び人材派遣会社からの派遣労働者は，働いている事業所からは直接賃金が支払われておらず，出向元あるいは派遣元で賃金が支払われているために，賃金台帳に記録がないことがある。それ

図 6.9 工業統計調査（平成 21 年）の調査票の調査項目
「6 従業者数（年末現在）」，「7 常用労働者毎月末現在数の合計」
（出典）経済産業省［工業統計調査］

図 6.10 工業統計調査（平成 21 年）の調査票の調査項目
「8 現金給与総額（年間）」
（出典）経済産業省［工業統計調査］

6.6 従業者数と現金給与総額

でも人材派遣会社に労働者の派遣を依頼する際に,「どのような人を何人派遣して欲しい」と依頼するわけであるから,人数を把握することは可能である。

次に雇用者と出向・派遣受入者を総称して**常用労働者**と呼ぶ。

$$常用労働者数 = 雇用者数 + 出向・派遣受入者数 \quad (18)$$

個人事業主及び無給家族従業者数と常用労働者を足したものを**従業者数**と呼ぶ。

$$従業者数 = 個人事業主及び無給家族従業者の人数 \\ + 常用労働者数 \quad (19)$$

従業者数に関連する項目として「8 現金給与総額 (年間)」がある (図 6.10)。「常用労働者のうち雇用者に対する基本給,諸手当と特別に支払われた給与 (期末賞与) の額」と,「その他の給与額」に分かれている。

表 6.5 は工業統計調査による従業者数の内訳 (従業者数 4 人以上の事業所,2009 年) を示している。「従業者数」,「常用労働者」,「雇用者」と互いに似たような呼び方をしているが,定義が異なるので人数が異なることがわかる。どれを用いるかは分析目的による。「従業者数」は事業所の規模を測る指標として一般的に用いられる。「常用労働者」のうち,「出向・派遣受入者」は他の事業所から給与が支払われているから,現金給与総額と対応するのは「雇用者」である。表 6.5 の 4 人以上の事業所計について見ると,

$$7{,}735{,}789 \,(従業者数) = 41{,}036 \,(個人事業主及び無給家族従業者) \\ + 7{,}694{,}753 \,(常用労働者) \quad (20)$$

表 6.5 工業統計調査による従業者数の内訳
(単位:人,4 人以上の事業所,2009 年)

	4〜29 人	30 人以上	計
従業者数	2,069,160	5,666,629	7,735,789
個人事業主及び無給家族従業者	40,995	41	41,036
常用労働者	2,028,165	5,666,588	7,694,753
雇用者	1,984,276	5,282,282	7,266,558
正社員,正職員等	1,474,036	4,334,338	5,808,374
パート・アルバイト等	510,240	947,944	1,458,184
出向・派遣受入者数	43,889	384,306	428,195
臨時雇用者	31,409	58,387	89,796

(出典) 経済産業省「工業統計調査」

及び
$$7{,}694{,}753\,(常用労働者) = 7{,}266{,}558\,(雇用者)$$
$$+ 428{,}195\,(出向・派遣受入者数) \quad (21)$$

さらに
$$7{,}266{,}558\,(雇用者) = 5{,}808{,}374\,(正社員,\,正職員)$$
$$+ 1{,}458{,}184\,(パート・アルバイト等) \quad (22)$$

という関係が成り立っていることが確認できるであろう。

なお，工業統計調査には調査項目「7 常用労働者毎月末現在数の合計」がある (図 6.9)。季節性のある業種，例えば夏場に生産が集中する業種などでは，12月31日現在で調査すると労働者の数が実態と異なるので，1月から12月までの毎月末現在の人数の合計を把握している[5]。

以上見てきたように，工業統計調査はその長い歴史を反映して完成度の高い調査である。工業統計調査の高い精度は，日本の産業統計への信頼を支えてきた。サービス産業について工業統計調査と同じくらい精度が高い調査を行うことは容易ではない。経済センサス-活動調査の構想から実現まで約十年もかかったのは，そのためである。

---

[5] なお，労働生産性の国際比較を行う際には，分母の労働者数の定義をよく確認する必要がある。国によっては雇用者数しか把握していないこともあり，その場合，労働生産性が見かけ上高く出るおそれがある。

7
商業統計調査

7.1 商業統計調査の概要

　終戦 (1945 年) から 1955 年までの 10 年間には，新しい統計調査が次々と開始されている (表 7.1)。当時，連合国軍総司令部 (GHQ) は占領政策を実施する上で多様な統計資料を必要としていた。だが，統計の品質は戦時中に低下しており，日本側で調べた数字の信頼性が低かった。そこで米国政府は統計専門家 (**ライス使節団**) を日本に派遣し，統計機構の再建を行った。このようにして次々と統計調査が開始されたことが，1950 年代における国民所得統計と産業連関表の推計，さらにはマクロ計量モデルの作成につながる。

　商業統計調査が初めて実施されたのは 1952 年 (昭和 27 年)，終戦から 10 年間に開始された統計調査の 1 つである。その 2 年前の 1950 年 (昭和 25 年) には**自動車輸送統計調査**が開始されている。当時，運輸・流通部門は前近代的で非効率的であり，物価を押し上げる要因となっていた。運輸・流通部門

表 7.1　終戦から 10 年間に開始された主な統計調査

1946 年	消費者価格調査 (後の家計調査)
1947 年	労働力調査，事業所統計調査 (後の事業所・企業統計調査)，個人企業経済調査
1948 年	法人企業統計調査，生産動態統計調査 (後の経済産業省生産動態統計調査)
1950 年	自動車輸送統計調査
1952 年	商業統計調査，石油製品需給動態統計調査
1953 年	商業動態統計調査

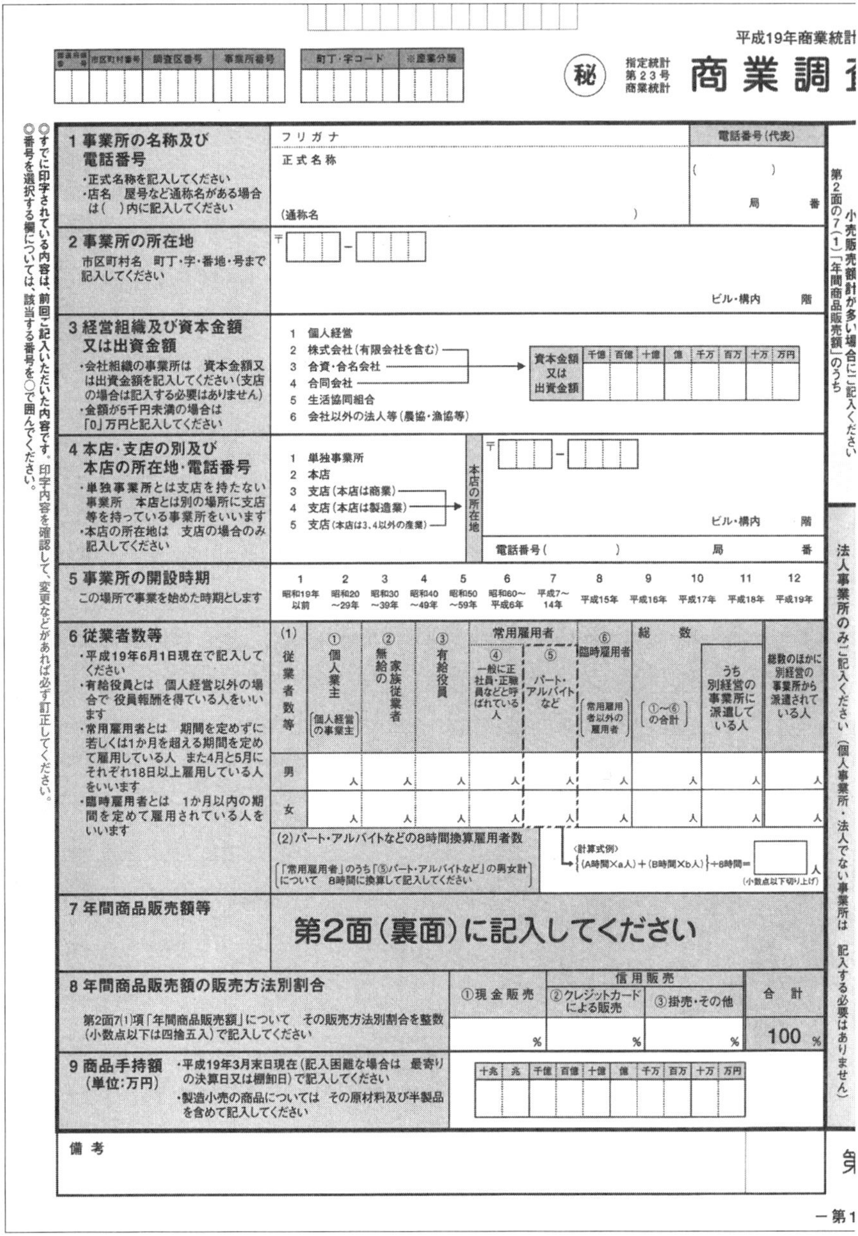

平成19年商業統計

㊙ 指定統計 第23号 商業統計　商業調査

都道府県番号	市区町村番号	調査区番号	事業所番号	町丁・字コード	※産業分類

◎すでに印字されている内容は、前回ご記入いただいた内容です。印字内容を確認して、変更などがあれば必ず訂正してください。
◎番号を選択する欄については、該当する番号を○で囲んでください。

1 事業所の名称及び電話番号
・正式名称を記入してください
・店名　屋号など通称名がある場合は(　)内に記入してください

フリガナ
正式名称
(通称名　　　　　　)
電話番号(代表)　(　　　)　局　番

2 事業所の所在地
市区町村名　町丁・字・番地・号まで記入してください

〒□□□－□□□□
ビル・構内　階

3 経営組織及び資本金額又は出資金額
・会社組織の事業所は　資本金額又は出資金額を記入してください(支店の場合は記入する必要はありません)
・金額が5千円未満の場合は「0」万円と記入してください

1 個人経営
2 株式会社(有限会社を含む)
3 合資・合名会社
4 合同会社
5 生活協同組合
6 会社以外の法人等(農協・漁協等)

資本金額又は出資金額	千億	百億	十億	億	千万	百万	十万	万円

4 本店・支店の別及び本店の所在地・電話番号
・単独事業所とは支店を持たない事業所　本店とは別の場所に支店等を持っている事業所をいいます
・本店の所在地は　支店の場合のみ記入してください

1 単独事業所
2 本店
3 支店(本店は商業)
4 支店(本店は製造業)
5 支店(本店は3、4以外の産業)

本店の所在地　〒□□□－□□□□
ビル・構内　階
電話番号(　　　)　局　番

5 事業所の開設時期
この場所で事業を始めた時期とします

1	2	3	4	5	6	7	8	9	10	11	12
昭和19年以前	昭和20～29年	昭和30～39年	昭和40～49年	昭和50～59年	昭和60～平成6年	平成7～14年	平成15年	平成16年	平成17年	平成18年	平成19年

6 従業者数等
・平成19年6月1日現在で記入してください
・有給役員とは　個人経営以外の場合で　役員報酬を得ている人をいいます
・常用雇用者とは　期間を定めずに若しくは1か月を超える期間を定めて雇用している人　また4月と5月にそれぞれ18日以上雇用している人をいいます
・臨時雇用者とは　1か月以内の期間を定めて雇用されている人をいいます

(1)従業者数等	①個人業主(個人経営の事業主)	②無給の家族従業者	③有給役員	常用雇用者 ④一般に正社員・正職員などと呼ばれている人	⑤パート・アルバイトなど	⑥臨時雇用者(常用雇用者以外の雇用者)	総数(①～⑥の合計)	うち別経営の事業所に派遣している人	総数のほかに別経営の事業所から派遣されている人
男	人	人	人	人	人	人	人	人	人
女	人	人	人	人	人	人	人	人	人

(2)パート・アルバイトなどの8時間換算雇用者数
「常用雇用者」のうち「⑤パート・アルバイトなど」の男女計について　8時間に換算して記入してください

〈計算式例〉{(A時間×a人)＋(B時間×b人)}÷8時間＝□人
(小数点以下切り上げ)

7 年間商品販売額等
第2面(裏面)に記入してください

8 年間商品販売額の販売方法別割合
第2面7(1)項「年間商品販売額」について　その販売方法別割合を整数(小数点以下は四捨五入)で記入してください

①現金販売	信用販売 ②クレジットカードによる販売	③掛売・その他	合計
%	%	%	100 %

9 商品手持額(単位:万円)
・平成19年3月末日現在(記入困難な場合は　最寄りの決算日又は棚卸日)で記入してください
・製造小売の商品については　その原材料及び半製品を含めて記入してください

十兆	兆	千億	百億	十億	億	千万	百万	十万	万円

備考

第2面の7(1)「年間商品販売額」のうち小売販売額計が多い場合にご記入ください

法人事業所のみご記入ください(個人事業所・法人でない事業所は　記入する必要はありません)

－第1

図 7.1　商業統計調査 (平成 19 年) の調査票の第 1 面
(出典)　経済産業省「商業統計調査」

7.1 商業統計調査の概要

7 年間商品販売額等

・平成18年4月から19年3月までの1年間（この期間で記入困難な場合は 最寄りの決算日前1年間）の商品販売額及
・7(1)項「年間商品販売額」 7(2)項「その他の収入額」には 企業全体の額ではなく 貴事業所分のみ記入して
なお 本店から支店への商品振替分などは「卸売」として記入してください

卸売・小売業の両方を営んで
それぞれ分割して記入して

(1) 年間商品販売額
（単位:万円 消費税額を含む）

	十兆	兆	千億	百億	十億	億	千万	百万	十万	万円
卸売 販売額計										

「卸売販売額計」の内訳を
該当する商品欄に販売額をご記入ください

	商品名	分類番号	兆	千億	百億	十億	億	千万	百万	十万	万円
繊維品	生糸・繭	50111									
	化学繊維	50121									
	他の繊維原料（生糸、繭を除く）	50129									
	糸	50131									
	織物（室内装飾繊維品を除く）	50141									
衣服・身の回り品	男子服	50211									
	婦人・子供服	50221									
	下着類	50231									
	寝具類	50241									
	靴	50251									
	履物（靴を除く）	50261									
	かばん・袋物	50271									
	他の衣服・身の回り品	50291									
農畜産物・水産物	米麦	51111									
	雑穀・豆類	51121									
	野菜	51131									
	果実	51141									
	食肉	51151									
	生鮮魚介	51161									
	他の農畜産物・水産物	51191									
食料・飲料	砂糖	51211									
	味そ・しょう油	51221									
	酒類	51231									
	乾物	51241									
	缶詰・瓶詰食品（気密容器入りのもの）	51251									
	菓子・パン類	51261									
	飲料（茶類飲料を含む）	51271									
	茶類	51281									
	牛乳・乳製品	51291									
	他の食料・飲料	51299									
建築材料	木材・竹材	52111									
	セメント	52121									
	板ガラス	52131									
	他の建築材料	52191									

	商品名	分類番号	兆	千億	百億	十億	億	千万	百万	十万	万円
化学製品	塗料	52211									
	染料・顔料	52221									
	油脂・ろう	52231									
	他の化学製品	52291									
鉱物・金属材料	原油	52311									
	揮発油	52312									
	灯油	52313									
	軽油	52314									
	重油	52315									
	液化石油ガス（LPG）	52316									
	他の石油	52319									
	鉱物（石油を除く）	52321									
	鉄鋼粗製品	52331									
	鉄鋼一次製品	52332									
	他の鉄鋼製品	52339									
	非鉄金属地金	52341									
	非鉄金属製品	52342									
再生資源	空瓶・空缶等空容器	52411									
	鉄スクラップ	52421									
	非鉄金属スクラップ	52431									
	古紙	52441									
	他の再生資源	52491									
一般機械器具	農業用機械器具	53111									
	建設機械・鉱山機械	53121									
	金属加工機械	53131									
	事務用機械器具	53141									
	はん用内燃機関	53191									
	繊維機械器具	53192									
	ポンプ・圧縮機	53193									
	他の一般機械器具	53199									
自動車	乗用車	53211									
	トラック	53212									
	二輪自動車	53213									

	商品名	分類番号	兆	千億	百億	十億	億	千万	百万	十万	万円
自動車	他の自動車	53219									
	自動車部分品・附属品（中古品を除く）	53221									
	自動車中古部品	53231									
電気機械器具	家庭用電気機械器具	53311									
	電気機械器具（家庭用電気機械器具を除く）	53321									
その他の機械器具	自転車	53911									
	他の輸送用機械器具（自動車を除く）	53919									
	写真機	53921									
	時計	53922									
	他の精密機械器具	53929									
	医療用機械器具（歯科用機械器具を含む）	53931									
家具・建具・じゅう器等	家具・建具	54111									
	荒物	54121									
	畳	54131									
	室内装飾繊維品	54141									
	陶磁器・ガラス器	54151									
	他のじゅう器	54191									
医薬品・化粧品	医薬品	54211									
	医療用品	54221									
	化粧品	54231									
	石けん	54232									
	合成洗剤	54241									
その他	紙	54911									
	紙製品	54912									
	金物	54921									
	肥料・飼料	54931									
	スポーツ用品	54941									
	娯楽用品・がん具	54942									
	たばこ	54951									
	ジュエリー製品	54961									
	書籍・雑誌	54991									
	なめし革	54992									
	その他	54999									

一第2

図 7.2 商業統計調査 (平成 19 年) の調査票の第 2 面

(出典) 経済産業省「商業統計調査」

7.1 商業統計調査の概要

(2) その他の収入額
（単位：万円　消費税額を含む）

小売販売額計	十兆	兆	千億	百億	十億	億	千万	百万	十万	万円

「小売販売額計」の内訳を該当する商品欄に販売額をご記入ください

その他の収入額の内訳を割合で記入してください

その他の収入額の内訳（小数点以下四捨五入）

商品販売に関する収入	①修理料	％	④教養部門収入額	％
	②仲立手数料	％	⑤サービス業収入額	％
	③製造業出荷額	％	⑥上記①〜⑤以外の収入額	％
合　計（①〜⑥）				100％

分類	商品名	分類番号	分類	商品名	分類番号	分類	商品名	分類番号
織物・衣服・身の回り品	呉服・服地	56111	自動車・自転車	乗用車（新車）	58111	その他	ブタンガス	60314
	寝具	56121		トラック（新車）	58112		他の石油	60319
	男子服	56211		乗用車（中古）	58121		灯油	60321
	婦人服	56311		トラック（中古）	58122		プロパンガス	60322
	子供服	56321		自動車部品・附属品	58131		他の非石油系燃料	60329
	靴	56411		二輪自動車	58141		書籍・雑誌	60411
	履物（靴を除く）	56421		自転車	58211		新聞	60421
	かばん・袋物	56911	家具・じゅう器・機械器具	家具	59111		紙・文房具	60431
	下着類	56921		じゅうたん・カーテン	59112		スポーツ用品	60511
	小間物・化粧道具	56922		建具	59121		がん具・娯楽用品	60521
	他の衣服・身の回り品	56991		畳	59131		楽器	60531
飲食料品	酒	57211		宗教用具	59141		写真機・写真材料	60611
	食肉	57311		電気機械器具	59211		時計・眼鏡・光学機械	60711
	卵・鳥肉	57321		電気事務機械器具	59221		たばこ・喫煙具	60911
	鮮魚	57411		ミシン・編機	59291		花・植木	60921
	野菜	57511		他の機械器具	59299		建築材料	60931
	果実	57521		金物	59911		ジュエリー製品	60941
	菓子（製造）	57611		荒物	59921		ペット	60951
	菓子（非製造）	57621		陶磁器・ガラス器	59931		ペット用品	60952
	パン（製造）	57631		他のじゅう器	59991		骨とう品	60961
	パン（非製造）	57641	その他	一般用医薬品	60111		中古品（骨とう品を除く）	60971
	米穀類	57711		医療用医薬品	60121		みやげ品	60991
	牛乳	57921		化粧品	60131		合成洗剤	60992
	飲料（牛乳を除く、茶類飲料を含む）	57931		農業用機械器具	60211		その他	60999
	茶類	57941		苗・種子	60221			
	料理品	57951		肥料・飼料	60231			
	豆腐・かまぼこ等加工食品	57961		揮発油	60311			
	乾物	57971		軽油	60312			
	他の飲食料品	57991		重油	60313			

◎7(1)項の商品別記入欄で誤記入が生じた場合に、商品名、分類番号、金額を記入してください。（訂正方法は、「調査票の記入のしかた」参照）

商品名	分類番号	兆	千億	百億	十億	億	千万	百万	十万	万円	商品名	分類番号	兆	千億	百億	十億	億	千万	百万	十万	万円

裏面 —

の実態を把握し，その効率化を図るためにこれらの統計が必要とされたのである．のちの1967年(昭和42年)には**全国物価統計調査**も開始され，これら三調査が一体となって運輸・流通統計の骨格を形成した．

商業統計調査が開始された翌年の1953年(昭和28年)には**商業動態統計調査**が開始されている．統計には，一定の時点において把握する**静態統計**と一定の期間内に発生する事象を把握する**動態統計**がある．静態統計は動態統計へ母集団名簿を提供する役割を担っており，毎年あるいは数年に1回の頻度で全数調査として実施される．一方，動態統計は速報性を重視して毎月の頻度で標本調査として実施される．商業に関する統計調査では，商業統計調査が静態統計，商業動態統計調査が動態統計に対応する．

商業統計調査が全数調査であるのは，商業活動の大きさを測るというだけでなく，商業政策上の必要から**商店街**を把握するという目的があるからである．ただし商業の場合，零細な個人商店が多数存在するため，全数調査の調査負担が重たい．そこで工業統計調査のように毎年ではなく，5年ごとに本調査を実施し，その中間年(本調査の2年後)には簡易調査を実施している．

図7.3は商業統計調査による事業所数の推移(1982～2007年)を示している．個人所有の事業所は卸売業も小売業も減少傾向にある．法人所有の卸売業事業所数は1991年(平成3年)にピークを迎えた後，短期的に増減しながら長期的に減少傾向にあり，小売業事業所数は1999年(平成11年)までは増加していたが，その後はゆるやかに減少している．

商業統計調査は1999年(平成11年)と2004年(平成16年)に事業所・企業統計調査と同時実施している．卸売業の事業所数が1999年(平成11年)に前回と比べて3万事業所増加しているのは，同時実施に伴って事業所の捕捉を行ったためであり，実際に増加したためではないので注意を要する．

なお，平成19年(2007年)から新たに駅改札内事業所(駅ナカ)が調査対象となっている．これは近年，駅そのものの集客力が注目され，コンビニエンスストア，書店をはじめ様々な業態の事業所が改札内に進出した動向を踏まえたものである．その数は平成19年(2007年)において1,925店舗である．

(a) 卸売業 (b) 小売業

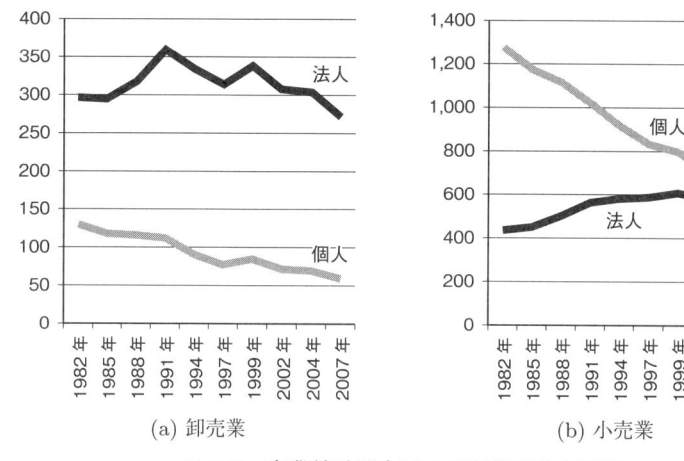

図 7.3 商業統計調査による事業所数の推移
（単位：千事業所，1982〜2007 年）
（出典）通商産業省，経済産業省「商業統計調査」

7.2 年間商品販売額とマージン

　商業活動の大きさを測る指標には**商品販売額等**と**マージン**がある。商品販売額等は**年間卸売販売額，年間小売販売額**，その他の収入から構成されている。年間卸売販売額と年間小売販売額はそれぞれ，総額を記入した後で，その内訳を品目別に記入するように設定されている (図 7.4, 図 7.5)。卸売が中間財と最終財の両方を取り扱うのに対し，小売は最終財のみを取り扱うので品目の分類は異なっている。その他の収入は，① 修理料，② 仲立手数料，③ 製造業出荷額，④ 飲食部門収入額，⑤ サービス業収入額，⑥ それ以外の収入額から構成される (図 7.6)。これは複数の活動をやっている小売店があるからであり，例えば，1 階がパン屋 (小売) で 2 階がレストラン (その他収入のうち飲食部門収入) となっているケースがこれにあたる。

　図 7.7 は商業統計調査による年間商品販売額の推移 (1982〜2007 年) を示している。卸売の年間商品販売額は 1991 年 (平成 3 年) にピークを迎えた後，減少傾向にある。小売の年間商品販売額は 1997 年 (平成 9 年) にピークを迎えた後，ゆるやかな減少傾向にある。ちなみに 2007 年 (平成 19 年) に新たに

7 年間商品販売額等

- 平成18年4月から19年3月までの1年間（この期間で記入困難な場合は 最寄りの
- 7 (1) 項「年間商品販売額」 7 (2) 項「その他の収入額」には 企業全体の額
なお、本店から支店への商品振替分などは［卸売］として記入してください

(1) 年間商品販売額
（単位：万円　消費税額を含む）

商品名		分類番号	千百十兆	千百十億	千百十万	円
繊維品	生糸・繭	50111				
	化学繊維	50121				
	他の繊維原料（生糸、繭を除く）	50129				
	糸	50131				
	織物（室内装飾繊維品を除く）	50141				
衣服	男子服	50211				
	婦人・子供服	50221				
	下着類	50231				

	十兆 兆 千百十億 百十億 千百十万 円
卸売販売額計	

「卸売販売額計」の内訳を
該当する商品欄にご記入ください

商品名		分類番号	千百十兆	千百十億	千百十万	円
化学製品	塗料	52211				
	染料・顔料	52221				
	油脂・ろう	52231				
	他の化学製品	52291				
	原油	52311				
	揮発油	52312				
	灯油	52313				
	軽油	52314				
自動車	他の自動車					
	自動車部分品・附属品（中古品を除く）					
	自動車中古部品					
電気機械器具	家庭用電気機械器具					
	電気機械器具（家庭用電気機械器具を除く）					
その他	自転車					
	他の輸送用機械器具（自動車を除く）					
	写真機					

図 7.4　商業統計調査（平成 19 年）の調査票の項目「7 年間商品販売額等」の卸売販売額の部分
（出典）経済産業省「商業統計調査」

7.2 年間商品販売額とマージン

図 7.5 商業統計調査（平成 19 年）の調査票の項目
「7 年間商品販売額等」の小売販売額の部分
（出典）経済産業省「商業統計調査」

(2) その他の収入額
(単位:万円 消費税額を含む)

兆	千億	百億	十億	億	千万	百万	十万	万円

その他の収入額の内訳を割合で記入してください

その他の収入額の内訳（小数点以下は四捨五入）

商品販売に関する収入	①修理料	%	④飲食部門収入額	%
	②仲立手数料	%	⑤サービス業収入額	%
	③製造業出荷額	%	⑥上記(①〜⑤)以外の収入額	%
合　計 (①〜⑥)				100%

図 7.6　商業統計調査 (平成 19 年) の調査票の項目
「7 年間商品販売額等」のその他の収入額の部分
(出典)　経済産業省「商業統計調査」

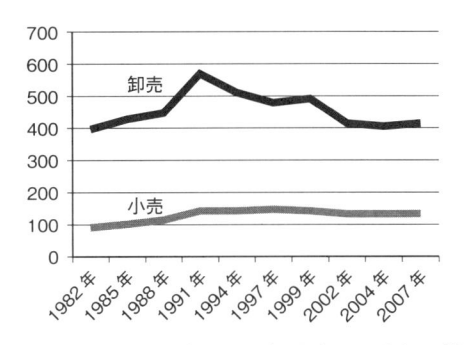

図 7.7　商業統計調査による年間商品販売額の推移
(単位：兆円, 1982〜2007 年)
(出典)　通商産業省, 経済産業省「商業統計調査」

調査対象となった駅改札内事業所の年間商品販売額は 2,329 億円であった。

マージンとは**商品販売額**から**商品仕入額**を引いたものである。商品販売額等とマージンのどちらの指標を用いるかは利用者の目的に依存する。消費需要との関連で見るのであれば商品販売額がよい。産業連関表や国民経済計算

表 7.2 商業統計調査による商業企業の年間商品販売額，年間商品仕入額，マージン，マージン率 (単位：兆円，2007 年)

	卸売業	小売業	商業企業計
年間商品販売額	344	120	464
年間商品仕入額	280	87	367
マージン額	64	33	97
マージン率	19%	28%	21%

(出典) 経済産業省「商業統計調査」

における商業部門のアウトプットとの関連で見るならばマージンを用いるのがよい。

マージンを統計で把握するためには，商品販売額と商品仕入額の両方を調査しなければならない。だが，どの商品をどのような価格で仕入れたかは，事業者にとってあまり書きたくない事柄である。そのため商業統計調査では個人商店の商品仕入額は調査していない。法人企業については法人全体の商品仕入額を調査しているが，商品別ではなくまとめて記入するようになっている (図 7.8)。

表 7.2 は商業統計調査による商業企業の年間商品販売額，年間商品仕入額，マージン，マージン率 (2007 年) を示している。商業企業計について見ると，

$$\text{マージン額 (97 兆円)} = \text{年間商品販売額 (464 兆円)} - \text{年間商品仕入額 (367 兆円)}$$

$$\text{マージン率 (21\%)} = \text{マージン額 (97 兆円)} / \text{年間商品販売額 (464 兆円)}$$

という関係になっている。卸売業と小売業を比較すると，マージン率は 9%ポイントほど小売業の方が高い。

7.3 従業者数

商業統計調査においても，報告者が賃金台帳を見て従業者に関する項目を記入するのは，工業統計調査と同様である。ただし，従業者に関する内訳の記入項目は工業統計調査と異なっている (図 7.9)。工業統計調査では個人業

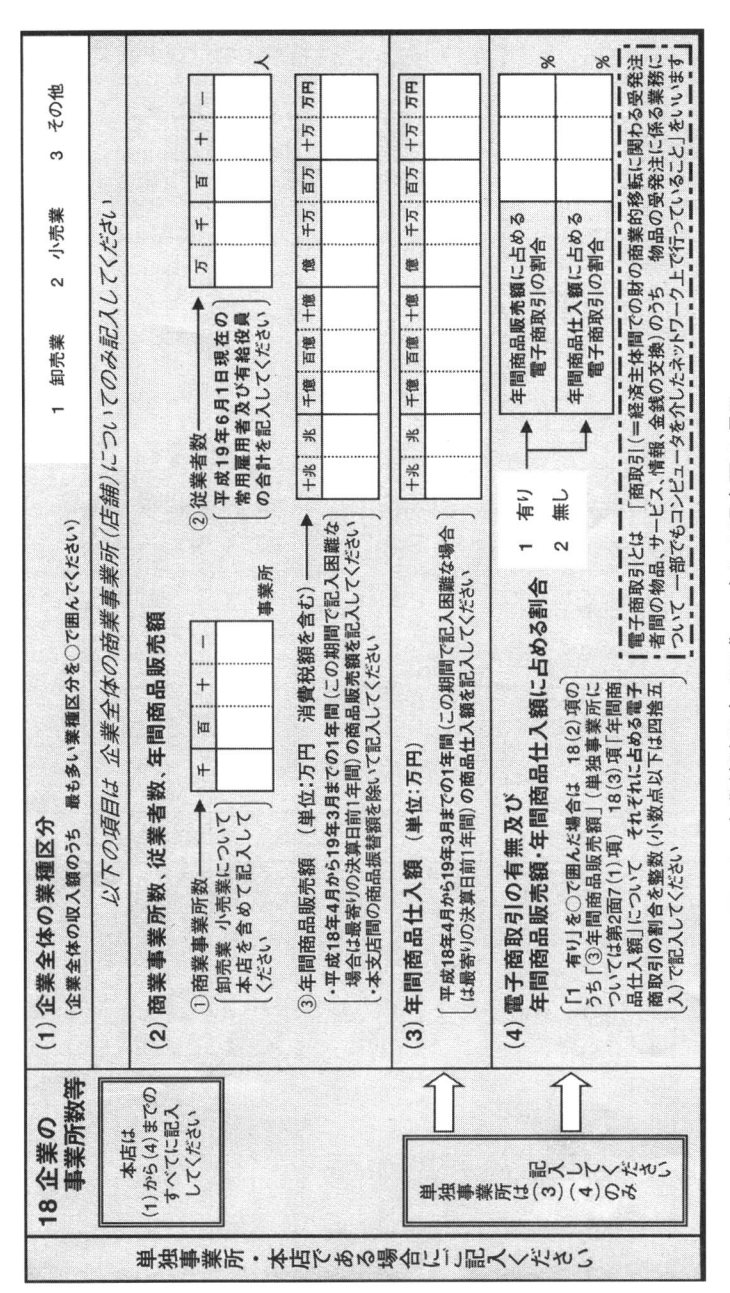

図 7.8 商業統計調査（平成 19 年）の調査票の項目
「10 企業の事業所数等」
（出典）経済産業省「商業統計調査」

7.3 従業者数

主と無給の家族従業者が一緒の記入項目になっていたが，商業統計調査では「① 個人業主」と「② 無給の家族従業者」に分かれている．工業統計調査にはなかった「③ 有給役員」の項目がある．さらに工業統計調査の「常用労働者」と似た名称の「常用雇用者」という項目がある．工業統計調査の常用労働者数の定義は

$$常用労働者数 = 正社員，正職員等の人数 \\ + パート・アルバイト等の人数 \\ + 出向・派遣受入者数 \quad (1)$$

であるが，商業統計調査の常用雇用者の定義は

$$常用雇用者数 = 一般に正社員，正職員等などと呼ばれている \\ 人の数 + パート・アルバイトなどの人数 \quad (2)$$

であり，別経営の事業所から派遣されている人が含まれず，別経営の事業所に派遣されている人が含まれる点が異なる．また工業統計調査の「従業者数」と商業統計調査の「従業者数」は同じ名称であるが内容は異なる．工業統計調査の従業指数の定義は，

$$従業者数 = 個人事業主及び無給家族従業者の人数 \\ + 常用労働者数 \quad (3)$$

であるが，商業統計調査の従業者数の定義は

$$従業者数等 = 個人業主の人数 + 無給の家族従業者の人数 \\ + 有給役員の人数 + 常用雇用者数 \quad (4)$$

であるから，別経営の事業所から派遣されている人が含まれず，別経営の事業所に派遣されている人が含まれる．このように統計によって労働者数の定義が異なることは，わが国ではよくあることであって，異なる統計の似たような項目を比較するときには十分に注意しなければならない．なお，商業統計調査では「(2) パート・アルバイトなどの 8 時間換算雇用者数」を調査している．

図 7.10 は商業統計調査による従業者数の推移 (1982〜2007 年) を示している．卸売業の従業者数のピークは 1991 年 (平成 3 年) と商品販売額のピーク

6 従業者数等

- 平成19年6月1日現在で記入してください
- 有給役員とは　個人経営以外の場合で 役員報酬を得ている人をいいます
- 常用雇用者とは　期間を定めずに若しくは1か月を超える期間を定めて雇用している人　また4月と5月にそれぞれ18日以上雇用している人をいいます
- 臨時雇用者とは　1か月以内の期間を定めて雇用されている人をいいます

(1) 従業者数等	① 個人業主〔個人経営の事業主〕	② 無給の家族従業者	③ 有給役員	常用雇用者 ④ 一般に正社員・正職員などと呼ばれている人	常用雇用者 ⑤ パート・アルバイトなど	⑥ 臨時雇用者〔常用雇用者以外の雇用者〕	総数〔①～⑥の合計〕	総数 うち別経営の事業所に派遣している人	総数のほかに別経営の事業所から派遣されている人
男	人	人	人	人	人	人	人	人	人
女	人	人	人	人	人	人	人	人	人

(2) パート・アルバイトなどの8時間換算雇用者数

〔「常用雇用者」のうち「⑤パート・アルバイトなど」の男女計について　8時間に換算して記入してください〕

〈計算式例〉

｛(A時間×a人)＋(B時間×b人)｝÷8時間＝□人

(小数点以下切り上げ)

図 7.9　商業統計調査 (平成 19 年) の調査票の項目「6 従業者数等」

(出典)　経済産業省「商業統計調査」

16 年間商品仕入額の仕入先別割合

平成18年4月から19年3月までの1年間(この期間で記入困難な場合は最寄りの決算日前1年間)の商品仕入額について　その仕入先別割合を整数(小数点以下は四捨五入)で記入してください

① 本支店間移動	② 自店内製造	生産業者 ③ 親会社	生産業者 ④ その他	⑤ 卸売業者・その他	⑥ 国外(直接輸入)	合計
%	%	%	%	%	%	100%

17 年間商品販売額のうち卸売販売額の販売先別割合

第2面7(1)項「年間商品販売額」のうち卸売販売額計に記入のある場合は　その販売額の販売先別割合を整数(小数点以下は四捨五入)で記入してください

① 本支店間移動	② 卸売業者	③ 小売業者	④ 産業用使用者・その他	⑤ 国外(直接輸出)	合計
%	%	%	%	%	100%

図 7.11　商業統計調査 (平成 19 年) の調査票の項目
「16 年間商品仕入額の仕入先別割合」,「17 年間商品販売額のうち卸売販売額の販売先別割合」

(出典)　経済産業省「商業統計調査」

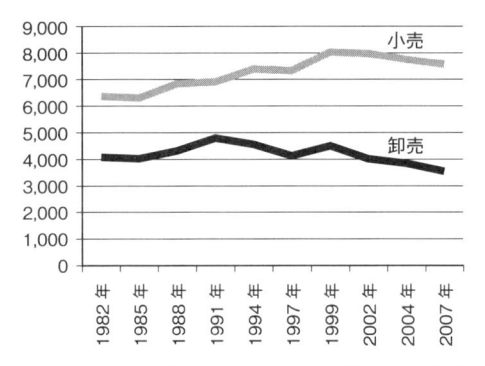

図 7.10　商業統計調査による従業者数の推移
(単位：千人，1982〜2007 年)
(出典)　経済産業省「商業統計調査」

と同じ年である．小売業の従業者数のピークは 1999 年 (平成 11 年) であり，商品販売額のピーク (1997 年) より 2 年遅れる．なお，事業所・企業統計調査との同時実施年 (1999 年) には卸売業の従業者数が増えているが，これは同時実施に伴って事業所の補そくを行ったためである．

7.4　流通経路別統計編

　かつて，わが国の商品の流通経路は多段階で複雑であることが知られていた．その実態を明らかにするために考えられたのが「**流通経路別統計編**」である．ここでの流通経路とは，仕入先と販売先の組み合わせのことであり，商業統計調査の調査事項の「16 年間商品仕入額の仕入先別割合」及び「17 年間商品販売額のうち卸売販売額の販売先別割合」の中で，その最も大きい割合の仕入先及び販売先によって決定するものである (図 7.11)．

　仕入先と販売先の組み合わせによって決定した**流通経路**はさらに，第 1 次卸，第 2 次卸なその他卸などの**流通段階**に分類される (表 7.3)．これによって卸売業の多段階性，すなわち商品の売買が

　　　　　製造業者 → 第 1 次卸 → 第 2 次卸 (中間卸 → 最終卸) → 小売店

と何度も起こりうる状況を記述できることになる．

表 7.3 流通段階と流通経路 (仕入先と販売先の組み合わせ) の関係

流通段階			流通経路	
			仕入先	販売先
第1次卸	直取引卸	他部門直取引卸	生産業者	産業用使用者
				国外
			国外	産業用使用者
				国外
		小売直取引卸	生産業者	小売業者
			国外	
	元卸		生産業者	卸売業者
			国外	
第2次卸	中間卸		卸売業者	卸売業者
	最終卸		卸売業者	産業用使用者
				国外
				小売業者
その他卸	販売先が同一企業内である卸		生産業者	同一企業内の本支店
			生産業者のうち親会社	
			生産業者のうちその他の生産業者	
			卸売業者	
			国外	
	仕入先が同一企業内である卸		同一企業内の本支店	同一企業内の本支店
				卸売業者
				小売業者
				産業用使用者
				国外
	自店内製造品を販売する卸		自店内製造品を販売する卸	同一企業内の本支店
				卸売業者
				小売業者
				産業用使用者
				国外

(出典) 経済産業省「商業統計調査」より筆者作成。

1960年代初めに出版された林周二『流通革命』中公新書は,わが国の流通経路が複雑かつ多段階に構成されているため非効率的かつ前近代的であることを指摘し,新しく登場した「スーパーマーケット」という小売業態が発展することにより,卸売業者などの中間業者を排除され,流通経路の短縮化に

7.4 流通経路別統計編

つながると主張，流通関係者に大きな影響を与えた。ちなみに「**流通経路別統計編**」が最初に作成されたのは昭和 41 年 (1966 年) である。

表 7.4 は流通経路別商店数，年間販売額構成比を 1976 年と 2007 年について示している。約三十年間に第 1 次卸が商店数も年間販売額も構成比を減らし，第 2 次卸が商店数，その他卸が年間販売額の構成を増やしている。その他卸の中で大きな割合を占めるのは「仕入先が同一企業内本支店である卸」であるから，自社内流通が増えたことになる。

表 7.4 流通経路別商店数，年間販売額構成比 (1976 年，2007 年)

	商店数			年間販売額		
	1976 年	2007 年	ポイント差	1976 年	2007 年	ポイント差
第 1 次卸・直取引卸	26.6	17.4	−9.2	34.1	31.4	−2.7
第 1 次卸・元卸	10.5	8.8	−1.7	16.0	10.5	−5.5
第 2 次卸・中間卸	9.0	15.8	6.8	9.6	9.3	−0.3
第 2 次卸・最終卸	33.3	36.8	3.5	13.8	17.7	3.9
その他卸	20.6	21.2	0.6	26.5	31.1	4.6
計	100	100	—	100	100	—

(出典) 通商産業省，経済産業省「商業統計調査」

流通経路の短縮化の分析に用いられる指標に **W／W 比率**がある。これは卸売業全体の販売額から「本支店間移動」を除いた値を，卸売業者以外向けの販売額 (「小売業者向け」，「産業用使用者向け」，「国外 (直接輸出) 向け」及び「消費者向け」の合計値) で除した値であり，この値が 1 に近いほど卸売業者間の取引回数が少ない (**流通経路の短縮化**)。表 7.5 は W／W 比率の推移 (1976〜2007 年) の推移を示す。1976 年 (昭和 51 年) は W／W 比率を

$$1.71 \, (\text{W／W 比率}) = \{217 \, (\text{卸売業全体の販売額})$$
$$- 15 \, (\text{本支店間移動})\}$$
$$／118 \, (\text{卸売業者以外向けの販売額})$$

と計算していることが確認できよう。卸売事業所全体の W／W 比率は 1970 年代には 1.71〜1.74，1980 年代には 1.72〜1.62，1990 年代には 1.65〜1.54，2000 年代には 1.56〜1.57 と低下傾向で推移しており，流通経路が短縮化したことを示す。

表 7.5　W/W 比率の推移 (1976〜2007 年)

	卸売業全体の販売額 (兆円)	本支店間移動 (兆円)	本支店間移動を除いた販売額 (兆円)	卸売業者以外向けの販売額 (兆円)	W/W 比率
1976	217	15	202	118	1.71
1979	268	18	250	144	1.74
1982	391	23	368	214	1.72
1985	421	26	395	248	1.60
1988	439	30	410	253	1.62
1991	565	29	535	325	1.65
1994	509	26	483	299	1.62
1997	475	24	451	292	1.54
2002	410	17	393	253	1.56
2007	411	24	387	247	1.57

(出典)　通商産業省，経済産業省「商業統計調査」

7.5　業態別統計編

　1970 年代前半，スーパーマーケットの進出が中小小売店の経営に深刻な影響を与えたため，中小小売店を保護するための法律として「大規模小売店舗における小売業の事業活動の調整に関する法律」(**大規模小売店舗法**) が昭和 48 年 (1973 年) に制定された。これによりスーパーマーケットの出店が制限された流通業各社は，大規模小売店舗法の適用を受けない小規模の小売店であるコンビニエンスストアの出店を行った。コンビニエンスストアは，店舗面積は狭かったが POS システム (Point of Sales System，商品の販売と同時にレジで顧客の情報を収集し，それを分析するシステム) によって顧客が欲しい商品の品ぞろえができた。さらには，コンビニエンスストアの終日営業という販売方法は，深夜にも活動する現代の人々の生活スタイルにマッチし，大きく発展することになった。

　スーパーマーケットとコンビニエンスストアが発展するにつれ，商業活動を**業種**で把握するのではなく，**業態**で把握する必要性が出てきた。「**業態別統計編**」が最初に作成されたのは昭和 57 年 (1982 年) である。

　業種とは取り扱う商品によって商店を分類するものである。肉を売る小売店は肉屋，魚を売る小売店は魚屋，野菜を売る小売店は八百屋というような分類の仕方である。**業態**とはデパート (百貨店) とか，スーパーマーケットと

7.5 業態別統計編

か,コンビニエンスストアなど,販売形態によって商店を分類するものである。業種と業態の違いは,「何を売るか」で分類するか,それとも「どのように売るか」の違いである。「商業統計調査」の「業態別統計編」では業態分類を表 7.6 のように (1) セルフサービスか否か,(2) 取扱商品,(3) 売場面積,(4) 営業時間に基づいて分類している。

業態分類に用いられるのが調査票の項目「11 セルフサービス方式採用の有無」,「12 売場面積」,「13 営業時間等」である(図 7.12)。これらの項目はそれ自体,小売店の特性を表わすが,それから業態分類が機械的に決定される。

表 7.6 業態分類表

区分		セルフ方式	取扱商品	売場面積	営業時間
1 百貨店	1 大型百貨店	×		3000m² 以上 (都の特別区及び政令指定都市は 6000m² 以上)	
	2 その他の百貨店			3000m² 未満 (都の特別区及び政令指定都市は 6000m² 未満)	
2 総合スーパー	1 大型総合スーパー	○		3000m² 以上 (都の特別区及び政令指定都市は 6000m² 以上)	
	2 中型総合スーパー			3000m² 未満 (都の特別区及び政令指定都市は 6000m² 未満)	
3 専門スーパー	1 衣料品スーパー	○	衣が 70%以上	250m² 以上	
	2 食料品スーパー		食が 70%以上		
	3 住関連スーパー		住が 70%以上		
4 コンビニエンスストア		○	飲食料品を扱っていること	30m² 以上 250m² 未満	14時間以上
5 ドラッグストア		○	産業分類で医薬品・化粧品小売業となっている事業所のうち医薬品を扱っている。		
6 その他スーパー		○			
7 専門店	1 衣料品専門店	×	指定された品目のいずれかの小売販売額の割合が 90% 以上		
	2 食料品専門店	×			
	3 住関連専門店	×			
8 中心店	1 衣料品中心店	×	衣が 50%以上		
	2 食料品中心店	×	食が 50%以上		
	3 住関連中心店	×	住が 50%以上		
9 その他小売店		×	1, 7, 8 以外の非セルフ店		

(出典) 経済産業省「商業統計調査」より筆者作成。

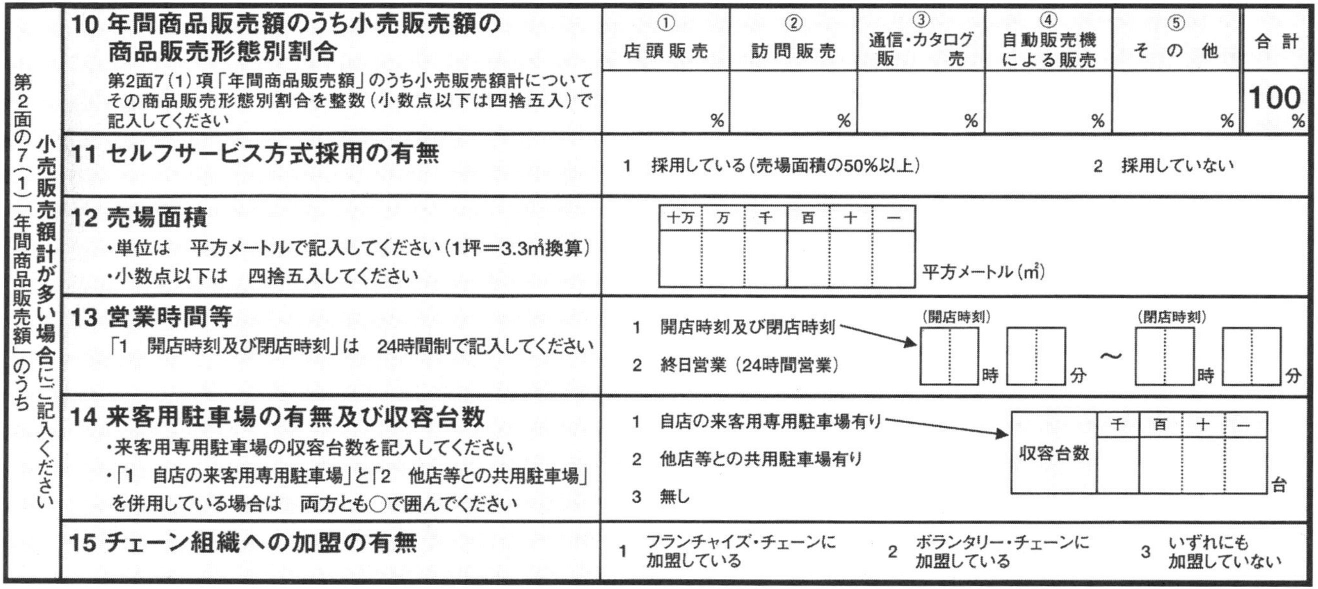

第2面の7(1)「年間商品販売額」のうち小売販売額計が多い場合にご記入ください

10 年間商品販売額のうち小売販売額の商品販売形態別割合

第2面7(1)項「年間商品販売額」のうち小売販売額計についてその商品販売形態別割合を整数(小数点以下は四捨五入)で記入してください

① 店頭販売	② 訪問販売	③ 通信・カタログ販売	④ 自動販売機による販売	⑤ その他	合計
%	%	%	%	%	100 %

11 セルフサービス方式採用の有無

1 採用している(売場面積の50%以上)　2 採用していない

12 売場面積

・単位は　平方メートルで記入してください(1坪＝3.3m²換算)
・小数点以下は　四捨五入してください

十万	万	千	百	十	一

平方メートル(m²)

13 営業時間等

「1　開店時刻及び閉店時刻」は　24時間制で記入してください

1 開店時刻及び閉店時刻 → (開店時刻)　時　分 ～ (閉店時刻)　時　分
2 終日営業(24時間営業)

14 来客用駐車場の有無及び収容台数

・来客用専用駐車場の収容台数を記入してください
・「1　自店の来客用専用駐車場」と「2　他店等との共用駐車場」を併用している場合は　両方とも○で囲んでください

1 自店の来客用専用駐車場有り → 収容台数（千・百・十・一）台
2 他店等との共用駐車場有り
3 無し

15 チェーン組織への加盟の有無

1 フランチャイズ・チェーンに加盟している　2 ボランタリー・チェーンに加盟している　3 いずれにも加盟していない

図 7.12　商業統計調査 (平成 19 年) の調査票の項目
「11 セルフサービス方式採用の有無」,「12 売場面積」,「13 営業時間等」
(出典)　経済産業省「商業統計調査」

7.5 業態別統計編

流通機構の業態は常に発展しており不安定なものであり，かつ業態の概念自体が抽象的なものなので，「どのような業態ですか」と報告者に直接的に聞いて分類することは難しい。業態を決める要素を統計で押さえ，これらの要素の組み合わせによって業態を機械的に決めている。そのため社会一般に「コンビニエンスストア」であると思われている商店が，「商業統計調査」で「コンビニエンスストア」に格付けされていないこともありうる。

表 7.7 は商業統計調査による業態分類別商店数，年間販売額を 1982 年と 2007 年について示したものである。1982 年には百貨店の年間販売額はコンビニエンスストアの約三倍強であったが，2007 年はほぼ同じである。ただし流通機構の業態が不安定なものであることを反映し，25 年間に業態分類は大きく変わったため，二時点の単純な比較はできない。百貨店も，コンビニエンスストアもこの間に定義が変わっている。業態分類の変化を観察すると，スーパーが総合スーパー，専門スーパーと多様化している。またドラッグストア

表 7.7 商業統計調査による業態分類別商店数，年間販売額 (1982 年，2007 年)

昭和 57 年 (1982 年)	商店数		年間販売額	
	店	構成比	10 億円	構成比
百貨店	461	0%	7,314	8%
スーパー (コンビニエンスストアを除く)	65,779	4%	16,341	17%
コンビニエンスストア	23,235	1%	2,177	2%
専門店	1,093,601	64%	45,996	49%
その他の小売店	536,934	31%	21,951	23%
その他	1,455	0%	192	0%
計	1,721,465	100%	93,971	100%

平成 19 年 (2007 年)	商店数		年間販売額	
	店	構成比	10 億円	構成比
百貨店	271	0%	7,708	6%
総合スーパー	1,585	0%	7,447	6%
専門スーパー	35,512	3%	23,796	18%
コンビニエンスストア	43,684	4%	7,007	5%
ドラッグストア	12,701	1%	3,013	2%
その他のスーパー	55,615	5%	5,949	4%
専門店	694,578	61%	53,929	40%
中心店	292,072	26%	25,702	19%
その他の小売店	1,841	0%	154	0%
計	1,137,859	100%	134,705	100%

(出典) 通商産業省，経済産業省「商業統計調査」

が分類に登場しており，この間に大きく発展した業態であることを物語る．

7.6 立地環境特性別統計編

1980年代後半に入ると日本とアメリカ合衆国との間では貿易摩擦が大きな問題となった．平成元年 (1989年) から平成 2 年 (1990年) にかけては日米の貿易不均衡の是正を目的として二国間協議 (**日米構造協議**) が行われた．その中で日本の市場の閉鎖性の一つとして大規模小売店舗法が問題となった．日本政府は大規模小売店舗法の緩和を行い，特に平成 6 年 (1994年) には店舗面積 1000 平方メートル未満の出店が原則自由化された．これによって郊外の幹線道路沿いに次々と大規模な小売店舗が出現する一方で，これまでの駅前商店街が衰退し，いわゆる「シャッター通り」が出現することとなった．

商業構造の急速な変化に対応するために拡張されたのが「**立地環境特性別統計編**」である．これは昭和 54 年 (1979年) から作成されており，その当時の分類は「商業集積地区」，「オフィス街地区」，「住宅地区」，「工業地区」，「その他地区」の 5 区分であった．平成 9 年 (1997年) から駅前商店街の低迷，郊外への大型店進出を反映するために商業集積地区にさらに 5 つの詳細区分

表 7.8 商業統計調査による立地環境特性別年間商品販売額 (1997年, 2007年)

	平成 9 年 (1997年)		平成 19 年 (2007年)		ポイント差
	年間商品販売額(兆円)	構成比	年間商品販売額(兆円)	構成比	
商業集積地区	70	47%	53	39%	−8%
駅周辺型	28	19%	22	16%	−3%
市街地型	17	12%	12	9%	−3%
住宅地背景型	17	11%	11	8%	−3%
ロードサイド型	7	4%	8	6%	2%
その他	1	1%	1	1%	0%
オフィス街区	8	6%	12	9%	3%
住宅地区	41	27%	37	28%	0%
工業地区	11	8%	15	11%	4%
その他地区	18	12%	18	13%	1%
計	148	100%	135	100%	—

(出典) 通商産業省，経済産業省「商業統計調査」

7.6 立地環境特性別統計編

が設けられた．それらは，① 駅周辺型，② 市街地型，③ 住宅地背景型，④ ロードサイド型，⑤ その他である．立地環境特性区分が流通経路分類及び業態分類と異なるのは，分類・区分を行うための調査事項が調査票にないことであり，市区町村の職員が実際に現場を確認して格付けを行っている．

表7.8を見ると商業集積地区では駅周辺，市街地，住宅地背景，その他の特性地区で商品販売額が減っているのに，ロードサイドのみ増加している．自動車で買い物に行くライフスタイルがすっかり定着したことが，この背景にある．ロードサイドの店舗は広い売場面積と駐車場を備えており，自動車で買い物をする消費者には便利である．従来型の駅前商店街(主に個人商店)は大きな駐車場はなく，自動車をよく利用する消費者が減少したのである．

以上見てきたように，商業統計調査は商業政策と深いつながりがある統計調査である．したがって，政策担当者の意図を読みながらデータを観察することが必要である．

8
産業連関表

8.1 産業連関表の概要

産業連関表は，ロシア出身の経済学者ワシリー・レオンチェフ (Wassily Leontief 1906～1999 年) によって創始されたものであり，これに対してレオンチェフは 1973 年にノーベル経済学賞を授与されている。レオンチェフは自伝において「いわゆる部分均衡分析では経済システムの構造とその働きの根本的な理解のための十分に広い基礎を提供できないという結論に到達したことから，実用的な一般均衡理論のモデルとして産業連関分析を 1931 年に開発した」と述べている[1]。

レオンチェフは，米国労働省の協力で最初の産業連関表を米国の 1919 年及び 1929 年のデータに基づいて作成し，これを 1941 年に著書 *The Structure of American Economy, 1919-1929* において公表した。同書の第 2 版は 1951 年に出版され，山田勇氏及び家本秀太郎氏によって昭和 24 年 (1959 年) に翻訳された[2]。邦題は『アメリカ経済の構造 – 産業連関分析の理論と実際』である。

米国労働省が産業連関表に関心を持ったのは，その当時，世界大恐慌の記憶は遠い昔のことではなく，第二次世界大戦の終了に伴う復員 (戦場の兵士が

---

[1] W. Leontief, *Autobiography*, アドレス＜http://www.nobelprize.org/nobel_prizes/economics/laureates/1973/leontief-autobio.html＞

[2] W.W. レオンチェフ著，山田勇，家本秀太郎訳 [1959]『アメリカ経済の構造 – 産業連関分析の理論と実際』，東洋経済新報社。

8.2 産業連関表のしくみ

除隊して故郷に戻ること) が再び大量の失業者を生みだすのではないかという視点からであった[3]。産業連関分析による結果は，戦後の建設及び耐久消費財の需要により大量失業は起きないというものであったが，実際にそのように推移したので産業連関表の評価は一躍高まった。その後，レオンチェフは産業連関分析の研究を進め，国際経済学で有名な**ヘクシャー＝オリーンの定理**と矛盾する結果 (これを「**レオンチェフのパラドックス**」と呼ぶ) を導き，センセーションを引き起こした。

わが国の政府は産業連関表の有効性に早くから注目し，産業政策の立案に積極的に活用した。わが国における公的な産業連関表の作成は昭和 30 年 (1955 年) に，昭和 26 年 (1951 年) を対象とする表を経済審議庁 (現内閣府) と通商産業省 (現経済産業省) がそれぞれ独自に試算表として公表したのが最初である。その後，昭和 30 年表から，6 省庁による本格的な共同の作成作業が開始され，以後，府省庁間の共同作業で継続的に 5 年毎に作成されてきたが，わが国で採用されている分散型統計機構の長所 (行政ニーズに的確，迅速に対応することが可能であり，かつ所管行政に関する知識と経験を統計調査の企画・実施に活用できる) は産業連関表の作成に如何なく発揮されてきた。なお，産業連関表の作成には 4〜5 年かかるため，本書の執筆時点の平成 24 年 (2012 年) で最新のものは平成 17 年表であり，平成 21 (2009 年) 年に公表された。

8.2 産業連関表のしくみ

産業連関表は図 8.1 のような表形式になっている。表のタテ方向は原材料及び粗付加価値の費用構成 (投入構成) を示し，ヨコ方向は生産物の構成 (産出構成) を示している。このため産業連関表は「**投入産出表**」とも呼ばれ，英語名称 "input output table" の直訳としてはこの方がふさわしい。

図 8.1 をヨコ方向 (産出) に見ていこう。各部門で生産された財・サービスはその一部が海外に輸出される。一方，海外から輸入される財・サービスも

---

[3] Martin C. Kohli [2001] 典 he Leontief-BLS partnership: a new framework for measurement,・*Monthly Labor Review*, June 2001, pp.31-32.

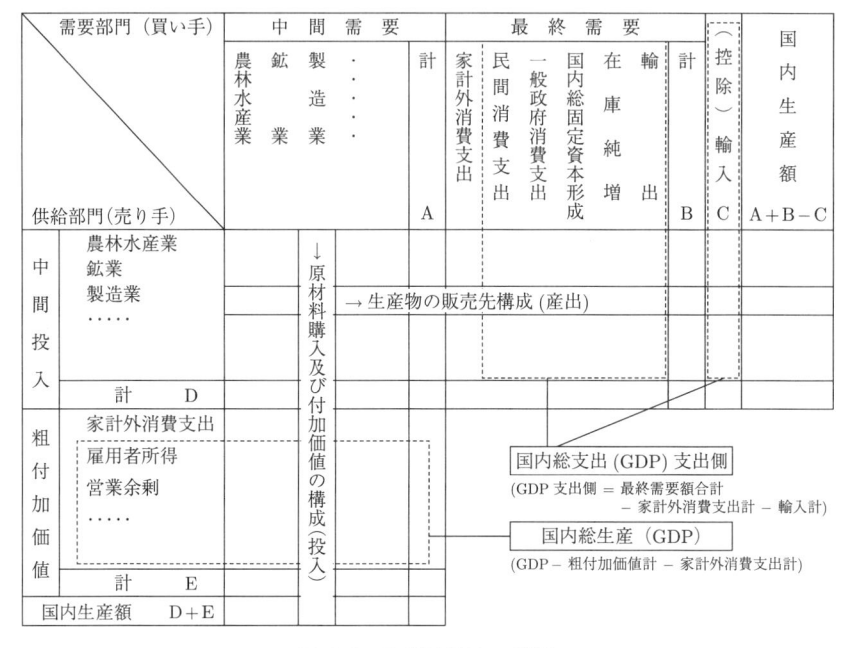

図 8.1 産業連関表の構造

(出所) 総務省政策統括官 (統計基準担当) 付統計審査官室 産業連関表担当

ある．財・サービスの**国内生産額**から輸出を引いて，輸入を足したものは**国内供給**になる．

$$国内供給 = 国内生産額 - 輸出 + 輸入 \quad (1)$$

国内供給は**国内需要額**と一致するから，(1) 式は

$$国内需要 = 国内生産額 - 輸出 + 輸入 \quad (2)$$

となる．財・サービスには，1 年間に国内における生産活動に使用されたものと，そうでないものある．このうち前者を**中間財**と呼ぶ．パン，パソコン，自動車などの生産活動にそれぞれ投入された小麦粉，半導体，鉄板は中間財である．各部門で中間財として需要された財・サービスを**中間需要**と呼ぶ．中間需要を構成する部門を**内生部門**と呼ぶ．中間需要の合計である**中間需要計** (A)

中間需要計 = 農林水産部門に販売された財・サービスの中間需要

8.2 産業連関表のしくみ

$$+ 鉱業部門に販売された財・サービスの中間需要$$
$$+ 製造業部門に販売された財・サービスの中間需要$$
$$+ \ldots \tag{3}$$

を国内需要から差し引いた残りを**国内最終需要**とする。

$$国内最終需要 = 国内需要 - 中間需要計$$
$$国内需要 = 中間需要計 + 国内最終需要 \tag{4}$$

(2) 式及び (4) 式から

$$国内生産額 - 輸出 + 輸入 = 中間需要計 + 国内最終需要 \tag{5}$$

という関係式が求められ，さらに輸出と輸入を右辺に移項させると

$$国内生産額 = 中間需要計 + 国内最終需要 + 輸出 - 輸入 \tag{6}$$

となる。国内最終需要計と輸出の合計を**最終需要** (final demand) と呼ぶ。最終需要を構成する部門 (**家計外消費支出，民間消費支出，一般政府消費支出，国内総固定資本形成，在庫純増，輸出**) と輸入を**外生部門**と呼ぶ。

$$国内生産額 (A + B - C) = 中間需要計 (A) + 最終需要 (B)$$
$$- 輸入 (C) \tag{7}$$

これが産業連関表をヨコ方向に見ていったときのバランスを示している。

次にタテ方向 (投入) に見ていこう。中間財の投入を**中間投入** (intermediate input) と呼ぶ。中間投入の合計 (D)

$$中間投入計 = 農林水産部門から供給された財・サービスの中間投入$$
$$+ 鉱業部門から供給された財・サービスの中間投入$$
$$+ 製造業部門から供給された財・サービスの中間投入$$
$$+ \ldots \tag{8}$$

は通常，国内生産額を下回る。国内生産額と中間投入計の差額は，その部門が新たに付加した価値であるから，**付加価値** (value added) と呼ぶ。正確には，資本減耗引当 (減価償却費と資本偶発損) を控除していないので**粗付加価値** (gross value added) と呼ぶ (E)。

$$粗付加価値 = 国内生産額 - 中間投入計 \tag{9}$$

ちなみに資本減耗引当を控除すると**純付加価値** (net value added) と呼ぶ。

(9) 式を変形すると

$$国内生産額 (D + E) = 中間投入計 (D) + 粗付加価値 (E) \quad (10)$$

となり，これは産業連関表をタテ方向に見ていったときのバランスを示している。なお粗付加価値は**家計外消費支出** (企業交際費や福利厚生費)，**雇用者所得，営業余剰，資本減耗引当，間接税，補助金**から構成される。

8.3 ケネーの経済表

レオンチェフは著書『アメリカ経済の構造』の第 I 部の冒頭に次のように述べている。「以下の記述において示される統計的研究は，利用可能な統計資料に基づいて 1919 年と 1929 年との合衆国の経済表 (Tableau Économique) を作成しようとする試みとして定義するのが最適であろう。150 年前，ケネー (Quesnay) が彼の有名な図式 (schema) を最初に出版したとき，かれと同時代の人々や弟子達はそれをニュートンの法則以来の大発見であるとして歓迎した。経済体系を構成するさまざまな部分の間での一般的な相互依存という考え方は現在に至るまで経済分析の真の基礎として認められてきた」[4]。

経済表とは，18 世紀に活躍したフランスの経済学者である**フランソワ・ケネー** (François Quesnay, 1694～1774 年) が考案した図式であり，フランス社会を生産的階級 (農民)，不生産的階級 (商工人)，地主階級に分けて互いの関係をジグザグの線で明らかにしたものである。ケネーの経済表にはいくつかの種類があって，その中の「範式」(formule) は単純化されており解釈しやすいことから，A. フィリップスが 1955 年に産業連関表の形式へ変換する試みを行っている[5]。表 8.1 はケネーの経済表の「範式」を示したものである。

地主階級 (P) は生産的階級から地代として 20 億リーブルの収入がある (リーブルとは昔のフランスの通貨)。「年前払」とは労働，種子，その他の毎年発

---

[4] W.W. レオンチェフ著，山田勇，家本秀太郎訳 [1959]『アメリカ経済の構造 – 産業連関分析の理論と実際』，東洋経済新報社，p.9.

[5] Almarin Phillips[1955] "The Tableau Economique as a simple Leontief model," *The Quarterly Journal of Economics*, Vol. 69, No. 1,1955, pp. 137-144. なお『経済表』の「範式」及びフィリップスの表の訳は西川俊作 [1975]「《経済表》の投入・産出表示」『三田商学研究.』第 18 巻 4 号によった。

8.3 ケネーの経済表

表 8.1 ケネーの経済表の「範式」

```
生産的階級              地主階級              不生産的階級
  (A)                   (P)                    (M)
 年前払                 収入                  (年) 前払
   20 -------------------20                      10
         ＼           ／    ＼              ／
           10 ------            ＼        ／  10
収入及び原前払              ＼    ＼    ／
の利子の支払 {    10                ＼／          10
にあてられる                      ／   ＼
           10 ----------------         ＼
  
  20：年前払の支出

  計 50                                   計 20
                                 この半分は次年の前払のためこの
                                 階級によって保管される。
```

単位：原表では億リーブル，なお上記計数を 30 倍すると，＜ジグザグ表＞の数字に一致する。

(筆者注)「年前払」とは労働，種子，その他の毎年発生する費用，利子，減価償却のことである。「原前払」は固定資本のことである。

(出典) 西川俊作 [1975]「《経済表》の投入・産出表示」『三田商学研究』第 18 巻 4 号, p.2.

生する費用，利子，減価償却のことである。地主階級は生産階級から農産物を 10 億リーブル，不生産階級から工業製品を 10 億リーブル購入する (これは表中の地主階級から左右に伸びる 2 本の点線で示されている)。不生産階級 (M) は農産物 (食料及び原料) を生産的階級 (A) から 20 億リーブル購入する (これは表中の不生産的階級からの 2 本の点線で示されている)。生産的階級は不生産的階級から工業製品を 10 億リーブル購入し，農産物を 20 億リーブル保持する。

表 8.1 の「ジグザグ」を A. フィリップスが産業連関表の形式に変換したものが表 8.2 である。生産的部門 (A) は自部門投入が 20，不生産的階級 (M) からの投入は 10，地主階級 (P) からの投入 (土地用役の供給) が 20 ある。不生産的階級 (M) は生産的階級からの投入 (食料と原料) が 20 ある。地主階級 (P) は生産的階級 (A) と不生産的階級 (M) からそれぞれ 10 の投入がある。外生部門がないので閉じた投入・産出体系と解釈することもできるし，地主階級を外生部門とみなして開いた投入・産出体系と解釈することもできる[6]。

---

[6] 西川俊作 [1975]「《経済表》の投入・産出表示」『三田商学研究』第 18 巻 4 号, p.2.

表 8.2 経済表の「範式」を産業連関表の形式に変換した表（**A. フィリップス表**）

	A	M	P	T
A：生産的階級	20	20	10	50
M：不生産的階級	10	0	10	20
P：地主階級	20	0	0	20
T：合計	50	20	20	

(筆者注) A. フィリップスの表とは部門の順序が異なる点以外は同じである。
(出典) 西川俊作 [1975]「《経済表》の投入・産出表示」,『三田商学研究.』第18巻4号, p.2.

ケネーが経済表を考案した背景には何があったのであろうか。ケネーの経済表を翻訳した戸田正雄氏，増井健一氏の解説によれば「およそヨーロッパにおいて最も気候・沃土にめぐまれ農業に好適し，而も重商主義の下に農業のおとろえを見たのはフランスであった。ここに重農派が農業利益の代表として登場し，フランス農村の疲弊を救いその農企業の興起に資せんとする。

医者ケネーは，社会全体における富の流通を身体における血のめぐりになぞらえる。しかもそのふり出しは農業にある。あらゆる富はその源を農業に発する。商工業は不生産的であり，農業のみが富の真の生産をなすのである。こうしたケネーの経済理論は，結晶して経済表となった」[7]。「医者ケネー」とあるのは，ケネーが実際に医者(外科医)であり，「血のめぐりになぞらえる」とあるのは，ケネーがウィリアム・ハーベイの血液循環理論から経済表の着想を得たとされていることを指す。

8.4 アクティビティと部門分類

一次統計(基礎統計)と二次統計(加工統計)の違いは，一次統計は直接観測できるものを取り扱うのに対し，二次統計は直接観測できないが，一次統計を加工することによって間接的に観測できるものを取り扱う。ただし，一次統計の加工においては，何をやってもよいというわけではなく，経済理論に基礎を置いて加工しなければならない。二次統計においては，どのような

---

[7] 戸田正雄，増井健一「解説」，ケネー著，戸田正雄，増井健一訳 [1961]『経済表』岩波書店所収.

8.4 アクティビティと部門分類

理論に基礎を置いているか，その理論から一次統計及び二次統計にどのような要請がなされるかが重要な視点となる。

わが国の産業連関表の部門分類の単位は「産業」ではなく，「**アクティビティ**」である。これは産業連関分析の理論的な要請によるものである。産業連関分析では中間投入量と産出量が比例する**レオンチェフ型生産関数**

$$x_{ij} = a_{ij}X_j \qquad (i,j = 1, \cdots, n) \tag{11}$$

に基礎を置いている。ちなみに x_{ij} は第 i 部門から第 j 部門への中間投入額，a_{ij} は固定係数 (「投入係数」)，X_j は第 j 部門の国内生産額，n は内生部門数である。これは各種財・サービスの相対価格が変わっても，部門間で代替が起きないことを意味している。

産業連関表の作成では，レオンチェフ型生産関数が成り立つように**部門分類**を設定する。相対価格の変動によって代替が起きるように記述されるかどうかは，部門分類の設定の如何に依存するからである。レオンチェフは次のように述べている。「抽象的な理論的計画にしたがえば，すべての生産的な企業はいくつかの同質的な産業のグループに分割されるべきである。この同質性は (a) 生産物の同一性，及び (b) それぞれの部門内での企業の費用構造の定量的，定性的な類似性によって定義されるものである」[8]。

レオンチェフ型生産関数が成り立つような部門分類に対応する単位が**アクティビティ**であり，生産プロセス (原材料・燃料の種類，加工方法等) に基づいて分類が行われる。生産物の用途が同じであっても，生産プロセスが異なるならば，異なる単位とみなす。例えば，木製家具と金属製家具の生産は，生産物の用途に違いはないが，原材料が木と金属で異なるので，異なるアクティビティとなる。

わが国では一般にアクティビティと産業が一致しない。産業に対応する統計単位は事業所であるが，ひとつの事業所の中には複数のアクティビティが存在しうるからである。もしも事業所内のアクティビティのシェアの変動が起きた場合，どうなるであろうか。事業所単位では財・サービスの中間投入の代替が起きているように記述されるため，産業連関分析の理論的な要請を

---

[8] W.W. レオンチェフ著，山田勇，家本秀太郎訳 [1959]『アメリカ経済の構造 – 産業連関分析の理論と実際』，東洋経済新報社，p.21。

満たさない。このとき個別アクティビティ単位では財・サービスの中間投入の代替は起きていないように記述される。

わが国の産業連関表は行部門を商品，列部門をアクティビティとする表 (**商品 × アクティビティ表**) である。同一のアクティビティから生産される商品であっても，用途や単価が大きく異なる場合は商品をアクティビティより細かく分類している。またアクティビティと商品はよく対応するため**商品 × 商品表** (**X 表**) とも呼ぶ。諸外国においては，**商品 × 産業表**あるいは**産業別商品投入表** (**U 表**) を作成し，**産業別商品産出表** (**V 表**) を用いて，商品 × 商品表 (「X 表」) を作成している国がある (図 8.2)。

どのような方法で産業連関表を推計するかは，その国の産業統計の統計単位に依存する (表 8.3)。欧米諸国の産業統計の統計単位である "establishment" をわが国では「事業所」と訳すことが多いが，その定義は国連統計部によると「1 つの場所でほぼ 1 つのアクティビティ」(one single location, near one single activity) であり，わが国の「アクティビティ」に近い概念である。したがって，この定義を採用している国の産業連関表は商品 × 産業表であっても，商品 × アクティビティ表と大きく違わない。そのため商品 × 産業表から商品 × 商品表を推計しても，大きな問題は生じない。

わが国の「事業所」は国連統計部による統計単位の分類では "Local unit"

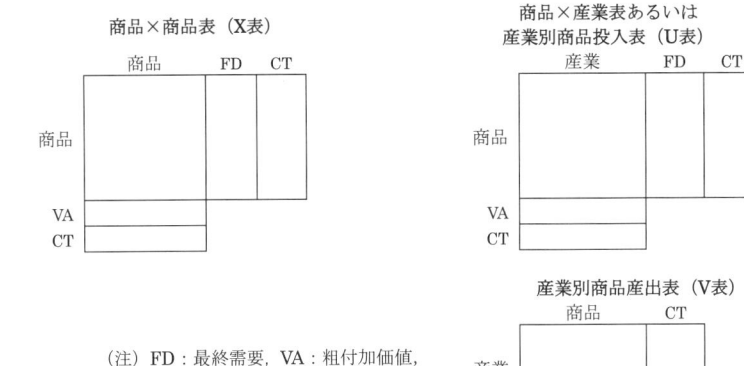

(注) FD：最終需要，VA：粗付加価値，CT：国内生産額

図 8.2 X 表，U 表，V 表

表 8.3 国連統計部による統計単位の分類

活動数 \ 区画数	一カ所以上 One or more locations	一カ所 One single location
１つ以上の活動 One or more activities	Enterprise group Enterprise Institutional unit	Local unit ＜日本の「事業所」＞
ほぼ一つの活動 Near one single activity	Kind-of-Activity Unit (KAU)	Establishment (local KAU) ＜欧米諸国の「事業所」＞
一つの活動 One single activity	Unit of Homogeneous Production (UHP)	Local UHP

(出典) United Nations, Department of Economic and Social Affairs, Statistical Divisions[2007] *Statistical Units*, United Nations, New York, p.15,Table 1.
日本語の箇所は筆者による。

に該当し，その定義は「1つの場所で1つ以上のアクティビティ」(one single location, one or more activities) である。この場合，商品×産業表は商品×アクティビティ表と大きくかい離する。したがって，商品×産業表から適切な商品×商品表を推計するのは難しいので，まず商品×アクティビティ表を推計し，次にその付帯表としてV表を作成し，最後にそれらをベースとしてU表を作成する方法を採っている。

8.5 産業連関表の作成に用いられる資料

産業連関表の作成に当たっては，政府の各種統計資料はもとより，許認可等に伴う行政記録や業界団体資料等，利用可能なさまざまな資料が用いられており，産業連関表はわが国の各種産業統計資料の集大成という性格を持っている。

わが国では産業連関表の作成のために，既存の統計資料等が不備または不足する分野，部門については，「**産業連関構造調査**」(投入調査) を実施している。産業連関分析という視点から見ると，投入調査が果たす役割は重要である。産業連関分析においては，投入係数の時点間の変化，すなわち**技術変化** (technological change) を分析することは，産業連関分析において主要な論題の1つである。既存の統計調査に加えて投入調査によって技術変化に関する情報が収集され，それが吟味された上で産業連関表作成に活用されてき

たことは，産業連関表に基づく技術変化の測定値に一定の信頼を与えてきた。投入調査の一例として，平成 24 年 (2012 年) 現在，推計作業が進められている平成 23 年表のための経済産業省の平成 23 年産業連関構造調査 (鉱工業投入調査) の調査票を取り上げる。

投入調査は簡単ではない。まず報告者 (企業) が持っている情報の形式を産業連関表の形式に合わせることは大きな負担である。そこで報告者が持っている情報の形式そのままで記入してもらうと，それを調査者 (府省庁) 側で産業連関表の部門に合わせるのが大変な手間となる。そうすると，重要性が高い情報については産業連関表の部門に合わせて記入してもらい，相対的に重要性が低い情報については報告者が持っている情報の形式そのままで記入してもらうということが考えられる。

図 8.3 は鉱工業投入調査の「2. 直接材料費の内訳」の部分のみを取り出したものである。調査する「使用材料名」,「使用材料の内容例示」がプレプリントされ，使用した材料の金額を記入する欄が右側に設けられている。「使用材

コード	使用材料名 (購入材料名)	使用材料の内容例示	金額(千円)										構成比(%)	使用した各材料のうち、輸入品の比率を%で記入してください。
			兆円	千億	百億	十億	億円	千万	百万	十万	万円	千円		
	合計(調査品目の直接材料費の計)												100.0	
2293	自動車部品	ディファレンシャルギヤ(自動車用)、トランスミッション、クラッチ装置、自動変速装置、ユニバーサルジョイント、プロペラシャフト、車輪、ハンドル、ステアリング装置、タイロッド・タイロッドエンド、その他の駆動・伝導・操縦装置部品、ブレーキ、ショックアブソーバ、ブレーキ倍力装置、ブレーキシリンダ、ブレーキパイプ、ブレーキシュー等、燃料タンク、排気管、消音器、窓わく、ドアヒンジ、ドアハンドル・ロック、窓枠、排気管、消音器、ワイパー等、カーエアコン、カークーラ、スイッチ類、計器類、カーヒータ、警音器、バックミラー、ライター等、シート、乗用車KDセット(軽乗用車、小型乗用車、普通乗用車)、バスKDセット(小型バス、大型バス)、トラック・特殊自動車KDセット(軽トラック、小型トラック(ガソリン車)、小型トラック(ディーゼル車)、普通トラック(ガソリン車)、普通トラック(ディーゼル車)、けん引車、特殊自動車、トレーラ)、二輪自動車KDセット												
2292	自動車用内燃機関・同部分品	自動車用ガソリン機関(二輪自動車用を除く)、自動車用ディーゼル機関、二輪自動車用・モータスクータ用内燃機関、気化器・燃料噴射装置、ラジエータ(放熱器)、ピストン、空気清浄装置(エアクリーナ)、吸気弁、排気弁、燃料ポンプ等、二輪自動車用内燃機関の部品												
2291	トラック・特殊用途車車体	小型トラック運転台、普通トラック運転台、トレーラ、小型トラック荷台、普通トラック荷台、特別用途車ボデー(ダンプカー、消防車、ガソリンタンク車、冷蔵・冷凍車、箱型運搬車、救急車、緊急車、放送宣伝車、散水車、工作車、架線修理車、霊柩車、護送車、貨客兼用車ボデー、その他)												

図 8.3 平成 23 年産業連関構造調査 (鉱工業投入調査) の調査票の項目「2. 直接材料費の内訳」

(出典) 経済産業省

コード	使用材料名 (購入材料名)	金額(千円)									構成比(%)	使用した各材料のうち、輸入品の比率を%で記入してください。
		兆円	千億	百億	十億	億円	千万	百万	十万	万円	千円		

図 8.4 平成 23 年産業連関構造調査 (鉱工業投入調査) の調査票の項目
「左記 10 品目以外の直接材料費は以下の欄に記入してください。」
(出典) 経済産業省

料名」は産業連関表の部門名称を指すが，これは報告者にとってはなじみないものである．そこで報告者がすぐ理解できるように，報告者にとってなじみのある材料の名称を「使用材料の内容例示」として横に表示している．これによって報告者 (企業) が持っている情報の形式を産業連関表の形式に合わせる．ただし，これが適用されるのは相対的に重要性が高い 10 材料であり，その他の材料は別冊の「使用材料名一覧表」によって報告者側が使用材料名を選び，(プレプリントではなく) 空白の項目に記入する (図 8.4)．

8.6 産業連関表の作成

各種統計資料がそろうと，いよいよ作成に入る．「平成 17 年 (2005 年) 産業連関表総合解説編」によれば，その手順は以下のとおりである (図 8.5)．

① 産業連関表の右端と下端に計上される部門別の国内生産額を推計する．
② この国内生産額について，列方向にみて各マス目の数値，すなわち投入額の内訳 (粗付加価値部門を含む．) と，行方向にみた各マス目の数値，すなわち産出額の内訳 (最終需要部門及び輸入を含む．) を推計する．
③ 作成された投入表の計数は，特別調査等を基礎資料としたもので，購入者価格ベースによるものであるため，これを生産者価格に変換する．
④ このようにして算出された生産者価格による投入額及び産出額は，それぞれ独自の資料と方法をもって推計したものであり，両者間には差異が生じてい

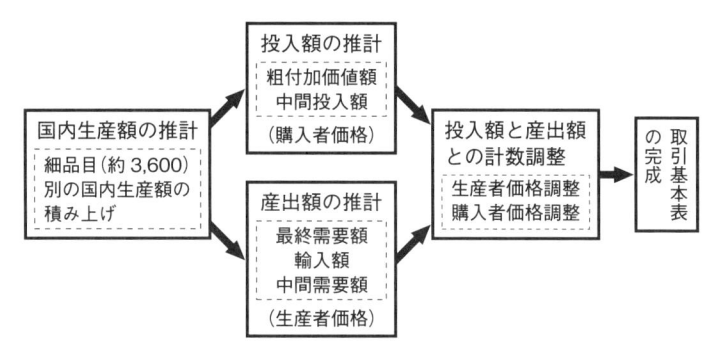

図 8.5　産業連関表の作成手順
(出典)　総務省 [2009]『平成 17 年 (2005 年) 産業連関表 – 総合解説編 – 』, p.89。

る。そこで両者の計数を相互に調整し数値を一致させる。
⑤ 生産者価格調整が終了後，各取引額に運賃・マージンを配分し，購入者価格を経てひとつの表にまとめる。

ここで用語の説明が必要であろう。**生産者価格** (producer's price) とは工場の門から製品が出荷されるときの価格である。これに**運賃** (freight) と**商業マージン** (margin) が上乗せされて，**購入者価格** (purchaser's price) になる。産業連関分析では投入係数の安定性という視点から，運賃率や商業マージン率の変動で投入係数が変動することは好ましくないと考え，生産者価格表示の表が求められる。そして各部門からの投入は生産者価格で表示され，購入者に届くまでに上乗せされた運賃は運輸部門からの投入，商業マージンは卸売・小売部門からの投入として記述される。

なお投入額推計値と産出額推計値は，それぞれ別個のものとして作成したものであり，用いた資料も推計方法も異なるため，それぞれの推計値が，対応する部門間取引の推計値であっても，通常差異が生ずることになる。このため，両方の推計値を照合し，対応する部門間取引の一つ一つについて推計値を一致させるための計数調整作業を行っている。

その作業は実にユニークである。表 8.4 にあるように，わが国の産業連関表は府省庁の共同事業として推計されてきた。そこでは関係府省の投入側の計数推計担当者と産出側の計数推計担当者が相対し，それぞれ自己が推計し

8.6 産業連関表の作成

表 8.4　基本分類表の内生部門数及び作成体制の推移

作成対象年次	基本分類表の内生部門数，作成体制
昭和 26 年表	行 9× 列 9 (経済審議庁) 行 182× 列 182 (通商産業省) 行 62× 列 62 (農林省)
昭和 30 年表	行 310× 列 278 行政管理庁，経済企画庁，農林省，通商産業省，建設省の 5 省庁で作成を開始。
昭和 35 年表	行 453× 列 339 新たに運輸省及び労働省が加わり，7 省庁体制となった。
昭和 40 年表	行 467× 列 339
昭和 45 年表	行 541× 列 405
昭和 50 年表	行 554× 列 405 新たに大蔵省，文部省，厚生省及び郵政省が加わり，11 省庁体制になった。
昭和 55 年表	行 541× 列 406 (農林省が農林水産省に改称。)
昭和 60 年表	行 529× 列 408 (行政管理庁が総務庁に改組。)
平成 2 年表	行 527× 列 411
平成 7 年表	行 519× 列 403
平成 12 年表	行 517× 列 405 平成 13 年 1 月の中央省庁組織改編以降は，総務省，内閣府，金融庁，財務省，文部科学省，厚生労働省，農林水産省，経済産業省，国土交通省及び環境省の 10 府省庁の共同事業となる。
平成 17 年表	行 520× 列 407

(出典) 総務省 [2009]『平成 17 年 (2005 年) 産業連関表－総合解説編－』より筆者作成。

た部門の推計値について，その推計基礎資料の精度，推計方法等を念頭に置きながら計数調整作業を行っている。ようするに「試合」で決着をつけているのであり，分散型統計機構の中で生き生きと加工統計が作成されてきたことをうかがわせる。

わが国が作成を開始するにあたって参考にしたのは 1947 年米国産業連関表であるが，この表は空軍が中心となって各政府機関が共同して推計したものであった。だがその後，米国では産業連関表が作成されない空白期間があって，復活した後は米国経済分析局 (Bureau of Economic Analysis: BEA) 単独の事業となっている。

8.7 異なる時点の表の接続 – 接続表

産業連関表にはさまざまな種類があるので，ここではその代表的なものをいくつか紹介する．まず産業連関表を時系列的につないだものに**接続表**がある．接続表は3時点の産業連関表の部門を最も新しい時点のものにあわせて概念・定義・範囲を統一し，改めて計数の再推計を行い，過去10年間におけるわが国の経済構造の時系列比較を容易にするために作成したものである．また，接続表は，それぞれの年次の価格で評価した**名目表**と，最も新しい時点の価格を基準として過去の年次の取引額を実質化した**実質表**の2種類が作成されている．

産業連関表は5年毎に推計されている (これを「**基本表**」と呼ぶ) が，情報技術をはじめとした様々な変化により，産業構造が短期間で大きく変化するため中間年については経済産業省が推計を行っており，これを「**延長表**」と呼んでいる．基本表の公表は推計対象年から数年たって公表される (例えば，平成17年表 (確報) は平成21年3月に公表されている)．ちなみに国際的に言えば，5年毎に推計される産業連関表基本表を "Benchmark table" と呼び，延長表に相当するものは "Annual table" と呼ぶ．

延長表と同様に毎年推計されるものに **SNA 産業連関表**がある．この表はSNAの公表にあわせて推計されるものであり，SNAと計数が一致しているため，SNAと一緒に用いる場合 (例えば，多部門経済モデルを構築する場合)は便利がよい．ただし延長表に比べると，部門数が粗く，生産波及効果を分析するのには向かない．

8.8 異なる地域の表の接続 – 地域間表

次に地域という視点で見れば，経済産業省では，昭和35年以来5年ごとに，全国を9地域に分割した地域内産業連関表 (「**地域内表**」と呼ぶ) を作成している．地域内表は，特定の地域内における一定期間の財・サービスの取引を記述したものであり，この表を利用した分析では，当該地域内における取引関係の分析ができる．さらに経済産業省ではこれら地域内表を連結した

8.8 異なる地域の表の接続 – 地域間表

投入＼産出		中間需要		最終需要		その他の地域	国内生産額
		地域 A	地域 B	地域 A	地域 B		
中間投入	地域 A		交易部分 A→B		交易部分 A→B		
	地域 B	交易部分 B→A		交易部分 B→A			
	その他の地域						
粗付加価値							
国内生産額							

図 8.6 地域間表のイメージ

地域間産業連関表 (「**地域間表**」と呼ぶ) も作成している。地域間表は，同時に複数の地域を対象とした表であり，地域相互間の財・サービスの取引関係を記述したものである (図 8.6)。地域 A と地域 B がクロスした部分が地域間の交易を示す。この表を利用した分析では，地域を超えた生産波及の分析が可能である。

ちなみに各都道府県でも産業連関表を推計している。これらの多くは地域内表と同様に都道府県内における一定期間の財・サービスの取引を記述したものであるが，**東京都産業連関表**は地域間表の形式になっており，かつ**本社部門**を推計しているので，本社を経由した地域間波及の分析ができる。

地域間表を多国間に拡張したものが国際産業連関表 (「**国際表**」と呼ぶ) である。経済産業省では 1986 年度から 1985 年を対象年次とした国際産業連関表の作成事業を開始した。その後，1990 年を対象とした二国間国際産業連関表及び多国間国際産業連関表を作成し，順次公表されてきた (例えば**日米国際産業連関表，日中国際産業連関表**)。また，アジア経済研究所ではアジア諸国を連結した**アジア国際産業連関表**を作成している。

8.9 産業連関分析

8.9.1 産業連関分析の概要

産業連関表は，単なる加工統計表であるというだけでなく，特定の経済システム (国民経済システム) における，すべての産業活動を網羅的かつ体系的に叙述 (表章) する構造統計である．さらには網羅的かつ体系的に叙述 (表章) するに際して，**レオン・ワルラス** (Léon Walras, 1834〜1910 年) の一般均衡理論の実際的適用である．特に後者は，他に類例をみないことであるが，加工統計表の表章形式と分析理論モデルが結び付いている (統計表が同時にモデルになっている) ということでもある．ここでいう分析理論モデルの基本は，多部門需給均衡式と多財収支均衡式を指している．この分析理論モデルを用いて行う分析を**産業連関分析** (input output analysis) と呼ぶ．

産業連関分析は**波及効果** (inducement effect) を計算するものである．波及効果の例を簡単に説明しよう．消費者がパンを購入する．そのパンは小麦粉から作られたものである．その小麦粉は小麦から作られたものである (「小麦」と言う場合は粉にする前の状態である)．小麦を生産するためには肥料が必要である．この投入・産出関係を「→」で表すと

$$\boxed{肥料} \rightarrow \boxed{小麦} \rightarrow \boxed{小麦粉} \rightarrow \boxed{パン} \rightarrow \boxed{消費者}$$

となる．おそらく消費者の大半は，趣味で園芸や家庭菜園をやっていない限り，肥料を直接購入したことはないであろう．だが消費者は間接的に肥料を購入しているのである．

このように消費者がパンを購入すると小麦粉，小麦，肥料の生産に波及していく．これを波及効果と呼ぶ．そして消費者がパンを直接購入したことによって，間接的にパン，小麦粉，小麦，肥料を購入する．その直接・間接合計額を**誘発生産額**と呼ぶ．

具体的な計算方法は以下の通りである．まず簡単化のために貿易 (輸出，輸入) がないとしよう．そうすると

$$生産額 = 中間需要額 + 最終需要額 \tag{12}$$

になる．内生部門数を 3 部門，第 i 部門の生産額を X_i，第 j 部門における第 i 部門の財・サービスの中間投入額を x_{ij}，第 i 部門の財・サービスの最終需要額

8.9 産業連関分析

を F_i とすると (12) 式は

$$X_i = \sum_{j=1}^{3} x_{ij} + F_i \qquad i = 1, \cdots, 3 \tag{13}$$

と表すことができる。ここで，第 j 部門における第 i 部門の財・サービスの中間投入額は第 j 部門の生産額と比例すると仮定する。

$$x_{ij} = a_{ij} X_j \qquad i, j = 1, \cdots, 3 \tag{14}$$

このとき a_{ij} を**中間投入係数**と呼ぶ。(14) 式を (13) 式に代入すると (15) 式のようになる。

$$X_i = \sum_{j=1}^{3} a_{ij} X_j + F_i \qquad i = 1, \cdots, 3 \tag{15}$$

次に**生産額ベクトル**を $\boldsymbol{X}$ とし，中間投入係数行列を $\boldsymbol{A}$，最終需要ベクトルを $\boldsymbol{F}$ とする。

$$\boldsymbol{X} = \begin{pmatrix} X_1 \\ X_2 \\ X_3 \end{pmatrix}, \quad \boldsymbol{A} = \begin{pmatrix} a_{11} & a_{12} & a_{13} \\ a_{21} & a_{22} & a_{23} \\ a_{31} & a_{32} & a_{33} \end{pmatrix}, \quad \boldsymbol{F} = \begin{pmatrix} F_1 \\ F_2 \\ F_3 \end{pmatrix} \tag{16}$$

そうすると，(15) 式は行列とベクトルを用いて，

$$\begin{pmatrix} X_1 \\ X_2 \\ X_3 \end{pmatrix} = \begin{pmatrix} a_{11} & a_{12} & a_{13} \\ a_{21} & a_{22} & a_{23} \\ a_{31} & a_{32} & a_{33} \end{pmatrix} \begin{pmatrix} X_1 \\ X_2 \\ X_3 \end{pmatrix} + \begin{pmatrix} F_1 \\ F_2 \\ F_3 \end{pmatrix} \tag{17}$$

$$\boldsymbol{X} = \boldsymbol{A}\boldsymbol{X} + \boldsymbol{F} \tag{18}$$

と表すことができる。ここで，対角要素に 1，非対角要素に 0 を置いた正方行列 (**単位行列**) を $\boldsymbol{I}$ とする。

$$\boldsymbol{I} = \begin{pmatrix} 1 & 0 & 0 \\ 0 & 1 & 0 \\ 0 & 0 & 1 \end{pmatrix} \tag{19}$$

単位行列をかけてもベクトルは変わらないから (18) 式は

$$\boldsymbol{I}\boldsymbol{X} = \boldsymbol{A}\boldsymbol{X} + \boldsymbol{F} \tag{20}$$

と表すことができる。右辺の第 1 項を左辺に動かし，

$$IX - AX = F \tag{21}$$

国内生産額ベクトル X についてまとめ，

$$[I - A]X = F \tag{22}$$

両辺に $[I - A]$ の逆行列 $[I - A]^{-1}$ をかけると，

$$[I - A]^{-1}[I - A]X = [I - A]^{-1}F$$
$$IX = [I - A]^{-1}F$$
$$X = [I - A]^{-1}F \tag{23}$$

となる．すなわち，最終需要ベクトル F から生産額ベクトル X が求まる．このとき最終需要部門は外生であるから，ベクトル F をいろいろと変えてシミュレーションを実施することができる．シンクタンクによるオリンピックや万博などのイベント開催による生産波及効果の分析がしばしば新聞紙上で紹介されるが，これらは産業連関分析を応用したものであり，そのイベントに係わる品目別支出額のベクトル F を所与として与えて (23) 式で計算したものである．

ただし，現実には貿易 (輸出，輸入) が存在するので，(12) 式は (24) 式のようになる．

$$\text{国内生産額} + \text{輸入} = \text{中間需要} + \text{国内最終需要} + \text{輸出} \tag{24}$$

ここで左辺の輸入を右辺に動かせば，

$$\text{国内生産額} = \text{中間需要} + \text{国内最終需要} + \text{輸出} - \text{輸入} \tag{25}$$

となる．記号で表せば

$$X = AX + F + e - m \tag{26}$$

である．ただし，X は国内生産額ベクトル，A は中間投入係数行列，F は国内最終需要ベクトル，e は輸出ベクトル，m は輸入ベクトルである．

$$e = \begin{pmatrix} e_1 \\ e_2 \\ e_3 \end{pmatrix}, \ m = \begin{pmatrix} m_1 \\ m_2 \\ m_3 \end{pmatrix} \tag{27}$$

(26) 式を，(18) 式から (23) 式までと同様にして展開すれば

$$X = [I - A]^{-1}[F + e - m] \tag{28}$$

と導くことができ，所与の国内最終需要，輸出，輸入によって国内生産額が誘発される．

8.9 産業連関分析

ここで問題となるのは，(28) 式を用いた場合，生産波及効果のシミュレーションにおいて輸入ベクトルの大きさ次第で誘発生産額がマイナスになる可能性があることである。そこで輸入が国内需要 (国内中間需要と国内最終需要の合計，すなわち $AX + F$) に比例すると仮定して，輸入を内生化するモデルを考える。輸入と国内需要の比例係数 (**輸入係数**) を対角要素，非対角要素を 0 とする正方行列 (**輸入係数行列**) を $\hat{M}$ とすれば，

$$m = \hat{M}(AX + F) \tag{29}$$

であるから，(29) 式を (26) 式に代入すれば，

$$X = AX + F + e - \hat{M}(AX + F) \tag{30}$$

となる。(30) 式を変形していくと，

$$X = AX + F + e - \hat{M}AX + \hat{M}F$$
$$X - AX + \hat{M}AX = F - \hat{M}F + e$$
$$[I - (I - \hat{M})A]X = (I - \hat{M})F + e$$
$$X = [I - (I - \hat{M})A]^{-1}[(I - \hat{M})F + e] \tag{31}$$

となる。これが**輸入内生化モデル**である。このモデルでは国産財比率にあたる $I - \hat{M}$ を，投入係数行列 A に掛けることにより，輸入品への波及を取り除いている。

ところで，消費者は自分がパンを購入したことは知っているが，間接的に肥料を購入しているとは思い浮かばないであろう。このように波及効果を分析すると，思いがけないところで異なる別々の産業が互いに関係していることが分かる。これを**相互依存関係**と呼ぶ。産業連関分析の特徴は，産業間の相互依存関係を明らかにすることができることであり，これこそレオンチェフがケネーの『経済表』から得た着想である。

ここで仮想的な内生 3 部門表 (表 8.5) による計算例を示すことにしよう。内生 3 部門は農業，工業，サービス業から構成されている。表 8.5 のヨコ方向のバランスを見ると，例えば工業部門については，

$$20\,(農業部門の中間需要) + 50\,(工業部門の中間需要)$$
$$+ 10\,(サービス業部門の中間需要) + 120\,(国内最終需要)$$
$$+ 90\,(輸出) - 40\,(輸入)$$
$$= 250\,(国内生産額) \tag{32}$$

表 8.5 仮想的な内生 3 部門表

		中間需要			国内最終需要	輸出	輸入	国内生産額
		農業	工業	サービス業				
中間投入	農業	10	40	10	140	0	−100	100
	工業	20	50	10	120	90	−40	250
	サービス業	30	60	80	80	0	0	250
粗付加価値		40	100	150				
国内生産額		100	250	250				

となっており，ヨコの合計が国内生産額に一致している。次に表 8.5 の工業部門のタテ方向のバランスを見ると，

$$40 \text{ (農業部門の中間投入)} + 50 \text{ (工業部門の中間投入)}$$
$$+ 60 \text{ (サービス業部門の中間投入)} + 100 \text{ (粗付加価値)}$$
$$= 250 \text{ (国内生産額)} \tag{33}$$

となっており，タテの合計が国内生産額に一致している。さらにはタテとヨコの合計が一致している。

表 8.5 から中間投入係数行列を求めると

$$\boldsymbol{A} = \begin{pmatrix} 0.10 & 0.16 & 0.04 \\ 0.20 & 0.20 & 0.04 \\ 0.30 & 0.24 & 0.32 \end{pmatrix} \tag{34}$$

となる。また輸入係数行列を求めると，

$$\hat{\boldsymbol{M}} = \begin{pmatrix} 0.5 & 0 & 0 \\ 0 & 0.2 & 0 \\ 0 & 0 & 0 \end{pmatrix} \tag{35}$$

となるから，国産財比率にあたる $\boldsymbol{I} - \hat{\boldsymbol{M}}$ は

$$\boldsymbol{I} - \hat{\boldsymbol{M}} = \begin{pmatrix} 0.5 & 0 & 0 \\ 0 & 0.8 & 0 \\ 0 & 0 & 0 \end{pmatrix} \tag{36}$$

になる。行列 $\boldsymbol{I} - \hat{\boldsymbol{M}}$ を，投入係数行列 $\boldsymbol{A}$ に掛けた $(\boldsymbol{I} - \hat{\boldsymbol{M}})\boldsymbol{A}$ は

8.9 産業連関分析

となるから,

$$(I - \hat{M})A = \begin{pmatrix} 0.05 & 0.08 & 0.02 \\ 0.16 & 0.16 & 0.032 \\ 0.30 & 0.24 & 0.32 \end{pmatrix} \tag{37}$$

となるから,行列 $I - (I - \hat{M})A$ は次式のようになる。

$$I - (I - \hat{M})A = \begin{pmatrix} 0.95 & -0.08 & -0.02 \\ -0.16 & 0.84 & -0.032 \\ -0.3 & -0.24 & 0.68 \end{pmatrix} \tag{38}$$

その逆行列を計算すると

$$[I - (I - \hat{M})A]^{-1} = \begin{pmatrix} 1.084 & 0.114 & 0.037 \\ 0.228 & 1.231 & 0.065 \\ 0.558 & 0.485 & 1.510 \end{pmatrix} \tag{39}$$

になる。これに所与の最終需要ベクトル

$$(I - \hat{M})F + e = \begin{pmatrix} 70 \\ 186 \\ 80 \end{pmatrix} \tag{40}$$

を右から掛ければ

$$\begin{aligned}
&[I - (I - \hat{M})A]^{-1}[(I - \hat{M})F + e] \\
&= \begin{pmatrix} 1.084 & 0.114 & 0.037 \\ 0.228 & 1.231 & 0.065 \\ 0.558 & 0.485 & 1.510 \end{pmatrix} \begin{pmatrix} 70 \\ 186 \\ 80 \end{pmatrix} = \begin{pmatrix} 100 \\ 250 \\ 250 \end{pmatrix}
\end{aligned} \tag{41}$$

生産誘発額が求まる。部門数が増えても,計算方法は同じである。

8.9.2 取引額表

表 8.6 は,平成 17 年 (2005 年) 産業連関表の内生 34 部門表の**取引額表** (単位:10 億円) である。オリジナルの表 (基本表) の大きさは内生部門数が行 520 部門 × 列 407 部門の非常に大きなものであり,表示単位は百万円である。

産業連関表の行側が投入 (input),列側が産出 (output) を示す。例えば,化学製品部門 (部門番号 6) の行と農林水産業部門 (部門番号 1) の列が交差するセ

ルを見ると 573 (10 億円) となっている。これは平成 17 年に農林水産業部門が生産活動を行うために化学製品を 5,730 億円投入したことを示す。ちなみに農林水産業部門にはさまざまな化学製品が投入されているが，代表的な投入物は化学肥料や殺虫剤などである。同様に鉄鋼部門 (部門番号 9) の行と輸送機械部門 (部門番号 16) の列が交差するセルを見ると 2,454 (10 億円) となっている。これは平成 17 年に輸送機械部門が鉄鋼製品を 2 兆 4540 億円投入したことを示す。

表 8.6 のヨコ方向のバランスを見ると，例えば輸送機械部門 (部門番号 16) については，

$$28{,}017 \text{ (中間需要計)} + 12{,}445 \text{ (国内最終需要)}$$
$$+ 15{,}359 \text{ (輸出)} - 2{,}805 \text{ (輸入)}$$
$$= 53{,}016 \text{ (国内生産額)} \qquad (42)$$

となっており，ヨコの合計が国内生産額に一致している[9]。次に表 8.6 のタテ方向のバランスを見ると，

$$42{,}807 \text{ (中間投入計)} + 10{,}209 \text{ (粗付加価値)} = 53{,}016 \text{ (国内生産額)} \qquad (43)$$

となっており，タテの合計が国内生産額に一致していること，さらにはタテとヨコの合計が一致することが確認できる。このタテとヨコの合計が一致する点が，産業連関表の精度に対して一定の信頼性を与えている。国民経済計算の推計に産業連関表が活用されているのも，そのためである[10]。

ところで表 8.6 を見ると，農林水産業部門から農林水産業部門，鉄鋼部門から鉄鋼部門，輸送機械部門から輸送機械部門というように，同じ部門からの投入

---

[9] オリジナルの表の単位は百万円であるが，紙幅の都合上，1000 の値で割って 10 億円単位に換算した。その際に各セルの数値について小数第 1 位で四捨五入を行ったため，表示桁数で各セルを合計した値が国内生産額と一致しない場合がある。例えば，農林水産業のヨコの合計を計算すると，

$$10{,}851 \text{ (中間需要計)} + 4{,}483 \text{ (国内最終需要)} + 62 \text{ (輸出)} - 2{,}242 \text{ (輸入)} = 13{,}154$$

となっており，国内生産額 13,155 と一致しない。もちろん百万円単位で表示した場合は，ヨコの合計は国内生産額に常に一致する。

[10] 国民経済計算においては，一般に市場で取引される財貨・サービスに対する支出金額を推計するためにコモディティー・フロー法を用いる。これは国内産出と輸出入から国内供給額を求めることから始め，流通経路ごとに商業・運輸マージンを加えながら，中間消費，家計最終消費，固定資本形成及び建設業向けの四つの処分先に財貨・サービスを配分するものであるが，その基礎となるのは産業連関表である。

8.9 産業連関分析

表 8.6 平成 17 年 (2005 年) 産業連関表，取引基本表 (生産者価格評価) 内生 34 部門表 (単位：10 億円)

		1	2	3	4	5	6	7	8	9	10	11	12	13	14	15
		農林水産業	鉱業	飲食料品	繊維製品	パルプ・紙・木製品	化学製品	石油・石炭製品	窯業・土石製品	鉄鋼	非鉄金属	金属製品	一般機械	電気機械	情報・通信機器	電子部品
1	農林水産業	1643	1	7111	36	413	31	0	0	0	0	0	0	0	0	0
2	鉱業	1	3	0	0	0	136	10107	477	935	914	1	2	0	0	0
3	飲食料品	1245	5	5369	13	51	121	0	3	0	0	0	0	0	0	59
4	繊維製品	57	2	43	1149	22	24	0	22	12	11	16	41	50	18	1
5	パルプ・紙・木製品	183	5	570	34	88	396	4	4	17	31	56	55	117	74	100
6	化学製品	573	8	327	481	3455	9008	30	150	100	84	105	172	198	81	274
7	石油・石炭製品	260	16	160	32	407	2049	662	192	17	36	33	40	15	4	29
8	窯業・土石製品	18	0	137	2	62	154	0	141	623	56	44	166	127	22	474
9	鉄鋼	1	2	0	0	79	1	0	575	13291	11	2678	2451	598	83	73
10	非鉄金属	0	0	0	0	126	0	0	65	199	2884	808	620	1020	274	496
11	金属製品	15	21	629	8	29	120	11	40	18	4	745	1126	393	170	273
12	一般機械	0	4	0	0	171	242	0	77	20	9	25	6153	244	36	57
13	電気機械	3	0	0	8	18	1	0	22	2	4	12	762	1631	246	369
14	情報・通信機器	0	0	0	0	2	0	0	0	0	0	0	0	0	356	3
15	電子部品	0	0	0	2	1	2	0	99	0	2	43	867	1607	3728	4989
16	輸送機械	68	0	0	0	0	1	0	0	0	0	0	4	0	0	7
17	精密機械	3	0	0	0	0	12	0	99	0	2	104	155	14	26	441
18	その他の製造工業製品	131	9	982	125	383	530	12	100	255	186	109	724	655	494	89
19	建設	66	7	58	17	84	178	19	208	154	39	109	88	62	28	334
20	電力・熱供給業	100	35	437	78	388	655	109	208	762	172	202	280	154	68	334
21	水道・廃棄物処理	13	6	120	18	49	198	9	38	50	13	18	72	23	8	43
22	商業	543	26	2889	346	1090	1177	194	330	1023	355	667	1934	1085	781	683
23	金融・保険	226	70	331	195	243	415	95	192	238	126	209	426	151	106	162
24	不動産	5	2	51	15	37	80	6	24	42	12	46	83	48	24	25
25	運輸	633	276	1212	115	542	709	464	466	569	262	384	621	327	215	305
26	情報通信	37	11	140	41	89	404	17	74	91	6	149	359	257	205	166
27	公務	0	0	0	0	0	0	0	0	0	0	0	0	0	0	0
28	教育・研究	11	0	224	27	80	2022	38	256	194	153	118	987	1252	770	1655
29	医療・保健・社会保障・介護	1	1	0	0	0	0	0	0	0	0	0	0	0	0	0
30	その他の公共サービス	3	5	28	5	9	45	7	8	22	3	15	53	11	15	11
31	対事業所サービス	184	49	1126	131	376	1383	83	381	398	177	433	1294	754	510	727
32	対個人サービス	5	0	4	1	2	1	0	3	1	1	2	5	3	3	22
33	事務用品	6	1	23	9	7	13	0	7	7	3	13	37	21	15	22
34	分類不明	169	9	179	16	73	44	6	61	111	28	46	182	51	19	51
35	内生部門計（中間投入計）	6203	575	22203	2892	8379	20143	11879	4012	19270	5637	7082	19774	10869	8378	11885
36	家計外消費支出	66	52	442	64	215	538	49	136	196	79	265	490	325	277	276
37	雇用者所得	1369	186	4628	1049	2307	2733	255	1561	2267	881	3656	6518	3058	1461	2868
38	営業余剰	3755	49	4041	70	848	2733	132	566	1486	138	460	1365	397	231	213
39	資本減耗引当	1327	83	1137	147	669	1708	242	576	1442	383	617	1648	939	498	742
40	間接税（除関税）	573	66	3656	154	413	637	4417	305	653	213	405	586	246	167	229
41	（控除）経常補助金	−139	−2	−217	−1	−1	−53	−1	−1	−1	−1	−1	−1	−1	−1	−1
42	粗付加価値部門計	6951	434	13687	1483	4451	7344	5041	3143	6044	1693	5402	10605	4963	2634	4327
43	国内生産額	13155	1008	35889	4375	12830	27487	16920	7156	25314	7330	12484	30378	15832	11012	16212

(出典) 10 府省庁共同「産業連関表」
(注) もともとの表の単位は百万円であるが，紙幅の都合上，1000 の値で割って 10 億円単位に換算した。その際に各セルの数値について四捨五入を行ったため，表示桁数で各セルを集計した値は，内生部門計，国内最終需要部門計，粗付加価値部門計，国内生産額と一致しない場合がある。

表 8.6 平成 17 年 (2005 年) 産業連関表, 取引基本表 (生産者価格評価) 内生 34 部門表 (単位：10 億円, つづき)

		16 輸送機械	17 精密機械	18 その他の製造工業製品	19 建設	20 電力・ガス・熱供給	21 水道・廃棄物処理	22 商業	23 金融保険	24 不動産	25 運輸	26 情報通信	27 公務	28 教育・研究	29 医療・保健・社会保障・介護	30 その他の公共サービス
1	農林水産業	0	0	205	88	0	0	9	0	0	2	0	2	34	225	9
2	鉱業	4	0	11	503	3307	0	0	0	0	0	0	0	5	0	0
3	飲食料品	0	0	24	0	0	0	17	0	0	9	0	9	31	706	6
4	繊維製品	100	6	115	182	4	12	375	67	2	87	59	94	16	166	98
5	パルプ・紙・木製品	77	23	1023	2929	35	26	806	190	35	299	874	79	204	275	84
6	化学製品	530	25	3228	276	16	117	1	1	2	5206	93	29	187	6477	11
7	石油・石炭製品	108	4	47	704	1066	118	225	18	32	2	47	334	272	185	27
8	窯業・土石製品	403	90	87	3623	1	21	36	1	3	2	0	8	63	60	4
9	鉄鋼	2454	48	76	1458	0	3	0	0	0	14	0	0	2	0	0
10	非鉄金属	1023	95	192	497	13	1	1	0	0	1	2	6	4	62	1
11	金属製品	520	76	229	6191	14	5	333	3	17	75	13	174	2	16	9
12	一般機械	531	34	63	418	0	33	1	0	0	5	0	12	4	0	0
13	電気機械	1364	63	7	494	0	1	29	3	1	10	9	67	14	3	9
14	情報・通信機器	401	0	2	106	0	0	15	0	2	4	6	80	2	1	20
15	電子部品	394	626	109	14	0	0	0	3	0	0	74	135	53	0	15
16	輸送機械	24605	0	0	7	0	0	4	0	0	738	0	764	2	0	253
17	精密機械	34	77	5	0	0	0	156	3	0	0	17	31	872	445	13
18	その他の製造工業製品	2045	177	4287	1048	162	248	1119	867	29	232	1475	982	454	337	20
19	建設	68	15	92	144	1046	232	652	164	3048	506	233	588	784	294	20
20	電力・ガス・熱供給業	508	42	408	256	679	373	1702	134	194	706	315	446	390	647	15
21	水道・廃棄物処理	59	9	43	149	131	493	337	112	25	262	165	819	537	2836	184
22	商業	2554	221	1780	4123	379	174	1826	253	72	1665	715	581	702	2836	184
23	金融・保険	405	97	453	938	635	75	5708	4479	3799	2220	636	126	314	660	88
24	不動産	43	10	75	160	162	18	2880	570	378	749	898	36	285	308	95
25	運輸	887	72	1170	3343	499	289	5458	820	151	5920	1107	1196	705	871	138
26	情報通信	193	32	212	757	342	255	4224	2329	138	605	4764	1339	1095	751	338
27	公務	0	0	0	0	0	0	0	19	0	0	0	0	0	0	0
28	教育・研究	1824	235	457	79	437	1	328	1	20	99	504	6	85	8	0
29	医療・保健・社会保障・介護	0	0	0	0	0	0	2	1	0	3	2	0	0	893	0
30	その他の公共サービス	16	0	20	61	29	54	52	103	20	58	48	0	51	58	0
31	対事業所サービス	1578	173	926	4957	1513	597	6035	4675	1386	6606	5726	2091	1863	2276	370
32	対個人サービス	6	0	7	30	3	2	105	11	51	25	471	22	45	682	17
33	事務用品	25	3	19	21	16	15	378	150	17	79	1603	74	128	120	21
34	分類不明	49	7	97	488	56	60	648	110	236	270	479	16	504	161	11
35	内生部門計(中間投入計)	42807	2263	15473	34044	10545	3225	33463	15085	9637	26477	18809	10149	9168	20059	1813
36	家計外消費支出	389	62	511	958	304	158	2386	1080	182	855	2261	545	378	663	153
37	雇用者所得	6510	923	6227	22310	2064	2649	42069	11577	2129	14742	12367	16181	22075	23828	2672
38	営業余剰	971	178	1383	624	1541	791	18676	8559	29008	2734	4769	0	118	2555	53
39	資本減耗引当	1554	199	1261	3408	3094	1253	5947	4496	21649	3933	6134	11556	4312	3114	313
40	間接税（除関税）	790	98	741	2195	1214	402	3806	1901	2182	2182	1603	107	298	827	154
41	(控除)経常補助金	−4	0	−2	−302	−87	−172	−73	−1111	−76	−179	−8	0	−55	−836	−129
42	粗付加価値部門計	10209	1460	10122	29193	8132	5081	72811	26502	56569	24267	27127	28389	27125	30152	3218
43	国内生産額	53016	3723	25595	63237	18677	8306	106275	41587	66206	50744	45936	38538	36293	50211	5031

(出典) 10府省庁共同「産業連関表」

8.9 産業連関分析

表 8.6 平成 17 年 (2005 年) 産業連関表，取引基本表 (生産者価格評価) 内生 34 部門表 (単位：10 億円，つづき)

		31	32	33	34	35	36	37	38	39	40	41	42	43	44	45
		対事業所サービス	対個人サービス	事務用品	分類不明	内生部門計(中間需要計)	家計外消費支出(列)	民間消費支出	一般政府消費支出	国内総固定資本形成(公的)	国内総固定資本形成(民間)	在庫純増	国内最終需要計	輸出	(控除)輸入	国内生産額
1	農林水産業	0	1039	0	0	10851	81	3483	0	0	198	722	4483	62	-2242	13155
2	鉱業	1	0	0	1	16459	-7	-8	0	0	-8	-98	-121	31	-15360	1008
3	飲食料品	1	5382	0	10	12968	937	26810	328	0	1	-249	28324	265	-5667	35889
4	繊維製品	126	185	30	31	3351	109	3787	0	0	266	-85	4077	546	-3599	4375
5	パルプ・紙・木製品	222	298	669	52	13440	115	478	0	14	336	127	1072	355	-2037	12830
6	化学製品	240	368	33	59	23755	193	2631	0	0	0	93	2917	4850	-4035	27487
7	石油・石炭製品	115	308	0	65	13046	34	5854	0	0	0	-160	5728	885	-2739	16920
8	窯業・土石製品	71	105	6	33	6626	25	-33	0	-27	0	58	314	748	-533	7156
9	鉄鋼	8	2	0	46	23490	0	-33	1	-27	0	220	1	2773	-950	25314
10	非鉄金属	20	18	1	32	8510	2	107	0	2	26	65	200	1227	-2607	7330
11	金属製品	86	113	0	23	11822	30	321	0	268	268	65	686	642	-666	12484
12	一般機械	1758	41	76	0	9546	4	88	0	214	14605	244	15155	8460	-2783	30378
13	電気機械	438	13	0	8	5547	72	2838	0	281	4085	53	7328	5522	-2565	15832
14	情報・通信機器	127	6	0	0	1136	1288	3680	0	329	4837	-85	10050	4140	-4314	11012
15	電子部品	702	2	41	0	13390	3	238	0	0	0	9	249	6381	-3808	16212
16	輸送機械	1834	3	0	0	28017	0	5568	0	156	6477	244	12445	15359	-2805	53016
17	精密機械	45	17	0	0	1048	17	901	0	121	1737	-15	2762	1398	-1484	3723
18	その他の製造工業製品	1444	532	252	49	21542	245	3311	4	107	1025	105	4798	2699	-3444	25595
19	建設	175	301	0	0	9120	0	0	0	20536	33582	0	54118	0	0	63237
20	電力・ガス・熱供給業	291	1240	0	26	12753	5	5889	0	0	0	0	5894	31	-1	18677
21	水道・廃棄物処理	74	1178	0	49	5526	3	2131	634	0	0	0	2769	13	-2	8306
22	商業	1709	3526	324	68	36814	1596	46975	7	414	12355	197	61544	8621	-705	106275
23	金融・保険	2534	810	0	2327	29489	0	11942	0	0	0	0	11942	655	-499	41587
24	不動産	322	735	0	13	8243	0	57908	37	0	0	0	57946	19	-1	66206
25	運輸	949	1598	84	179	32536	488	14915	-75	29	776	72	16206	5669	-3667	50744
26	情報通信	5907	1221	0	96	26692	215	10976	36	1078	7330	-11	19624	333	-714	45936
27	公務	0	0	0	0	1110	0	787	36642	0	0	0	37428	0	0	38538
28	教育・研究	0	25	0	139	12139	215	7608	16803	0	0	0	24412	384	-641	36293
29	医療・保健・社会保障・介護	99	2	0	0	908	0	12195	36623	0	0	0	49306	0	-2	50211
30	その他の公共サービス	0	198	0	11	1149	488	3896	0	0	0	0	3896	20	-34	5031
31	対事業所サービス	130	1793	0	162	56695	77	4540	0	560	2250	0	7427	668	-1041	63749
32	対個人サービス	5964	629	0	14	2276	10784	40799	0	0	0	0	51583	965	-2802	52022
33	事務用品	118	105	0	1	1518	0	0	0	0	0	0	0	0	0	1518
34	分類不明	86	4	0	-1	4630	0	26	0	0	0	0	26	47	-735	3968
35	内生部門計(中間投入計)	25866	21951	1518	4605	466141	16803	280873	91042	23818	89984	2069	504589	73769	-72483	972015
	家計外消費支出	1237	1192	0	18											
	雇用者所得	20777	14814	0	107											
	営業余剰	6251	7136	0	-1241											
	資本減耗引当	7796	4031	0	436											
	間接税 (除関税)	1868	2902	0	45											
	(控除) 経常補助金	-46	-4	0	-1											
	粗付加価値部門計	37883	30071	0	-637											
	国内生産額	63749	52022	1518	3968											

(出典) 10 府省庁共同「産業連関表」

(**自部門投入**) がどの部門でも相対的に大きい。よく考えてみれば，財・サービスを生産するのに，同一の財・サービスを投入する必要があるわけがない。これは詳細にみれば異なる財・サービスが，同じ部門に分類されたために起きた現象である。例えば，輸送機械部門には乗用車と自動車部品が含まれており，その投入・産出関係は詳細に見れば

$$\boxed{自動車部品} \rightarrow \boxed{乗用車}$$

となっているのだが，両方ともに輸送機械部門にまとめられたために

$$\boxed{輸送機械} \rightarrow \boxed{輸送機械}$$

と記述される。互いに技術的に近い関係にあるアクティビティは同じ部門に格付けられることが多く，そのため自部門投入が大きくなる傾向にある。

ところで取引額表を右の方に見ていくと，44 列目の「(控除) 輸入」の数字が全て負の値になっている。これは (25) 式にあるように，バランス式が

$$国内生産額 = 中間需要 + 国内最終需要 + 輸出 - 輸入$$

となるからである。これは国産品と輸入品が代替可能であると考えているモデルであり，**競争輸入型**産業連関表と呼ぶ。ちなみに国産品と輸入品が異なる商品であり，代替可能でないとする場合は，輸入を列部門から行部門に移動させるが，これを**非競争輸入型**産業連関表と呼ぶ。8.8 節で紹介した地域間表は非競争輸入型産業連関表である。

8.9.3 中間投入額と中間投入係数

表 8.6 に基づく中間投入係数行列は行 34 部門 × 列 34 部門の大きさがあるが，この全てについて特徴を説明するのは紙幅の関係上できない。そこで第一，二，三次産業からそれぞれ「農林水産業」，「輸送機械」，「情報通信」部門 (列部門) を選んで説明する。表 8.7 は「農林水産業」，「輸送機械」，「情報通信」部門 (列部門) の中間投入係数を示している。なお，参考までに当該部門の中間投入額，粗付加価値額，国内生産額も示している。

表 8.7 を見ると，平成 17 年に農林水産業部門は化学製品を 573 (10 億円) 投入し，13,155 (10 億円) の生産を行った。農林水産業部門への化学製品の中間投入係数は

$$573 \div 13{,}155 = 0.044$$

8.9 産業連関分析

表 8.7 中間投入額，粗付加価値額と中間投入係数 (平成 17 年表，内生 34 部門)

	部門	農林水産業		輸送機械		情報通信	
		投入額	投入係数	投入額	投入係数	投入額	投入係数
1	農林水産業	1,643	0.125	0	0.000	0	0.000
2	鉱業	1	0.000	4	0.000	0	0.000
3	飲食料品	1,245	0.095	0	0.000	0	0.000
4	繊維製品	57	0.004	100	0.002	59	0.001
5	パルプ・紙・木製品	183	0.014	77	0.001	874	0.019
6	化学製品	573	0.044	530	0.010	93	0.002
7	石油・石炭製品	260	0.020	108	0.002	47	0.001
8	窯業・土石製品	18	0.001	403	0.008	0	0.000
9	鉄鋼	1	0.000	2,454	0.046	0	0.000
10	非鉄金属	0	0.000	1,023	0.019	2	0.000
11	金属製品	15	0.001	520	0.010	13	0.000
12	一般機械	0	0.000	531	0.010	0	0.000
13	電気機械	3	0.000	1,364	0.026	9	0.000
14	情報・通信機器	0	0.000	401	0.008	6	0.000
15	電子部品	0	0.000	394	0.007	74	0.002
16	輸送機械	68	0.005	24,605	0.464	0	0.000
17	精密機械	3	0.000	34	0.001	17	0.000
18	その他の製造工業製品	131	0.010	2,045	0.039	1,475	0.032
19	建設	66	0.005	68	0.001	233	0.005
20	電力・ガス・熱供給業	100	0.008	508	0.010	315	0.007
21	水道・廃棄物処理	13	0.001	59	0.001	165	0.004
22	商業	543	0.041	2,554	0.048	715	0.016
23	金融・保険	226	0.017	405	0.008	636	0.014
24	不動産	5	0.000	43	0.001	898	0.020
25	運輸	633	0.048	887	0.017	1,107	0.024
26	情報通信	37	0.003	193	0.004	4,764	0.104
27	公務	0	0.000	0	0.000	0	0.000
28	教育・研究	11	0.001	1,824	0.034	504	0.011
29	医療・保健・社会保障・介護	1	0.000	0	0.000	2	0.000
30	その他の公共サービス	3	0.000	16	0.000	48	0.001
31	対事業所サービス	184	0.014	1,578	0.030	5,726	0.125
32	対個人サービス	5	0.000	6	0.000	471	0.010
33	事務用品	6	0.000	25	0.000	76	0.002
34	分類不明	169	0.013	49	0.001	479	0.010
35	内生部門計	6,203	0.470	42,808	0.808	18,808	0.410
36	家計外消費支出	66		389		2,261	
37	雇用者所得	1,369		6,510		12,367	
38	営業余剰	3,755		971		4,769	
39	資本減耗引当	1,327		1,554		6,134	
40	間接税 (除関税)	573		790		1,603	
41	(控除) 経常補助金	−139		−4		−8	
42	粗付加価値部門計	6,951		10,209		27,127	
43	国内生産額	13,155		53,016		45,936	

(出典) 10 府省庁共同「産業連関表」
(注) 中間投入額および粗付加価値額の単位は 10 億円である。

であり，農林水産業部門 1 単位の生産のために 0.044 単位の化学製品の投入が必要であることを示す．

同様に平成 17 年に輸送機械部門は鉄鋼製品を 2,454 (10 億円) 投入し，53,016 (10 億円) の生産を行った．輸送機械部門への鉄鋼製品の中間投入係数は

$$2,454 \div 53,016 = 0.046$$

であり，輸送機械部門 1 単位の生産のために 0.046 単位の鉄鋼製品の投入が必要であることを示す．

輸送機械部門の中間投入係数の合計 (0.808) は大きいが，これは原料・材料・部品を投入して財を生産する (モノを投入してモノを生産する) という第二次産業の特性があるからである．これに対して情報通信部門の中間投入係数の合計 (0.410) は小さい．サービスの生産でも中間投入は必要であるが，投入の大きな部分を労働投入が占める．これは第三次産業の特性である．

原料・材料・部品を投入することは，それからの波及があることを意味するから，同じ 1 単位の生産でも，輸送機械部門など製造業から他部門への波及効果は相対的に大きく，情報通信部門などのサービス業から他部門への波及効果は相対的に小さいことになる．農林水産業部門は自然からの恩恵で生産を行うという産業特性から中間投入は少ないが，

$$\boxed{穀物} \to \boxed{飼料} \to \boxed{畜産}$$

という波及がある．ちなみに穀物は農林水産業部門，飼料は飲食料品部門，畜産は農林水産業部門に格付けられるから，上記の波及は表 8.6 では

$$\boxed{農林水産業} \to \boxed{飲食料品} \to \boxed{農林水産業}$$

と記述される．

8.9.4 逆行列

表 8.6 に基づく逆行列は，中間投入係数行列と同様に行 34 部門 × 列 34 部門の大きさがあるが，この全てについて特徴を説明するのは紙幅の関係上できない．そこで中間投入係数と同様に第一，二，三次産業からそれぞれ「農林水産業」，「輸送機械」，「情報通信」部門 (列部門) を選んで説明する．また，8.9.1 節で説明したように逆行列係数は $[I - A]^{-1}$ 型と $[I - (I - \hat{M})A]^{-1}$ 型の 2 種類あるが，その両方を示すことにする．

8.9 産業連関分析

表 8.8 は逆行列のうち「農林水産業」,「輸送機械」,「情報通信」部門 (列部門) について $[I-A]^{-1}$ 型と $[I-(I-\hat{M})A]^{-1}$ 型の 2 種類の逆行列係数を示したものである。逆行列係数はある (列) 部門への国内生産 1 単位の最終需要が各部門の生産を何単位誘発するかを示すものである。例えば化学製品部門の行と農林水産業部門の列が交差するセルは $[I-A]^{-1}$ 型の場合 0.090, $[I-(I-\hat{M})A]^{-1}$ 型の場合 0.066 となっているが,これは農林水産業部門への国内生産 1 単位の最終需要が化学製品部門の生産を $[I-A]^{-1}$ 型の場合 0.090 単位, $[I-(I-\hat{M})A]^{-1}$ 型の場合 0.066 単位誘発することを示している。

農林水産業部門の行と農林水産業部門の列が交差するセル (自交点) は $[I-A]^{-1}$ 型の場合 1.174, $[I-(I-\hat{M})A]^{-1}$ 型の場合 1.141 と 1 を超えているが,これは最初の 1 単位の最終需要 (すなわち 1) が含まれているからである[11]。

$[I-(I-\hat{M})A]^{-1}$ 型は国産財比率 $(I-\hat{M})$ を投入係数行列 A に掛けることにより輸入品への波及を除いている。すなわち, $[I-A]^{-1}$ 型は国産品と輸入品の両方への波及, $[I-(I-\hat{M})A]^{-1}$ 型は国産品のみの波及であることになる。例えば,表 8.8 を見ると輸送機械から鉱業への波及は, $[I-A]^{-1}$ 型では 0.046 であるが, $[I-(I-\hat{M})A]^{-1}$ 型では 0.002 と小さい。輸送機械には鉄鋼を投入するが,鉄鋼の生産には鉄鉱石や石炭が必要である。鉄鉱石や石炭は鉱業部門の生産物であるから,

$$\boxed{輸送機械} \to \boxed{鉄鋼} \to \boxed{鉱業}$$

と波及することになる。だが,わが国は鉄鉱石や石炭のほとんどを海外からの輸入に依存しているため, $[I-(I-\hat{M})A]^{-1}$ 型では鉄鋼から鉱業への波及が途中で切断される。そのため, $[I-A]^{-1}$ 型と比べて $[I-(I-\hat{M})A]^{-1}$ 型の逆行列係数は値が小さくなるのである。

表 8.7 の中間投入係数と表 8.8 の逆行列係数を見比べると,中間投入係数よりも $[I-A]^{-1}$ 型の逆行列係数の方が大きい値である。これは

$$[I-A]^{-1} = I + A + A^2 + A^3 + A^4 + \cdots$$

という関係が成り立つため,かつ中間投入係数が非負値であるためである[12]。

---

[11] 波及効果だけを見るために, $[I-A]^{-1} - I$, あるいは $[I-(I-\hat{M})A]^{-1} - I$ と計算することがある。

[12] わが国の産業連関表では屑・副産物の発生をマイナスの投入で記述する。そのため基本表レベルになると負値の中間投入係数がある。だが,非常に小さい値である。

表 8.8 逆行列係数 (平成 17 年表, 内生 34 部門)

	部門	農林水産業		輸送機械		情報通信	
		$[I-A]^{-1}$	$[I-(I-M)A]^{-1}$	$[I-A]^{-1}$	$[I-(I-\bar{M})A]^{-1}$	$[I-A]^{-1}$	$[I-(I-\bar{M})A]^{-1}$
1	農林水産業	1.174	1.141	0.003	0.001	0.003	0.002
2	鉱業	0.033	0.001	0.046	0.002	0.011	0.000
3	飲食料品	0.132	0.107	0.001	0.001	0.002	0.002
4	繊維製品	0.009	0.004	0.009	0.003	0.004	0.002
5	パルプ・紙・木製品	0.035	0.026	0.022	0.014	0.039	0.031
6	化学製品	0.090	0.066	0.062	0.040	0.020	0.013
7	石油・石炭製品	0.046	0.034	0.031	0.019	0.011	0.008
8	窯業・土石製品	0.005	0.004	0.022	0.018	0.002	0.002
9	鉄鋼	0.009	0.006	0.210	0.177	0.007	0.005
10	非鉄金属	0.004	0.002	0.078	0.041	0.003	0.002
11	金属製品	0.009	0.006	0.029	0.023	0.004	0.003
12	一般機械	0.003	0.002	0.031	0.024	0.007	0.006
13	電気機械	0.002	0.001	0.058	0.042	0.003	0.002
14	情報・通信機器	0.000	0.000	0.015	0.009	0.001	0.000
15	電子部品	0.002	0.001	0.041	0.021	0.008	0.004
16	輸送機械	0.018	0.014	1.876	1.767	0.012	0.010
17	精密機械	0.000	0.000	0.002	0.001	0.001	0.000
18	その他の製造工業製品	0.032	0.023	0.116	0.087	0.057	0.047
19	建設	0.012	0.010	0.014	0.011	0.011	0.010
20	電力・ガス・熱供給業	0.022	0.018	0.044	0.035	0.016	0.014
21	水道・廃棄物処理	0.005	0.004	0.007	0.006	0.007	0.006
22	商業	0.083	0.072	0.144	0.123	0.041	0.036
23	金融・保険	0.059	0.047	0.061	0.045	0.048	0.043
24	不動産	0.007	0.006	0.012	0.010	0.027	0.026
25	運輸	0.100	0.076	0.093	0.061	0.052	0.042
26	情報通信	0.025	0.020	0.045	0.036	1.145	1.140
27	公務	0.005	0.004	0.003	0.002	0.004	0.003
28	教育・研究	0.013	0.010	0.090	0.076	0.019	0.017
29	医療・保健・社会保障・介護	0.000	0.000	0.000	0.000	0.000	0.000
30	その他の公共サービス	0.001	0.001	0.002	0.002	0.002	0.002
31	対事業所サービス	0.070	0.056	0.137	0.110	0.187	0.178
32	対個人サービス	0.001	0.001	0.001	0.001	0.012	0.012
33	事務用品	0.002	0.001	0.003	0.002	0.003	0.003
34	分類不明	0.019	0.015	0.009	0.006	0.015	0.012
35	内生部門計	2.027	1.779	3.317	2.816	1.784	1.683

(出典) 10 府省庁共同「産業連関表」

さらに表 8.7 と表 8.8 を比較すると, 中間投入係数は小さいが, 逆行列係数が大きいケースがある. 例えば, 農林水産業部門の鉱業製品 (原油・石炭・天然ガス・鉄鉱石等) の中間投入係数は 0.000 であるが, $[I-A]^{-1}$ 型における農林水産業部門の鉱業製品の逆行列係数は 0.033 である. このことから農林水産業は直接的に鉱業製品をほとんど投入していないが, 間接的に鉱業製品に依存していることが分かる. わが国では農業機械化が進んでいるが, トラクタやコ

ンバインを動かすためには軽油が必要である。その軽油は原油から精製される。そのため農業生産に原油が必要なのである。ところで $[I-(I-\hat{M})A]^{-1}$ の農林水産業の鉱業製品の逆行列係数は 0.001 と小さい。したがって，わが国の農林水産業部門は海外の鉱業製品に間接的に依存しており，原油の輸入が止まれば農業の生産もできなくなることが分かる。

また逆行列係数の列合計を見ると，$[I-A]^{-1}$ 型の場合，農林水産業部門は 2.027，輸送機械部門は 3.317，情報通信部門は 1.784 となっており，生産 1 単位当たりの生産誘発は輸送機械，農林水産業，情報通信部門の順に大きいことが分かる。第三次産業の生産 1 単位当たりの生産誘発は第二次産業よりも一般的に小さい傾向がある。

8.9.5 生産誘発額

表 8.9 は (31) 式に基づく最終需要項目別生産誘発額を示している。これは各項目の最終需要によってどれだけの国内生産が誘発されたかを示している。例えば，民間消費支出によって対事業所サービスが 28,923 (10 億円) 誘発されている。対事業所サービスは文字通り「事業所に対するサービス」であり，家計に対するものではないから，家計が直接購入することはない。だが，家計が購入したさまざまな商品の生産に投入された対事業所サービス (例えば広告) を誘発する。

表 8.9 の網かけは，行方向で見て最大のセルを示している。例えば，農林水産業では民間消費支出による誘発が 10,461 (10 億円) であり，農林水産業の行の中で最大である。これを見ると，農林水産業及び軽工業は民間消費支出，重工業は国内総固定資本形成 (民間) あるいは輸出，建設業は国内総固定資本形成 (民間)，第三次産業は民間消費支出あるいは一般政府消費支出による生産誘発額が最も大きい。このように最終需要部門によって，主に生産波及する産業は異なる。したがって，最終需要の構成の変化に応じて，産業部門別の生産額も変化する。このことを利用して，しばしば将来の産業構造の予測を，産業連関分析を応用して行う。

産業連関分析では最終需要項目別需要額をいろいろと変えてみて，各部門にどのような生産誘発効果があるかをシミュレーションすることができる。これによって「円高で輸出が減ったときの影響」や，「博覧会・W 杯・オリンピックの開催による波及効果」などがシミュレーションできる。こうしたシミュレーションの数値は，政策決定において参考となる重要な指標として活用されてきた。

表 8.9 最終需要項目別生産誘発額表 (平成 17 年表, 内生 34 部門) (単位：10 億円)

部門	家計外消費支出(列)	民間消費支出	一般政府消費支出	国内総固定資本形成(公的)	国内総固定資本形成(民間)	在庫純増	輸出	合計
01 農林水産業	688	10,461	445	82	401	758	319	13,155
02 鉱業	18	503	82	47	132	−5	233	1,008
03 飲食料品	2,067	31,883	1,006	20	86	320	507	35,889
04 繊維製品	110	2,824	195	69	388	−44	833	4,375
05 パルプ・紙・木製品	402	4,669	1,127	1,326	3,312	187	1,806	12,830
06 化学製品	618	9,014	6,450	435	1,751	197	9,022	27,487
07 石油・石炭製品	321	9,979	1,491	533	1,542	−73	3,126	16,920
08 窯業・土石製品	94	1,229	281	1,250	2,441	75	1,787	7,156
09 鉄鋼	138	2,950	565	1,993	7,465	558	11,645	25,314
10 非鉄金属	70	1,119	225	390	1,726	94	3,705	7,330
11 金属製品	166	2,446	526	2,153	4,859	98	2,236	12,484
12 一般機械	72	1,338	321	524	16,711	276	11,137	30,378
13 電気機械	103	3,116	181	445	4,638	62	7,286	15,832
14 情報・通信機器	811	2,420	70	236	3,149	−51	4,376	11,012
15 電子部品	294	1,916	344	204	2,323	10	11,120	16,212
16 輸送機械	107	11,261	1,655	480	11,374	420	27,719	53,016
17 精密機械	21	728	234	84	1,169	−8	1,496	3,723
18 その他の製造工業製品	668	9,985	2,582	900	4,458	183	6,819	25,595
19 建設	184	5,428	1,422	20,764	34,466	26	948	63,237
20 電力・ガス・熱供給業	476	11,339	2,012	455	1,900	67	2,429	18,677
21 水道・廃棄物処理	312	4,533	2,309	131	479	12	530	8,306
22 商業	2,929	60,803	4,662	2,637	19,560	385	15,299	106,275
23 金融・保険	712	28,015	2,501	1,176	4,468	106	4,610	41,587
24 不動産	307	62,411	856	269	1,277	23	1,062	66,206
25 運輸	1,346	26,931	3,515	1,889	6,369	213	10,481	50,744
26 情報通信	943	23,040	4,190	2,190	11,862	57	3,654	45,936
27 公務	27	1,279	36,782	67	217	6	159	38,538
28 教育・研究	225	10,672	17,393	340	2,594	60	5,008	36,293
29 医療・保健・社会保障・介護	498	12,424	37,286	0	2	0	2	50,211
30 その他の公共サービス	58	4,418	141	49	180	4	181	5,031
31 対事業所サービス	1,434	28,923	7,876	3,730	12,674	180	8,933	63,749
32 対個人サービス	10,366	39,744	595	45	196	2	1,075	52,022
33 事務用品	48	708	288	43	216	5	210	1,518
34 分類不明	98	1,761	503	240	775	22	570	3,968
合計	26,732	430,269	140,113	45,198	165,156	4,225	160,323	972,015

(出典)　10 府省庁共同「産業連関表」
(注)　網かけは行方向でみて最大のセルを示す。

9
個人・世帯の行政記録情報

9.1 住民基本台帳

住民基本台帳法 (昭和 42 年法律第 81 号) によれば,「市町村 (特別区を含む。以下同じ。) において,住民の居住関係の公証,選挙人名簿の登録その他の住民に関する事務の処理の基礎とするとともに住民の住所に関する届出等の簡素化を図り,あわせて住民に関する記録の適正な管理を図るため,住民に関する記録を正確かつ統一的に行う**住民基本台帳**の制度」を定めることになっている (第 1 条)。「公証」とは行政上,特定の事実または法律関係の存在をおおやけに証明することである。「住民に関する事務の処理」とは具体的には,(1) 選挙人名簿への登録,(2) 国民健康保険,後期高齢者医療,介護保険,国民年金の被保険者の資格の確認,(3) 児童手当の受給資格の確認,(4) 学齢簿の作成,(5) 生活保護及び予防接種に関する事務,(6) 印鑑登録に関する事務の処理のことである。

住民基本台帳制度は,**住民登録制度** (昭和 27 年施行,同 42 年廃止) に取って代わって成立したものである。その源は明治 4 年に制定された戸籍法に定める寄留制度であるとされている[1]。明治 4 年戸籍法では,本籍は住所を基準として定め,区域内の住民について「家」を単位として戸籍を編成し,本籍 (戸籍に記載される人が任意に定める,日本国内のいずれかの場所) 外の地に

---

[1] 滝口進 [1999]「寄留・住民登録制度から住民基本台帳制度への移行」,戸籍法 50 周年記念論文編纂委員会編『現行戸籍制度 50 年の歩みと展望 − 戸籍法 50 周年記念論文集 −』日本加徐出版,p.516。

居住する者を寄留者として扱い，戸籍と寄留簿によって住民の居住関係を把握していた[2]。その後，寄留制度は大正3年に単独の寄留法として発足したが，同制度は衰退した。その原因は住民の負担が重たい割に実益があまりなかったこと，市町村が自主的に作成していた世帯台帳 (配給台帳) が便利な台帳として利用されていたためである[3]。そこで寄留制度を改革して住民登録制度が発足した。だが，同制度が発足した後も個々の行政ごとに住民に対して届け出義務を課していたため，住民にとって不便であり，かつ市町村における事務処理は不効率であった。そのため統一的な住民の住所の変更及び記録に関する制度とあわせて各種行政事務を処理する制度として住民基本台帳制度に移行することとなった[4]。

住民基本台帳法には「市町村長は，個人を単位とする**住民票**を世帯ごとに編成して，住民基本台帳を作成しなければならない」とある (第6条)。その住民票には，次に掲げる事項について記載することになっている (第7条)。

(1) 氏名
(2) 出生の年月日
(3) 男女の別
(4) 世帯主についてはその旨，世帯主でない者については世帯主の氏名及び世帯主との続柄
(5) 戸籍の表示，ただし，本籍のない者及び本籍の明らかでない者については，その旨
(6) 住民となった年月日
(7) 住所及び一の市町村の区域内において新たに住所を変更した者については，その住所を定めた年月日
(8) 新たに市町村の区域内に住所を定めた者については，その住所を定めた旨の届出の年月日 (職権で住民票の記載をした者については，その年月日) 及び従前の住所

---

[2] 前掲書，p.519。
[3] 前掲書，p.520。
[4] 遠藤文夫 [1999]「住民登録制度から住民基本台帳制度への移行」，戸籍法50周年記念論文編纂委員会編『現行戸籍制度50年の歩みと展望－戸籍法50周年記念論文集－』日本加徐出版，p.530。

9.1 住民基本台帳

(9) 選挙人名簿に登録された者については，その旨
(10) 国民健康保険，後期高齢者医療，介護保険，国民年金の被保険者である者については，その資格に関する事項で政令で定めるもの
(11) 国民年金の被保険者及び児童手当の支給を受けている者については，その受給資格に関する事項で政令で定めるもの
(12) 米穀の配給を受ける者については，その米穀の配給に関する事項で政令で定めるもの
(13) 住民票コード
(14) その他の政令で定める事項

　住民票の記載，消除又は記載の修正は届出に基づき，又は職権で行うものとされている (第 8 条)。図 9.1 は住所異動届出書の様式である。このように転入 (他の市町村から引っ越してきた場合)，転出 (他の市町村へ引っ越した場合)，転居 (同じ市町村内で引っ越した場合) には，世帯構成員の一部であっても異動を届けることになっている。

　住民基本台帳の情報は統計の作成に用いられている。総務省統計局「**住民基本台帳人口移動報告**」は，住民基本台帳法の規定により市町村に届出のあった，転入者に係る住所 (市区町村コード)，性別，変更情報 (異動事由，異動年月) の事項について，月別データの提供を受けて作成したものである。なお，総務省自治行政局からは住民基本台帳に記録されている者を集計した「住民基本台帳に基づく人口，人口動態及び世帯数」が公表されている。

　図 9.2 は「住民基本台帳移動報告」による 3 大都市圏 (東京圏，名古屋圏，大阪圏) の転入超過数の推移を示している。東京圏 (東京都，神奈川県，埼玉県，千葉県) は 1990 年代の一時期を除き，ずっと転入超過であったが，1962 年，1987 年，2007 年の三度のピークがある。最後のピークは「**都心回帰**」現象として報道された。名古屋圏 (愛知県，岐阜県，三重県) は東京圏に比較すれば，転入超過がかなり少ない状況が 1975 年以降続いている。大阪圏 (大阪府，兵庫県，京都府，奈良県) は 1974 年以降ずっと転出超過であったが，2011 年には一転して転入超過になった。これは東日本大震災の影響であると考えられる。

受付番号　　（　／　）枚中

港 区 長 様

住 民 異 動 届

異動年月日	平成 西暦　年　月　日	異動事由	□転入　□転入(住基カード)　□国外転入(帰国日:　年　月　日)　□転居 □30 条の 46 転入　□中長期在留者資格取得　□転出　□転出(住基カード) ※住民基本台帳カードの交付を受けている方は、転入届の特例が適用されます。

住所	新		世帯主	新	
	旧	□転出証明書と同じ(記入不要)　□出国前の住所(国外からの転入の場合)		旧	

※国外からの転入の場合	日本人	海外での住所			外国人 国籍	□在留カード等と同じ(記入不要)
		本籍	筆頭者			

	フリガナ / 異動者氏名	生年月日	性別	続柄	国保資格	国民年金種別	住民基本台帳カード
1		明 大 昭 平 西暦　年　月　日	男 女	世帯主	有 無	1号 任意	返納 記載事項変更
2		明 大 昭 平 西暦　年　月　日	男 女		有 無	1号 任意	返納 記載事項変更
3		明 大 昭 平 西暦　年　月　日	男 女		有 無	1号 任意	返納 記載事項変更

※住民基本台帳カードをお持ちの方で、紙の転出証明書の発行が必要な理由
【　　　】

届出年月日　平成 西暦　年　月　日　異動者との関係(本人または法定代理人 ・ 代理人)
届出人氏名　　　㊞　カード継続利用照会書送付(有 ・ 無) 送付日(　年　月　日)
届出人住所　　　電話　(　)

保険証受領印

区記入欄

受付	本人確認
附図確認	審査
入力	最終確認
一部のとき世帯主住定日	
年　月　日	

備考欄

図 9.1　住所異動届出書の様式

9.1 住民基本台帳

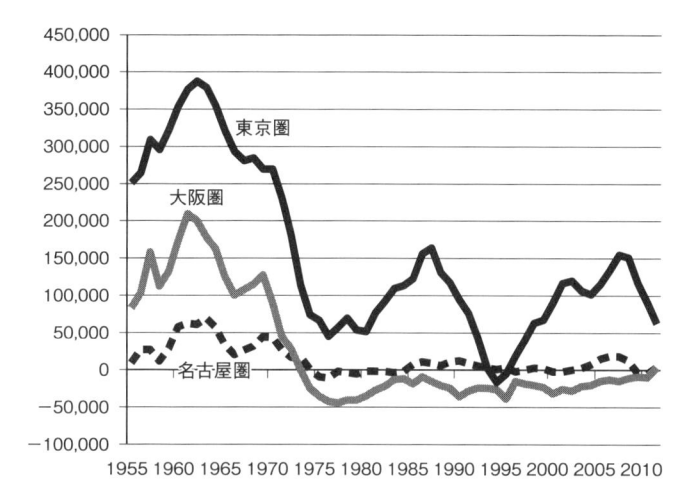

図 9.2 3 大都市圏 (東京圏，名古屋圏，大阪圏) の転入超過数の推移 (1955〜2011 年)

(出典) 総務省統計局「住民基本台帳移動報告」

　住民基本台帳の情報を統計に利用する上で注意すべき点は，住民票の記載，消除または記載の修正は届出に基づいていることであり，実際に住んでいる場所と住民票上の住所が異なることがありうることである．例えば単身赴任や，大学生の子供が就学のために家族と離れて暮らす場合は届出をしていないケースがある．

　長い間，日本の国籍を有しない者は住民基本台帳法の適用対象外であり，**外国人登録法**で把握されていたが，住民基本台帳法は近年改正され (平成 21 年公布，平成 24 年施行)，外国人住民についても適用対象に加えられることとなった．この結果，日本人と同様に，外国人住民についても住民票が作成され，日本人住民と外国人住民の住民票が世帯ごとに編成され，住民基本台帳が作成されることになった．

　かつて住民基本台帳の情報は，手数料さえ支払えば誰でも自由に閲覧できる「原則公開」であった．そのためダイレクトメールや市場調査などで営業活動のために民間業者が閲覧することが可能であり，社会的に問題となっていた．現在では，「原則非公開」になっており，不特定多数の住民の台帳を閲覧できるのは，「世論調査・学術調査などいわゆる社会調査のうちの公益性が

高いと考えられるものの対象者を抽出するために閲覧する場合」のみに限定されるようになった。

9.2 戸籍法による届出

わが国では，住民基本台帳とは別に「**戸籍**」と呼ばれる公的記録が存在する．戸籍は現在，主に婚姻関係の証明や遺産相続における相続人の特定に用いられている．なお戦前には徴兵目的にも用いられていた．

「戸籍法」(昭和 22 年法律第 224 号) によれば「戸籍は，市町村の区域内に本籍を定める一の夫婦及びこれと氏を同じくする子ごとに，これを編製する．ただし，日本人でない者 (以下「外国人」という．) と婚姻をした者又は配偶者がない者について新たに戸籍を編製するときは，その者及びこれと氏を同じくする子ごとに，これを編製する．」とある (第 6 条)．住民基本台帳のように世帯を単位とする記録であるのに対して，戸籍は一組の夫婦とその子を単位とする記録である点が異なる．「**本籍**」とは，戸籍に記載される人が任意に定める，日本国内のいずれかの場所のことである．日本国内であればどこでも良いから，実際に居住している住所とは異なる場合が多い．

戸籍には，本籍の外，戸籍内の各人について，次の事項

---

(1) 氏名
(2) 出生の年月日
(3) 戸籍に入った原因及び年月日
(4) 実父母の氏名及び実父母との続柄
(5) 養子であるときは，養親の氏名及び養親との続柄
(6) 夫婦については，夫又は妻である旨
(7) 他の戸籍から入った者については，その戸籍の表示
(8) その他法務省令で定める事項

も記載することになっている (第 13 条)．

戸籍の記載は主に届出によっている．すなわち，子供が産まれたら出生届，

9.2 戸籍法による届出

家族が死亡したら死亡届，結婚したら婚姻届，離婚したら離婚届を提出する。これらの届出に基づいて戸籍の記載がなされる。

戸籍の記載に用いられた届出の情報は統計作成に用いられている。すなわち，出生・死亡・婚姻及び離婚については「戸籍法」により，死産については「死産の届出に関する規定」により，市区町村長に届け出られる各種届出書から**人口動態調査票**が市区町村で作成される。調査票は，保健所長及び都道府県知事を経由して，厚生労働大臣に提出され，厚生労働省ではこれらの調査票を集計して**人口動態統計調査**を公表している。

わが国は少子化が進んでいるが，それに関連して重要な指標である**合計特殊出生率** (15～49 歳までの女性の年齢別出生率を合計したものであり，1 人の女性が一生に産む子供の数の平均を示す) の計算には人口動態統計調査による出生数と人口推計による女性人口数が用いられる。次章で述べるがその人口推計にも人口動態統計調査の情報が用いられている。人口動態調査票は，出生票，死亡票，死産票，婚姻票，離婚票の 5 種類であり，その概要は次のとおりである。

(1) 出生票：出生の年月日，場所，体重，父母の氏名及び年齢等出生届に基づく事項
(2) 死亡票：死亡者の生年月日，住所，死亡の年月日等死亡届に基づく事項
(3) 死産票：死産の年月日，場所，父母の年齢等死産届に基づく事項
(4) 婚姻票：夫妻の生年月，夫の住所，初婚・再婚の別等婚姻届に基づく事項
(5) 離婚票：夫妻の生年月，住所，離婚の種類等離婚届に基づく事項

参考までに人口動態調査票出生票を図 9.3 に示した。これを見ればわかるように，出生届を行政側で調査票に転記したものだと考えればよい。戸籍法による届出は，それを行わないと罰則があるだけでなく，社会生活を送る上で著しく支障をきたすと考えられるので精度が高い情報であると一般には考えられている。

ただし，2010 年にいわゆる「高齢者所在不明問題」と呼ばれる，死亡した親の年金を子が不正受給するために死亡届を出していなかったケースが判明しており，死亡票を集計した死亡数には漏れがありうる。ただし，統計とし

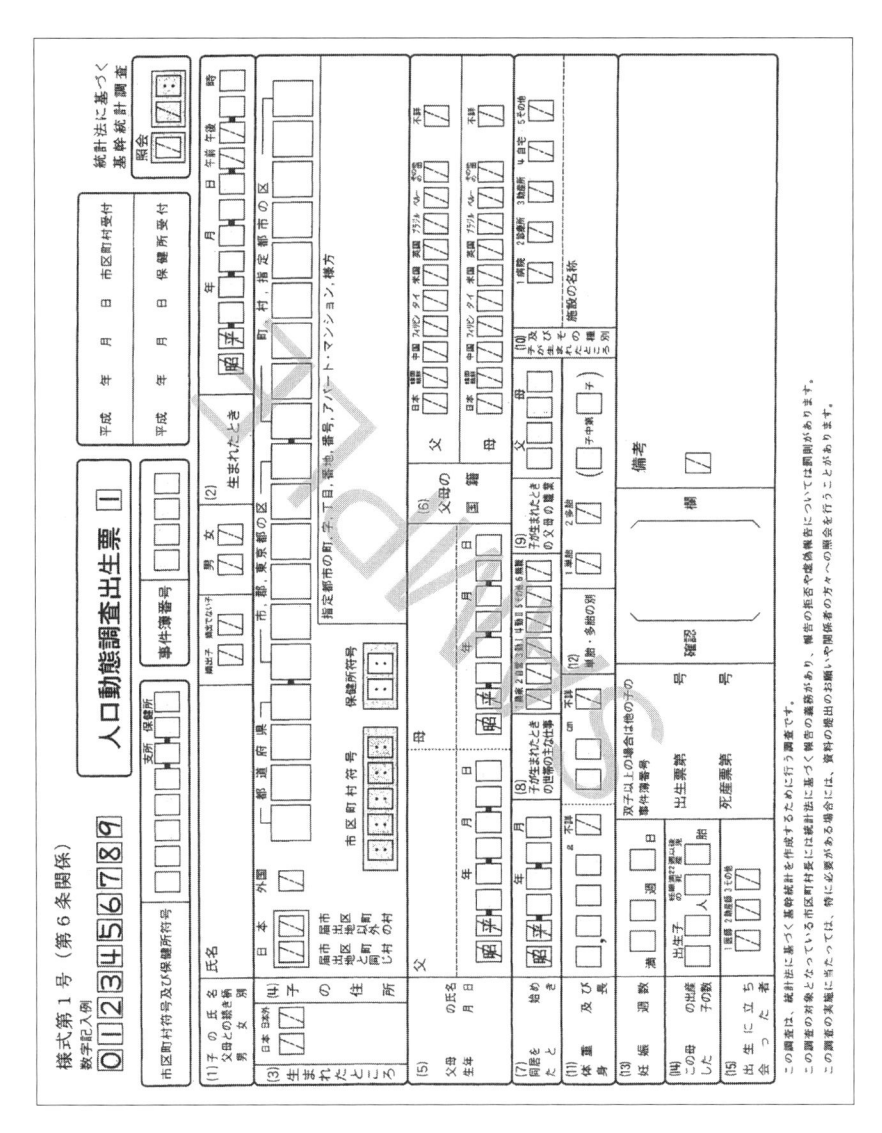

図 9.3　人口動態調査出生票
(出所) 厚生労働省「人口動態統計調査」

9.2 戸籍法による届出

て活用する上では大きな問題ではないと考えられる。

図 9.4 は人口動態統計による出生数，死亡数，自然増減数の推移を示している。出生数に二度のピーク (ベビーブーム) があることが確認できる。近年，出生数が減り，死亡数が増加する傾向が続いており，ついには出生数が死亡数を下回る自然減の状況になっている。

人口動態統計調査による出生数や死亡数のデータは**生命表**の推計に用いられている。生命表とは，ある期間における死亡状況 (年齢別死亡率) が今後変化しないと仮定したときに，各年齢の者が 1 年以内に死亡する確率や平均してあと何年生きられるかという期待値などを**死亡率**や**平均余命**などの指標 (生命関数) によって表したものである。

生命表には**完全生命表**と**簡易生命表**がある。完全生命表は，人口動態統計 (確定数) と国勢調査による日本人人口をもとに 5 年ごとに作成されている。簡易生命表は，推計人口による日本人人口や人口動態統計月報年計 (概数) をもとに毎年作成されている。

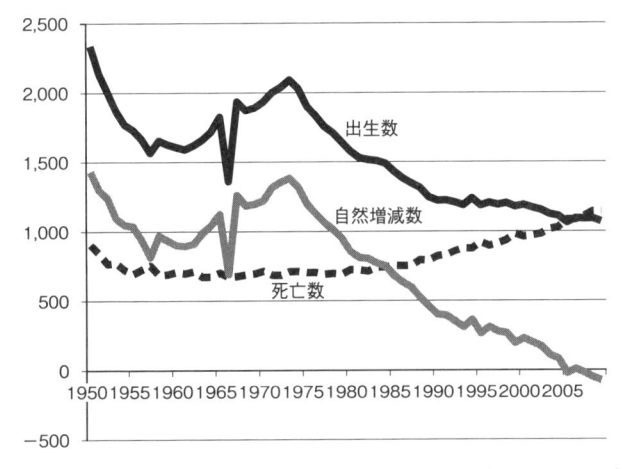

図 9.4 人口動態統計調査による出生数，死亡数，自然増減数の推移 (単位：千人，1950～2009 年)

(出典) 厚生労働省「人口動態統計調査」

9.3 出入国管理記録

法務省入国管理局『出入国管理』によれば「日本国籍を有しない外国人 (無国籍者を含む。) が我が国に入国する場合，原則として海外にある日本国大使館等で取得した査証 (ビザ) のある有効な旅券 (パスポート) を所持した上で，出入国港において，入国審査官に対し上陸の申請をして，上陸許可の証印を受けなければならない。また，わが国から出国する場合は，出国の確認を受けなければならない」[5]。このように出入国者は全員，出入国審査を受けなければならないので，その業務記録である出入国管理記録は全体をカバーする網羅的な情報である。近年，観光統計の整備が進められているが，そこでは出入国管理統計の情報が，外国人観光客数及び海外旅行者数を把握するために用いられている。

法務省入国管理局は出入国管理記録をまとめた「**出入国管理統計**」を公表しており，国勢調査の中間年次の人口推計はこの情報を活用している (10.11 節参照)。人口推計に関連する統計表としては，外国人については「国籍別入

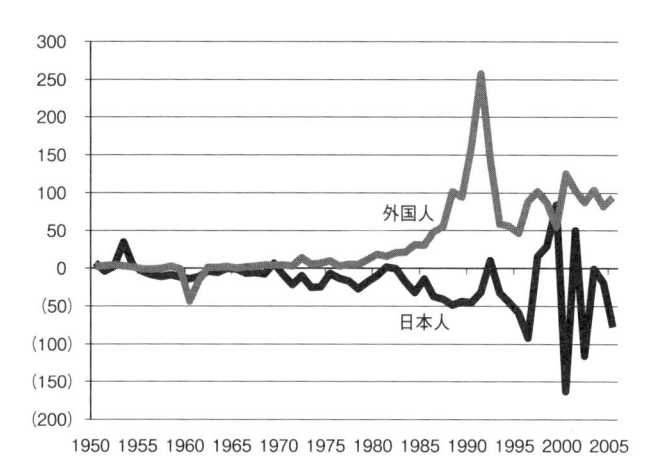

図 9.5 出入国管理記録による入国超過数の推移
(単位：千人，1950〜2005 年)
(出典) 法務省入国管理局「出入国管理統計」

---

[5] 法務省入国管理局「平成 15 年版出入国管理」，アドレス
<http://www.moj.go.jp/nyuukokukanri/kouhou/nyukan_nyuhaku_index.html>

9.3 出入国管理記録

国外国人の年齢及び男女別」,「国籍別出国外国人の年齢及び男女別」,日本人については「住所地別出国日本人の年齢及び男女別」,「滞在期間別帰国日本人の年齢及び男女別」がある。

図 9.5 は出入国管理記録による入国超過数の推移である。1962 年以降,外国人は入国超過が続いている。1991 年頃,入国超過数が一時的に 25 万人を超え,翌年には大きく減少しているが,これは改正入管法の制定 (在留資格が再編され,日系 3 世まで就労可能な地位が与えられた) の影響で日系人の入国が急増したためである。日本人の入国超過数は変動が大きいが,全体としては出国超過の傾向がある。なお図 9.5 の数値は短期滞在者も含んでおり,後に述べる推計人口の数値とは一致しない。

10
国勢調査

10.1 全ての個人・世帯を対象とする統計調査

　総務省統計局「**国勢調査**」は，わが国に住んでいる全ての個人・世帯を対象とする統計調査 (全数調査) である。多額の費用がかかるので毎年は実施できない。西暦末尾が 0 の年は「大規模調査」，末尾が 5 の年には調査事項が少ない「簡易調査」として 5 年ごとに実施されている。なお国勢調査実施年の中間年の人口は戸籍法による届出の情報等を用いて**人口推計**を行っている。

　わが国で国勢調査が最初に実施されたのは大正 9 年 (1920 年) である。その先駆けとなった調査が，その約 40 年前，**杉亨二氏**によって明治 12 年 (1879 年) に実施された「**甲斐国現在人別調**」である。だが，統計関係者の努力にもかかわらず，全国的な人口センサスは，なかなか実現しなかった。わが国には戸籍に基づく人口統計が存在していたため，その必要性がなかなか理解されなかったためである。実際に国勢調査が実施されてみると，それまでの人口統計の不正確さがあらためて確認された[1]。また労働力人口，学齢人口などさまざまな面からの対象人口の把握や推定が可能になり，行政施策上，基本的な資料を提供できるようになった。

　今日，国勢調査は選挙区の画定，議員定数の基準の根拠となるなど，民主主義の基盤を成す情報を提供している。法の下の平等を守るためには，議員 1 人当たりの有権者数が選挙区の間で大きく乖離してはいけないからである。

---

[1] 相原茂，鮫島龍行 [1971]『統計日本経済』，筑摩書房，pp.249-252。

大正 14 年 (1925 年) の普通選挙法の議員定数の設定，選挙区の区割りは大正 9 年 (1920 年) の第 1 回国勢調査の結果に基づいて行われた[2]。この議員定数，選挙区の区割りにも基づき，衆議院選挙で最初の男子普通選挙が実施されたのは昭和 3 年 (1928 年) である。近年，議員 1 人当たりの有権者数が選挙区間で乖離する問題 (**一票の格差問題**) が起きており，最高裁判所で「違憲状態」という判断が示されている。

統計調査という視点からは，各種標本調査を実施するための基礎となる**フレーム** (母集団のリスト) の情報を提供するという役割がある。総務省統計局「**家計調査**」では国勢調査の結果に基づいて第 1 段目で市町村，第 2 段目で調査単位区を抽出している。そして調査単位区内の全居住世帯の名簿を作成してから，第 3 段目で世帯を抽出している。

国勢調査では世帯主との続き柄，男女，出生の年月，配偶の関係，国籍，教育などの基本的属性だけでなく，就業状態，産業，職業などの経済的属性，従業地・通学地，住宅についても調査している。この章では国勢調査の調査方法の説明の後に，基本的属性に関する調査事項とその調査結果について説明する。

10.2 常住人口と現在人口

現在のわが国の国勢調査では「ふだん住んでいる場所」で人口を数えるが，このようにして把握された人口を**常住人口**と呼ぶ。「ふだん住んでいる場所」とは 3 カ月以上住んでいる場所のことである。一時的に自宅を離れている人は，自宅を不在にする期間が 3 カ月未満の場合は自宅で，3 カ月以上にわたる場合は，その旅行先や出稼ぎ先で調査する。ちなみに 3 カ月以上入院している人は，その入院先の病院・療養所などで調査する。

常住地方式に対して「調査時にいた場所」で調査する方法もあり，このようにして把握された人口を**現在人口**と呼ぶ。常に移動して生活している人がいる場合はこの方法の方が正確に把握できる。この方法は昭和 22 年 (1947 年) までわが国の国勢調査に採用されていた。第二次世界大戦後，生活物資が

---

[2] 仙正夫 [1986]『日本選挙制度史』九州大学出版会，p.86。

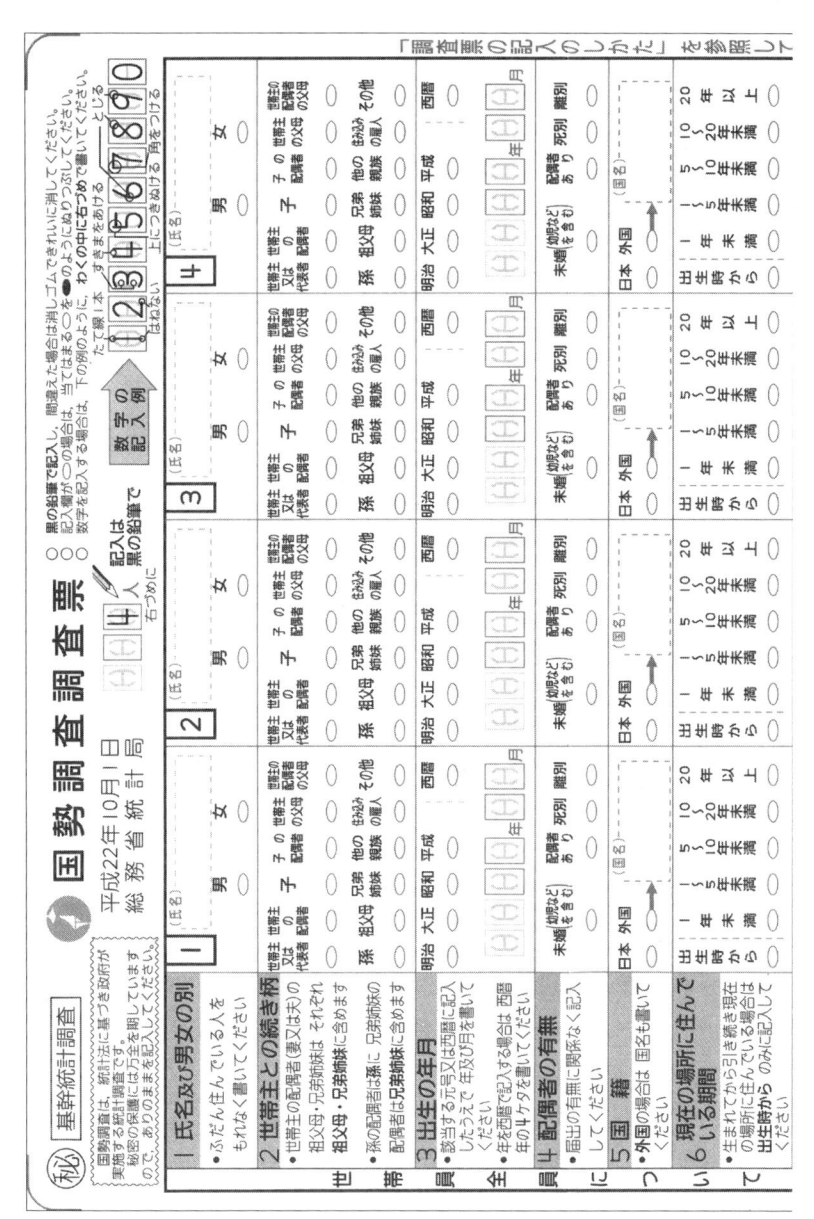

図 10.1 平成 22 年国勢調査の調査票

(出典) 総務省統計局「国勢調査」

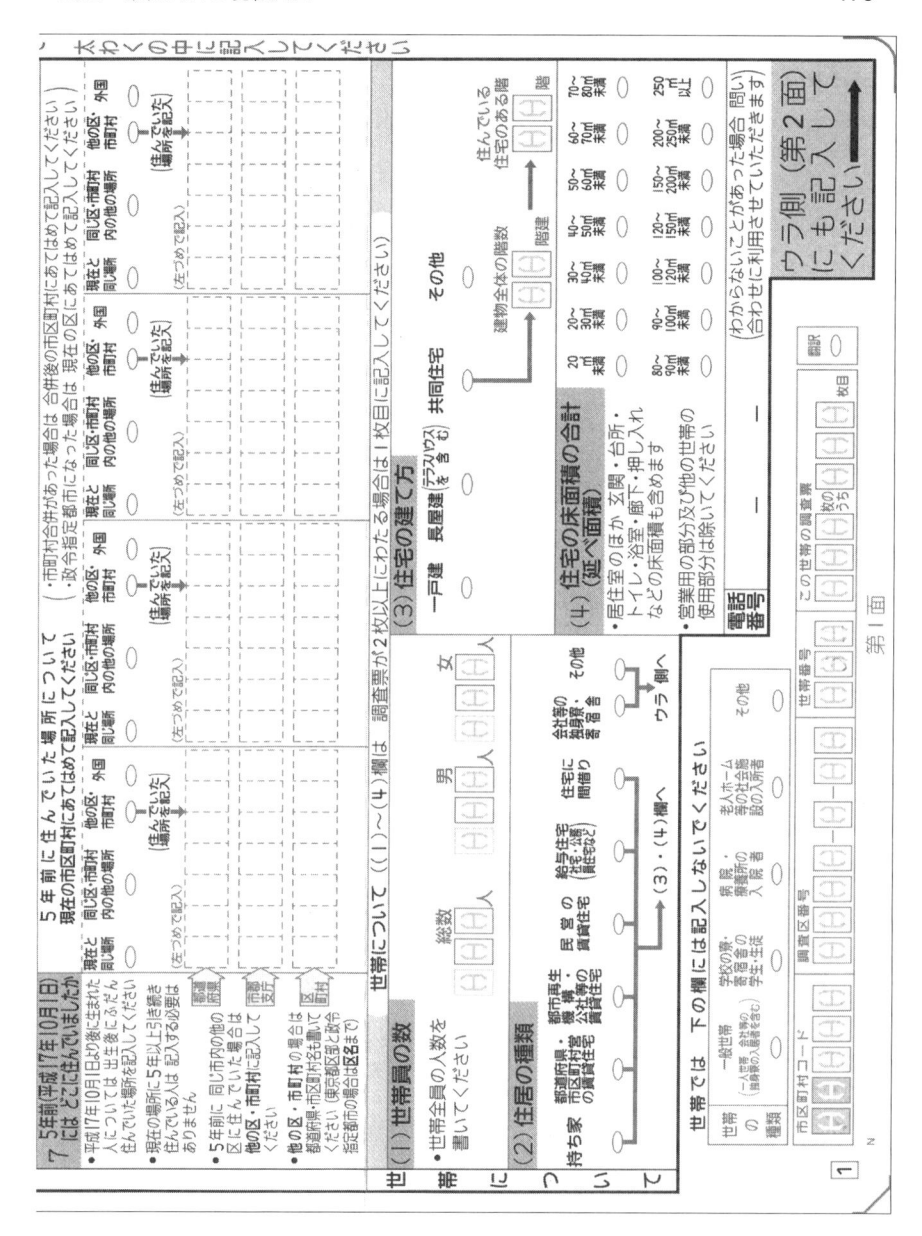

10.2 常住人口と現在人口

不足していた時期に配給が行われたが，従来実施されていた国勢調査の現在人口は地域的に見ると定住の実態と一致せず，生活物資の配給の基礎としての利用価値が少なく，かつ他によることのできる資料が乏しいことが問題となった[3]。そこで昭和 23 年 (1958 年) に「常住人口調査」が実施された。この時以来，わが国の国勢調査における人口と捉え方は現在人口から常住人口に変更された[4]。

10.3 調査方法

国勢調査において調査者側は「誰がどこに住んでいるのか」を事前には知らない。調査者側が分かるのは，現地を訪れて見回り，外観から目視で見て「ここに住宅がある」あるいは「ここに人が住んでいる建物がある」ことである。各住宅や建物を訪問して調査票を配布し，住人によって記入された調査票を回収して初めて，「どのような人がどこに住んでいるのか」を知ることになる。

住民基本台帳を活用すれば，事前に「誰がどこに住んでいるのか」を知ることができるのではないかと思われるかもしれない。だが住民基本台帳は届出によるものなので，届出地と実際の居住地が一致しているとは限らない。実態を反映しているとは限らない住民基本台帳の情報に対して，それがどの程度正しいのか，実態を把握するのが国勢調査の役割であるとも言える。

調査においては，まず調査員の担当地域 (**調査区**と呼ぶ) を決める。調査員は受け持ち調査区内を巡回し，住宅や建物の状況を把握する。そして区市町村から配布された地図に，その境界となる道路，路地，河川などのほか，鉄道，学校，神社など目印となる建物と記号，調査区と**単位区** (調査区を構成する小さな区域) の境界を書き入れる。

次に調査員は，決められた調査期間に受け持ち調査区内のすべての住宅・建物を訪問し，調査票 (図 10.1) を配布して回答を依頼する。提出方法は郵

---

[3] 総務庁統計局 [1990]『総理府統計局百年史料集成 第二巻 人口下』，日本統計協会，pp.450-457。

[4] 相原茂，鮫島龍行 [1971]『統計日本経済』筑摩書房，pp.308-309。

送,インターネット (平成 22 年調査では東京都全域のみ),調査員による回収がある。個人のプライバシー意識の高まりに配慮して,調査票は,あらかじめ配布した封筒に封入して提出することになっており,調査員はこれを開封せずに市区町村に提出する。

10.4 人口の基礎的属性に関する調査事項

調査は世帯員ごとに記入することになっている。1 枚の調査票に 4 名まで記入できるが,この節で国勢調査の調査票の一部を紹介するときには 1 名分のみ示す。調査票では項目「1 氏名及び男女の別」に続いて「2 世帯主との

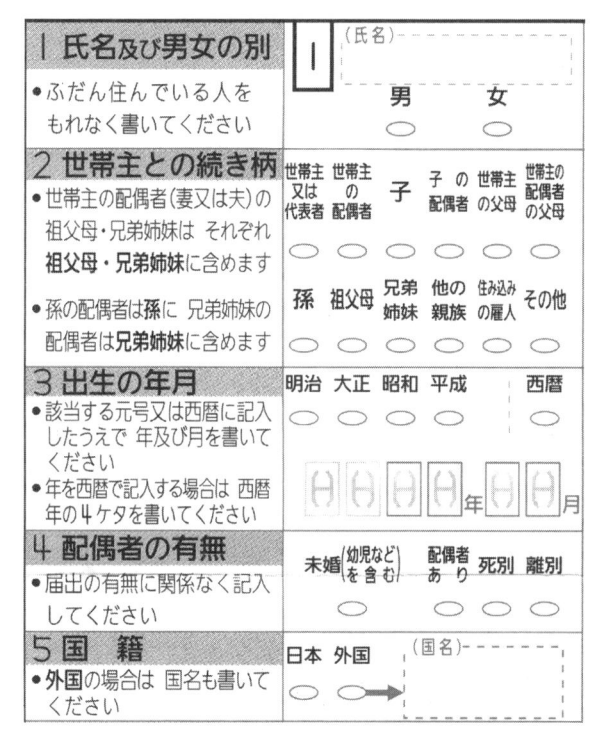

図 10.2 平成 22 年国勢調査の調査票の項目「1 氏名及び男女の別」,「2 世帯主との続き柄」,「3 出生の年月」,「4 配偶者の有無」,「5 国籍」

(出典) 総務省統計局「国勢調査」

続き柄」,「3 出生の年月」,「4 配偶者の有無」,「5 国籍」をチェックする (図10.2)。これらは人口に関する基本的な情報であると同時に**世帯の家族類型化**に用いられる情報である。世帯の家族類型とは，家族構成によって世帯を類型化するもので，いわゆる「核家族世帯」,「単独世帯」,「三世代世帯」,「母子世帯」などがこれにあたる。誰を**世帯主**とするかは，収入の多少や住民基本台帳の届出等に関係なく各世帯の判断による。妻が世帯主でもかまわないし，たとえ 0 歳児が世帯主でもかまわない。このことは世帯の家族類型化のときに問題となる (10.7 節参照)。

　図 10.3 に示された調査項目「6 現在の場所に住んでいる期間」,「7 5 年前 (平成 17 年 10 月 1 日) にはどこに住んでいましたか」は人口の地域間移動を把握するためにある。「5 年前 (平成 17 年 10 月 1 日)」とは前回の国勢調査の

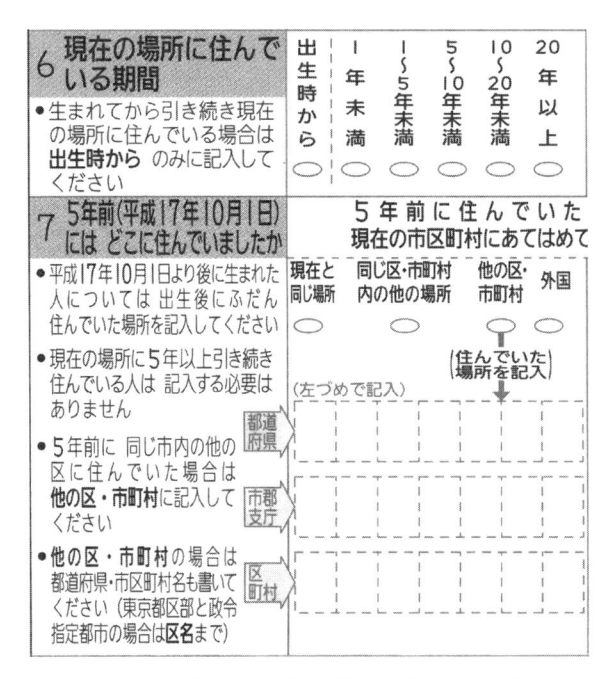

図 10.3 平成 22 年国勢調査の調査票の項目
「6 現在の場所に住んでいる期間」,「7 5 年前 (平成 17 年 10 月 1 日) にはどこに住んでいましたか」

(出典)　総務省統計局「国勢調査」

日付であるから，前回の調査結果からの地域間変動を追跡することができる。人口の地域間移動に関係する調査項目が設定されたのは，昭和35年 (1960年) 調査の「1年前の常住地」からである。当時は高度経済成長期 (1954～1973年) の最中にあり，農村から都市への人口の大規模な移動が起きており，その実態を把握することが目的であった。

10.5　国勢調査人口と住民基本台帳人口

わが国には**住民基本台帳**という人口に関する行政記録情報があり，それに基づいて**住民基本台帳人口**が公表されている。住民基本台帳には教育，就業，従業地・通学地，職業，住宅などの情報は記載されていない。国勢調査を住民基本台帳からの情報で代替させよという意見が出てくることがあるが，住民基本台帳からの情報だけでは，行政施策上のニーズを満たせない。また住民基本台帳は届出によるものであり，実態と一致しているとは限らない。

表 10.1　国勢調査人口と住民基本台帳人口 (単位：千人)

	国勢調査人口 (各年10月1日現在)				①日本人 (不詳人口をあん分)
	総数	日本人	外国人	不詳	
昭和 50 年	111,940	111,252	642	46	111,298
55 年	117,060	116,320	669	71	116,391
55 年	121,049	120,287	720	41	120,328
平成 2 年	123,611	122,398	886	326	122,722
7 年	125,570	124,299	1,140	131	124,429
12 年	126,926	125,387	1,311	229	125,614
17 年	127,768	125,730	1,556	482	126,206
22 年	128,057	125,359	1,648	1,050	126,395

	住民基本台帳人口 (各年3月31日現在)			①−②
	当年	翌年	②平均	
昭和 50 年	110,949	112,145	111,547	−249
55 年	116,195	117,009	116,602	−211
55 年	120,008	120,721	120,364	−36
平成 2 年	122,745	123,157	122,951	−229
7 年	124,655	124,914	124,785	−356
12 年	126,071	126,285	126,178	−564
17 年	127,059	127,055	127,057	−851
22 年	127,058	—	127,058	−662

(出典)　総務省統計局「国勢調査」，総務省自治行政局「住民基本台帳人口」

表 10.1 は国勢調査人口と住民基本台帳人口を比較したものである。表 10.1 に示された時期においては，住民基本台帳に外国人が含まれていないので国勢調査人口のうち日本人人口と比較してみよう。ただし，国籍不明の不詳があるので，それを日本人と外国人の比率で按分している。国勢調査人口の時点は各年 10 月 1 日現在，住民基本台帳人口は各年 3 月 31 日現在とずれているので，住民基本台帳の当年と翌年の人口の平均を計算している。昭和 50 年の人口は 110,949 千人，翌年の昭和 51 年の人口は 112,145 千人であるから，平均は 111,547 千人となる。表 10.1 を見ると，国勢調査人口と住民基本台帳人口がほぼ一致していること，前者の方がやや大きいことが分かる。

10.6 少子高齢化と人口ピラミッド

図 10.4 は国勢調査による人口及び人口増減率 (5 年間) の推移を示している。図 10.4 を見るときには次の点に注意する必要がある。わが国の国勢調査は戦前・戦後を通じて**属地主義** (領土内であれば，どこの国民でも対象とする) をとっているが，昭和 15 年 (1940 年) 調査は日中戦争 (1937〜1945 年) の最中であり，**属人主義** (全国民を対象) をとった[5]。そのため図 10.4 では内地外の軍人・軍属を差し引いている。昭和 20 年 (1945 年) は国勢調査ではなく人口調査であり，かつ第二次世界大戦で地上戦が行われた沖縄県は調査されなかった。そのため昭和 20 年及び 25 年の人口増減率は沖縄県を除いて計算している。

図 10.4 を見ると人口増加率は第二次世界大戦中に大きく下落している。これは若い男性が多く軍人として海外に出征したため，子供をつくる機会が少なかったことによる。終戦直後の昭和 25 年 (1950 年) には一転して大きく上昇した。終戦後，外地からの引き揚げや軍人の復員が行われたこと，避妊の技術が国民に習熟されていなかったため出生が増加したことが原因である。なお終戦直後の出生増は「**第 1 次ベビーブーム**」と呼ばれており，その時期に誕生した世代を「**団塊の世代**」と呼ぶ。

---

[5] 藤田峯三 [1995]『新国勢調査論』大蔵省印刷局，p.6。

10.6 少子高齢化と人口ピラミッド

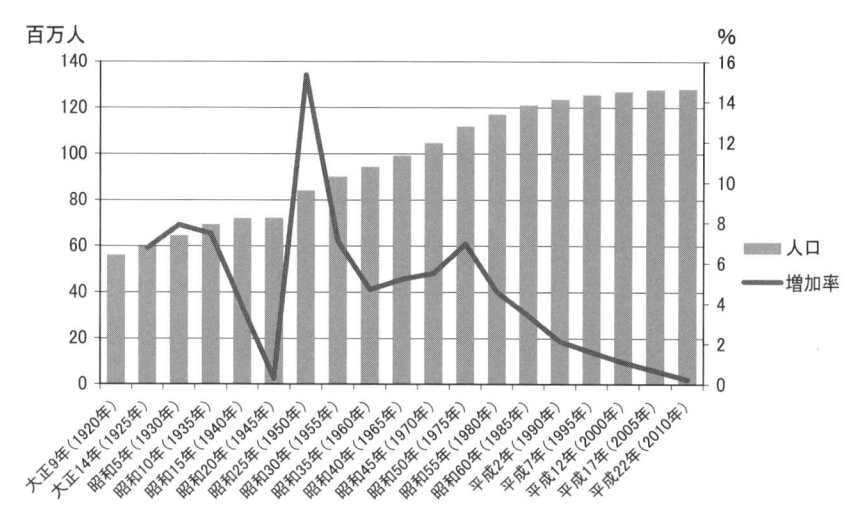

図 10.4 国勢調査による日本の人口及び増減率 (5 年間) の推移 (1920 年〜2010 年)

(出典) 総務省統計局「国勢調査」

(注) 昭和 20 年は人口調査結果による。
1) 国勢調査による人口 73,114 千人から内地外の軍人，軍属等の推計数 1,181 千人を差し引いた補正人口。
2) 昭和 20 年人口調査による人口 71,998 千人に軍人及び外国人の推計数 149 千人を加えた補正人口。沖縄県を除く。
3) 昭和 20 年及び 25 年の人口増減率は沖縄県を除いて算出。

その後，人口増加率は急激に低下した。終戦直後の人口増加により，人口と経済のバランスが崩れ，生活の維持のために出産抑制が必要になったからである。未だ避妊の技術は普及していなかったから，人口妊娠中絶 (合法化された堕胎) の許可条項を付加した 1949 年の**優性保護法**の改正 (妊娠中絶の合法化) によって人口妊娠中絶が増加，出産が抑制された[6]。

昭和 50 年 (1975 年) 頃，人口増減率は再度上昇した。これは第 1 次ベビーブームの時期に産まれた世代が結婚して子供を産んだからである。この時期の出生増を「**第 2 次ベビーブーム**」と呼び，この世代を「**団塊ジュニア**」と呼ぶ。だがそれ以降，人口増加率は継続的に低下している。

図 10.5 は昭和 30 年国勢調査による人口ピラミッドを示している。人口ピラミッドは，人口の年齢構造を視覚的に表現する優れた手法であり，誰もが一度は目にしたことがあるであろう。左側は男性の各歳別人口数，右側は

---

[6] 大淵寛 [1974]『人口過程の経済分析』, pp.103-104。

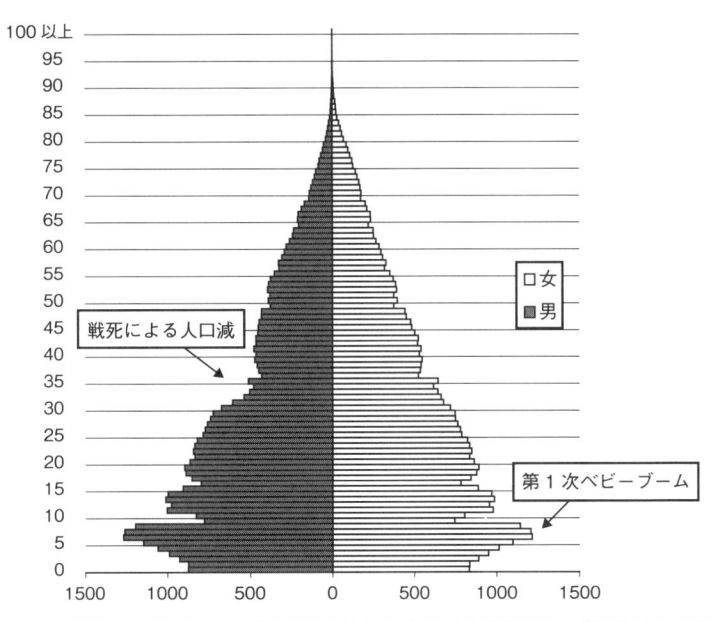

図 10.5 昭和 30 年 (1955 年) 国勢調査による人口ピラミッド (単位：千人)
(出典) 総務省統計局「国勢調査」

女性のそれを示している。昭和 30 年 (1955 年) は高度経済成長が始まった頃である。第二次世界大戦の戦死者のため男性の 20 台後半と 30 台が少ないもののきれいな三角形 (ピラミッド型) をしており，若い世代が相対的に多数を占める社会であったことを示す。今日では少子化が問題となっているが，この当時は増え続ける人口をどのように養うかが問題であった。

図 10.6 は平成 22 年国勢調査による人口ピラミッドである。男性も女性も 2 つのピークがあるが，これはそれぞれ第 1 次・第 2 次ベビーブーム世代である。第 1 次ベビーブーム世代は 60〜64 歳であり，退職する年齢にある。第 2 次ベビーブーム世代は 35〜39 歳であり，現在の経済・社会を支える中堅である。「第 3 次ベビーブーム」は到来しなかったため，若い世代の人口が相対的に少ない。平成 22 年国勢調査による人口ピラミッドは，将来，少数の**生産年齢人口** (15〜64 歳) で多数の**老年人口** (65 歳以上) を支えなければならなくなることを雄弁に語っている。なお高齢者の人口は男性よりも女性の方が多

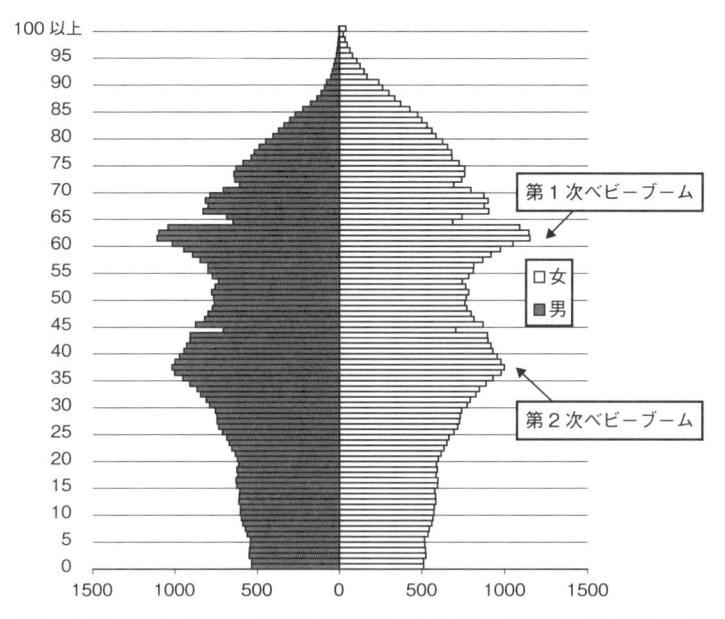

図 10.6　平成 22 年 (2010 年) 国勢調査による人口ピラミッド (単位：千人)
(出典)　総務省統計局「国勢調査」

い。これは第二次世界大戦の戦死の影響と，女性の平均寿命が男性より長いためである。

10.7　世帯の種類と家族類型

　国勢調査の統計単位である**世帯**とは「住居と生計を共にしている人々の集まり，または一戸を構えて住んでいる単身者」のことである。「住居を共にしている」と定義しているのは，国勢調査が個々の住宅に居住実態のある世帯が存在するのを確認した上で，その世帯がどのような個人から構成されているかを明らかにする調査方法をとっているからである。「生計を共にしている」と定義しているのは，経済学における消費活動の単位である**家計** (household) と対応させるためである。なお「家計」とは生計を共にしている集団を指す。住居を共にしていても，生計が別であれば異なる世帯と見なす。例えば，親

夫婦と子供夫婦が同じ住居に住んでいるが，親夫婦と子供夫婦の生計が別であれば異なる世帯と見なす。同様に生計を共にしていても，住居が別であれば異なる世帯と見なす。例えば，夫が単身赴任で，妻と子と離れて住んでいる場合，生計を共にしていても異なる世帯と見なす。

国勢調査では**一般世帯**とは別に，寮・寄宿舎の学生・生徒，病院・療養所の入院者，社会施設の入所者，自衛隊営舎内居住者，矯正施設の入所者などは「**施設等の世帯**」として区分している (表 10.2)。「施設等の世帯」は一般世帯に当てはまらない雑多な集団をまとめたようにも一見，思われるかもしれない。だが，「施設等の世帯」の中には老人ホームが含まれている。高齢化の進展に伴い老人ホームに住む高齢者が増えれば，それに伴い「施設等の世帯」の数も増加すると考えられ，将来は無視できない区分となると思われる。

図 10.7 は一般世帯の世帯数と 1 世帯当たり世帯人員の推移 (1960～2010

表 10.2 世帯の種類

区分	内容
一般世帯	ア　住居と生計を共にしている人の集まり又は一戸を構えて住んでいる単身者。ただし，これらの世帯と住居を共にする単身の住み込みの雇人については，人数に関係なく雇主の世帯に含めている。 イ　上記の世帯と住居を共にし，別に生計を維持している間借りの単身者又は下宿屋などに下宿している単身者 ウ　会社・団体・商店・官公庁などの寄宿舎，独身寮などに居住している単身者
施設等の世帯	
寮・寄宿舎の学生・生徒	学校の寮・寄宿舎で起居を共にし，通学している学生・生徒の集まり (世帯の単位：棟ごと)
病院・療養所の入院者	病院・療養所などに，すでに 3 か月以上入院している入院患者の集まり (世帯の単位：棟ごと)
社会施設の入所者	老人ホーム，児童保護施設などの入所者の集まり (世帯の単位：棟ごと)
自衛隊営舎内居住者	自衛隊の営舎内又は艦船内の居住者の集まり (世帯の単位：中隊又は艦船ごと)
矯正施設の入所者	刑務所及び拘置所の被収容者並びに少年院及び婦人補導院の在院者の集まり (世帯の単位：建物ごと)
その他	定まった住居を持たない単身者や陸上に生活の本拠 (住所) を有しない船舶乗組員など (世帯の単位：一人一人)

(出典)　総務省統計局「国勢調査」

10.7 世帯の種類と家族類型

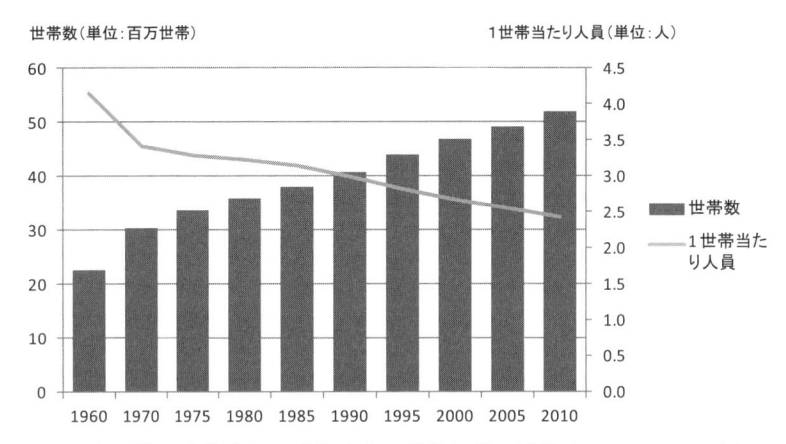

図 10.7 一般世帯の世帯数と 1 世帯当たり世帯人員の推移 (1960〜2010 年)
（出典） 総務省統計局「国勢調査」

年) を示している．図 10.4 に示したように人口の増加は止まりつつあり，近い将来に減少が予測されているが，世帯数については依然として増加傾向にある．それは 1 世帯当たり人員が減少しているからである．1 世帯当たり人員が減少している主な理由は少子化にあるが，生計を共にしていても，住居が別々の家族が増えていることもある．例えば単身赴任者とその家族，近隣に住みながら子が親の介護をしている家族などがそれにあたる．

一般世帯をより詳しく観察するためには**家族類型化**が必要である．表 10.3 は平成 22 年国勢調査の家族類型を示している．大きく「A 親族のみの世帯」），「B 非親族を含む世帯」，「C 単独世帯」に分かれている．「A 親族のみの世帯」はさらに細かく分かれている．なお，表 10.3 の世帯の家族類型は新しいものであり，平成 22 年に変更されたものである．平成 17 年までの世帯の家族類型は，2 人以上の世帯員から成る世帯について，非親族の同居・非同居の区別なく世帯主と親族関係にある世帯員との関係のみで分類していたため，非親族が同居している世帯も「A 親族世帯」に含まれている場合があった．平成 22 年はそれまでの「A 親族世帯」を「A 親族のみの世帯」に変更し，非親族が同居している世帯を含めないことになった．また非親族が同居している世帯は，それまでの「B 非親族世帯」を拡張した「B 非親族を含む世帯」

表 10.3 平成 22 年国勢調査における世帯の家族類型

区分			内訳
A 親族のみの世帯	I 核家族世帯		(1) 夫婦のみの世帯
			(2) 夫婦と子供から成る世帯
			(3) 男親と子供から成る世帯
			(4) 女親と子供から成る世帯
	II 核家族以外の世帯		(5) 夫婦と両親から成る世帯 　1 夫婦と夫の親から成る世帯 　2 夫婦と妻の親から成る世帯
			(6) 夫婦とひとり親から成る世帯 　1 夫婦と夫の親から成る世帯 　2 夫婦と妻の親から成る世帯
			(7) 夫婦, 子供と両親から成る世帯 　1 夫婦, 子供と夫の親から成る世帯 　2 夫婦, 子供と妻の親から成る世帯
			(8) 夫婦, 子供とひとり親から成る世帯 　1 夫婦, 子供と夫の親から成る世帯 　2 夫婦, 子供と妻の親から成る世帯
			(9) 夫婦と他の親族 (親, 子供を含まない) から成る世帯
			(10) 夫婦, 子供と他の親族 (親を含まない) から成る世帯
			(11) 夫婦, 親と他の親族 (子供を含まない) から成る世帯 　1 夫婦, 夫の親と他の親族から成る世帯 　2 夫婦, 妻の親と他の親族から成る世帯
			(12) 夫婦, 子供, 親と他の親族から成る世帯 　1 夫婦, 子供, 夫の親と他の親族から成る世帯 　2 夫婦, 子供, 妻の親と他の親族から成る世帯
			(13) 兄弟姉妹のみから成る世帯
			(14) 他に分類されない世帯
B 非親族を含む世帯			二人以上の世帯員から成る世帯のうち, 世帯主と親族関係にない人がいる世帯
C 単独世帯			世帯人員が一人の世帯

(出典)　総務省統計局「国勢調査」

に含めることになった。このように分類の定義は変更されることがあり, よく確認した上で活用しなければならない。

　家族類型化は世帯員の世帯主との続き柄に基づいている。だが誰を世帯主とするかは世帯の判断に任されている。図 10.8 は世帯主との続き柄で異なって記述されうる三つのケースを示している。ケース A は最も若い世代が世

10.7 世帯の種類と家族類型

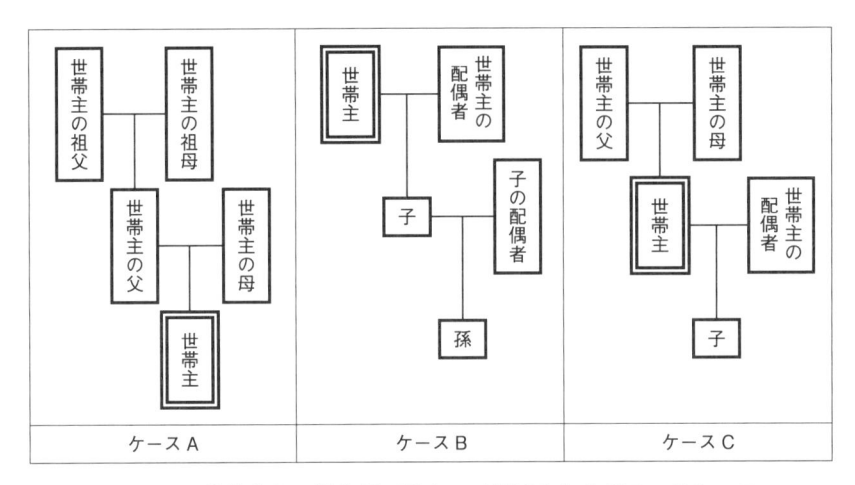

図 10.8 世帯主との続き柄で異なって記述されうる三つのケース

帯主となるケース，ケース B は真ん中の世代で最も老いた世代が世帯主となるケース，ケース C は真ん中の世代が世帯主となるケースであるが，三つのケースは実質的には同じ家族である．誰を世帯主とするかによって，異なる家族類型に分類されては困るから，親族のみの世帯の家族類型化にあたっては，その親族の中で原則として最も若い世代の夫婦とその他の親族世帯員との関係によって格付けている．例えば図 10.8 の家族は「II 核家族以外の世帯」のうちの「(7) 1夫婦，子供と夫の両親から成る世帯」に格付けられる．

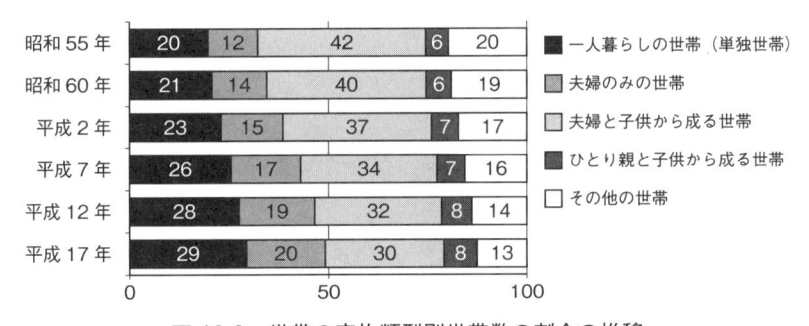

図 10.9 世帯の家族類型別世帯数の割合の推移
(旧分類，単位：％，昭和 55 年〜平成 17 年)
(出典) 総務省統計局「国勢調査」

図 10.9 は世帯の家族類型別世帯数の割合の推移 (昭和 55 年～平成 17 年) を示している。新分類が遡及集計されているのは平成 7 年までなので，旧分類で示している。一人暮らしの世帯 (単独世帯) と夫婦のみの世帯の割合が増加し，夫婦と子供から成る世帯の割合が減少している。結婚によって誕生した世帯は，最初は「夫婦のみの世帯」である。子供が産まれると「夫婦と子供から成る世帯」になり，子供が成長して独立すると再び「夫婦のみの世帯」になり，やがて配偶者が亡くなって「一人暮らしの世帯」になるという推移をたどる。人口の多い世代が，世帯のライフサイクルのどの段階にいるのかが世帯構造に影響を与える。最近は未婚率の上昇から，親元を独立したが結婚していない子供の「一人暮らし世帯」，子供が親元に居続ける「夫婦と子供から成る世帯」(その子供を「パラサイト・シングル」と呼ぶ) も増えている。

10.8 人口の経済的属性に関する調査事項

10.8.1 就業状態

図 10.10 に示された調査項目「9 9 月 24 日から 30 日までの 1 週間に仕事をしましたか」は就業状態を把握するためにある。項目 9 の回答欄を見るとサラリーマンのように「主に仕事」，パートにでる主婦のように「家事などの

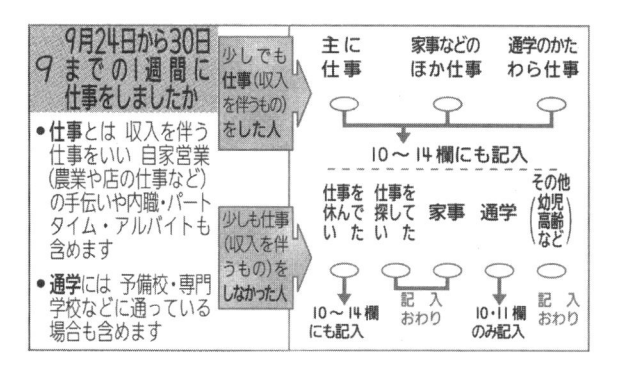

図 10.10 平成 22 年国勢調査の調査票の項目
「9 9 月 24 日から 30 日までの 1 週間に仕事をしましたか」

(出典) 総務省統計局「国勢調査」

10.8 人口の経済的属性に関する調査事項

ほか仕事」，アルバイトをする学生のように「通学のかたわら仕事」などの区別がある。また仕事をしなかった理由も聞いており，「休んでいた」，「探していた」，「家事」，「通学」などの区別がある。

「9月24日から30日」と限定しているのはなぜであろうか．国勢調査の調査日は10月1日であるから，その直前の1週間仕事をしたか否かを聞いている．この方式 (**アクチュアル方式**と呼ぶ) の特徴は，期間に関してあいまいさがないため定義が明確になることである．ただし，たまたまこの1週間だけ，ふだんとは異なる行動をした人がありうる．アクチュアル方式に対して，調査日現在のふだんの状態を調査する方式を**ユージュアル方式**と呼んでおり，総務省統計局「**就業構造基本調査**」で採用されている．

図 10.10 に示された調査項目 9 で調査期間に「少しでも仕事をした人」と，「少しも仕事をしなかった人」のうち「仕事を休んでいた」人 (**休業者**) の合計を**就業者**と呼ぶ (図 10.11)．また「少しも仕事をしなかった人」のうち「仕事を探していた」人は**完全失業者**と呼ぶ．就業者と完全失業者の合計を**労働力人口**と呼ぶ．労働力人口に占める完全失業者の割合を**完全失業率**と呼ぶ．査期間に「少しも仕事をしなかった人」のうち家事，通学，その他 (幼児，高齢など) を**非労働力人口**と呼ぶ．主婦は非労働力人口に区分される．このように質問項目から就業状態を区分しているのであって，直接「あなたは失業者ですか？」という聞き方をしていない．

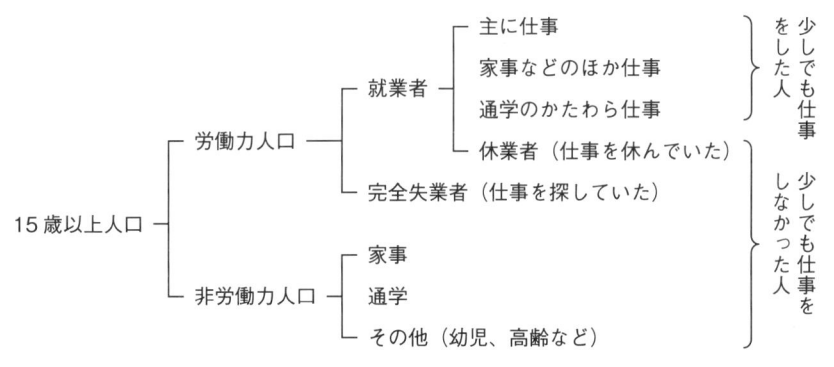

図 10.11 アクチュアル方式による就業状態の区分

(出典) 総務省統計局「国勢調査」

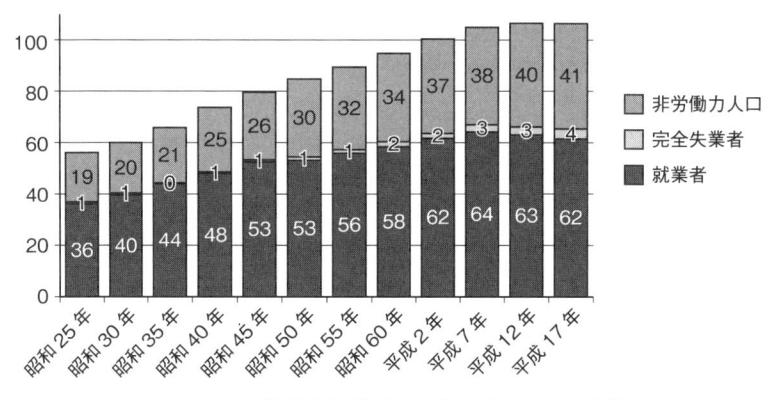

図 10.12 労働力状態 (三区分) 別の人口の推移
(単位：百万人，昭和 25 年～平成 17 年)
(出典) 総務省統計局「国勢調査」

図 10.12 は労働力状態 (三区分) 別の人口の推移 (昭和 25 年～平成 17 年) を示している。就業者数は平成 7 年 (1995 年) の 6 千 7 百万人をピークに減少傾向にある。完全失業者は平成 2 年 (1990 年) 以降，増加傾向にある。非労働力人口は期間 (昭和 25 年～平成 17 年) を通じて増加している。近年，労働力人口 (就業者 + 完全失業者) が減り，非労働力人口が増えているのは人口の高齢化による影響である。

表 10.4 は国勢調査の就業者数による事業所・企業統計調査／経済センサス－基礎調査による従業者数の推移を示している。事業所・企業統計調査／経済センサス－基礎調査は，農林漁家を調査対象としていないので，2 つの

表 10.4 国勢調査による就業者数と事業所・企業統計調査／経済センサス－基礎調査による従業者数の推移 (単位：千人)

国勢調査		事業所・企業統計調査／経済センサス－基礎調査	
調査年次	就業者数 (非農林漁業)	調査年次	従業者数 (非農林漁業)
1995	60,334	1996	62,522
2000	59,824	2001	59,906
2005	58,549	2006	58,386
2010	57,229	2009	62,473

(出典) 総務省統計局「国勢調査」,「事業所・企業統計調査」,「経済センサス－基礎調査」

10.8 人口の経済的属性に関する調査事項　　195

統計の比較においては，農林漁業を除いている。1人が複数の事業所で働くケースがありうることから，調査単位が世帯・個人である国勢調査の就業者数は，調査単位が事業所・企業である事業所・企業統計調査による従業者数よりも少なくなるはずである。だが，2000～2001年及び2005～2006年は国勢調査の就業者数が事業所・企業統計調査の従業者数とほぼ同数である。これは2001年(平成13年)及び2006年(平成18年)の事業所・企業統計調査において，無視できない数の事業所が調査対象から漏れていたためであると考えられる。一方，2009年(平成21年)経済センサス–基礎調査では，それまで調査対象から漏れていた事業所が行政記録情報等で把握されたため，国勢調査の就業者数が経済センサス–基礎調査による従業者数よりも約5百万人少なくなったと考えられる。

10.8.2 就業の形態

図 10.13 に示された就業の形態に関する調査項目「12 勤めか，自営かの別」(図 13-5) では，「雇われている人」，「会社などの役員」，「自営業主」，「家族従業者」，「家庭内の賃仕事(内職)」の区別がある。「雇われている人」はさらに「正規の職員・従業員」，「労働者派遣事業所の派遣社員」，「パート・アルバイト・その他」の区別，「自営業主」は「雇人あり」，「雇人なし」の区別がある。

図 10.14 は就業の形態に関する調査項目に基づいて作成した従業上の地位

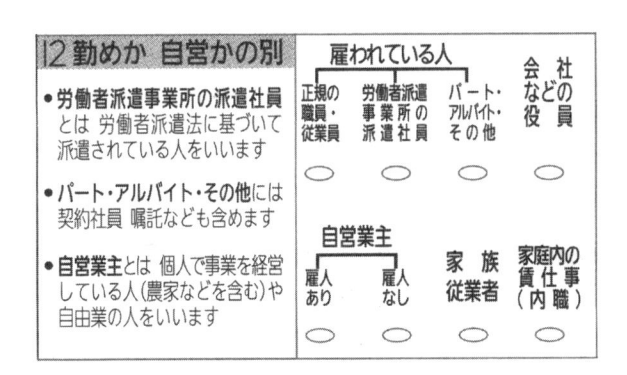

図 10.13　平成 22 年国勢調査の調査票の項目
「12　勤めか，自営かの別」

(出典)　総務省統計局「国勢調査」

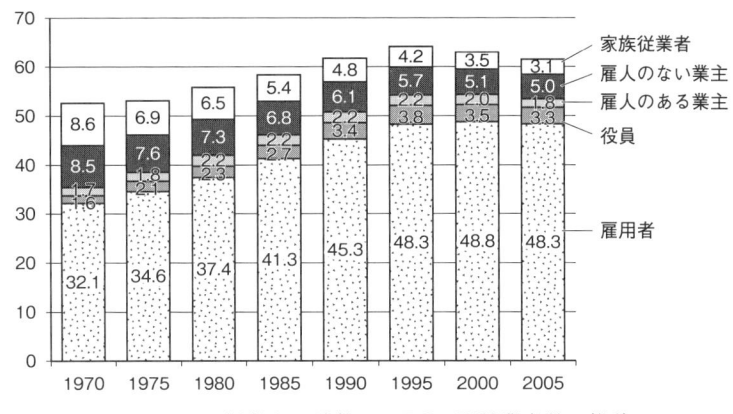

図 10.14 従業上の地位 (5 区分) 別就業者数の推移 (単位：百万人，1970〜2005 年)

(出典) 総務省統計局「国勢調査」

(5 区分) 別就業者数 (1970〜2005 年) を示している。家族従業者，雇人のいない業主が期間を通じて減少傾向，雇用者は 2000 年 (平成 12 年) まで増加傾向にあったが，2005 年 (平成 17 年) には減少している。雇い人のある業主は 1980 (昭和 55 年)〜1995 (平成 7 年) まで 2.2 百万人で安定していたが，2000 年 (平成 12 年) 以降は減少傾向にある。

10.8.3 産　業

ウィリアム・ペティ (William Petty, 1623〜1687 年) はその著書『政治算術』の中で「農業よりも製造業による方が，さらに製造業よりも商業による方が利得が多い」と書いた。コーリン・クラーク (Colin Clark, 1905〜1989 年) はその著書『経済的進歩の諸條件』の中でこれを「ペティの法則と称してさしつかえない」と述べた上で，「経済進歩の相異なる水準は，労働人口の分布の割合と非常に緊密に結びついている，ということを示しうる。さまざまな国のセンサス報告からとった…データは，利用しうる最近年次についてこれらの事実を示すものである。」[7]と主張した。

---

[7] コーリン・クラーク著，大川一司，小原敬士，高橋長太郎，山田優三訳編 [1955]『経済進歩の諸条件』，勁草書房，pp.374-375。

10.8 人口の経済的属性に関する調査事項

クラークは産業を大きく三つのグループに分けた。第一次生産には農業，牧畜，水産業，林業，狩猟業，第二次生産には鉱業，製造工業，建築及び公共事業，ガス，電気供給業をそれぞれふくませ，第三次生産は「以上を差し引いたもの」とした[8]。第一次，二次，三次生産は今日の第一次，二次，三次産業にほぼ対応する。

クラークが見出したのは「第一生産の場合には，消費者1人当たりの平均実質所得が増大するにつれて，彼らが第一次生産物を消費するその絶対額は増加するだろうが，その割合は確実に低落する…第二次生産に従事する労働人口の割合が最高度にまで上昇し，その後に低落するという傾向は，いくつかの経済先進国において観察される」[9]ことである。所得水準が高くなるにつれて産業の中心が第一次産業→第二次産業→第三次産業に移っていく，それが横断面でも，時系列でも成り立つことを示したのである (これを「**クラークの法則**」あるいは「**ペティ＝クラークの法則**」と呼ぶ)。

ホフマン (W. G. Hoffmann) はその著書『近代産業発展段階論』の中で，「生産諸要素の相対的な量のいかん，立地要因のいかん，技術の状態のいかんにかかわらず，経済の製造業部門の構造は，つねに同一の型にしたがってきた。食料品産業，繊維産業，皮革産業，家具産業 (われわれはこれを『消費財産業』と定義する) は，工業化の過程においてつねにはじめに発展する。だが，金属加工業，輸送用機械製造業，機械工業，化学工業 (これらを『資本財産業』と定義する) が，すぐこれにつづき，第一のグループである消費財産業よりも急速に発展する」と述べた (これを「**ホフマンの法則**」と呼ぶ)[10]。

クラークやホフマンの研究以来，産業構造の変動の方向性を探り，長期的な資源配分政策を提示する研究が，一国の政策決定において重要な位置を占めるまでに発展してきた。産業構造を見るのには就業者数によるものと，付加価値によるものがある。国勢調査では個人について就業状態や産業・職業がなど経済的属性をも把握している。経済センサス－基礎調査及びその前身の事業所・企業統計調査では事業所について従業者数や産業を把握している。

---

[8] 前掲書, p.380。
[9] 前掲書, pp.409～410。
[10] ホフマン著, 長洲一二, 富山和夫訳 [1967]『近代産業発展段階論』, 日本評論社, p.2。

経済センサス－活動調査では企業単位で付加価値を把握し，それを事後的に事業所単位に割り振る予定である。このように産業構造は様々な方法で把握できる。

コーリン・クラークが言うところの「センサス」とは国勢調査のことである。クラークは就業者数で産業構造を分析したが，これは国勢調査が多くの国々で実施されており，そのため国際比較が容易だからである。これに対し産業統計の整備状況は国によって大きく異なる。わが国でさえ経済センサス－活動調査が実施されるまで，全産業の付加価値を横断的に把握する一次統計はなかった。産業連関表や国民経済計算には産業別付加価値があるが，これらの数字は多くの部分が推計によるものであって，その精度は一次統計の整備状況に依存するから，国際比較は容易ではない。

平成 22 年国勢調査において就業者の勤め先の「産業」を把握するための調査項目は「13 勤め先・業主などの名称及び事業の内容」である (図 10.15)。単に「産業」を把握するのであれば，産業名称あるいは産業分類コードを直接，記入すれば良いようにも思われるであろうが，日本標準産業分類の数百種類もある産業の中から，報告者が従事する産業を見つけ出すのは，かなり面倒な作業になる。そのため，より記入しやすいと思われる「勤め先・業種などの名称」と「事業の内容」の事項を記入してもらい，調査票の回収後，その

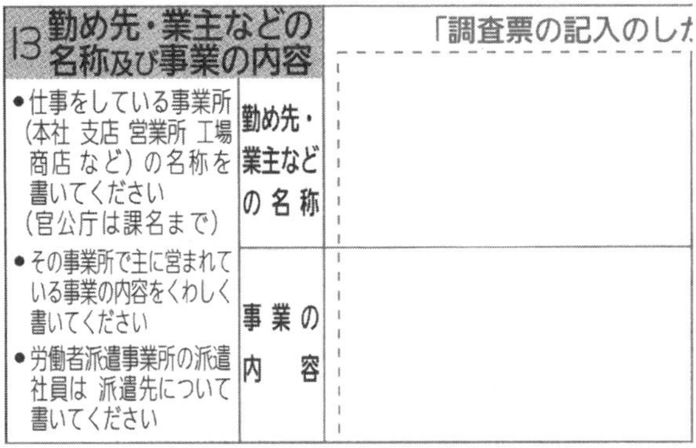
13 勤め先・業主などの名称及び事業の内容
「調査票の記入のした
●仕事をしている事業所（本社 支店 営業所 工場 商店 など）の名称を書いてください（官公庁は課名まで）
勤め先・業主などの名称
●その事業所で主に営まれている事業の内容をくわしく書いてください
●労働者派遣事業所の派遣社員は 派遣先について書いてください
事業の内容

図 10.15　平成 22 年国勢調査の調査票の項目
「13 勤め先・業主などの名称及び事業の内容」

(出典)　総務省統計局「国勢調査」

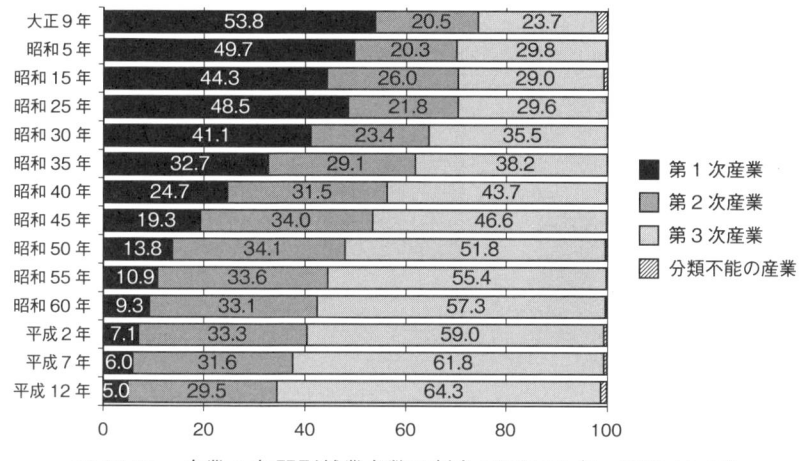

10.8 人口の経済的属性に関する調査事項

図 10.16 産業 3 部門別就業者数の割合 (昭和 25 年～平成 12 年)
(出典) 総務省統計局「国勢調査」

記入内容を見て調査者側の分類の専門家が産業分類を格付けるのである。なお項目「14 本人の仕事の内容」は，世帯員の「職業」を把握するためのもので，項目 13 と同様に記入内容を見て調査者側が分類する。

図 10.16 は産業 3 部門別就業者数の割合の推移を示している。第 1 次産業の割合は終戦直後の昭和 25 年 (1950 年) に一時的に高まるが，概ね減少する傾向にある。第 2 次産業の割合は昭和 25 年から昭和 50 年 (1975 年) までは増加し，昭和 50 年から平成 2 年 (1990 年) までは安定，平成 2 年以降は減少する傾向にある。第 3 次産業の割合は昭和 25 年 (1950 年) 以降増加しており，クラークの法則が観察されている。

10.8.4 職　業

産業分類で製造業に従事している労働者が，生産工程で製品の生産に従事しているいわゆる「ブルーカラー」労働者とは限らない。自動車産業には，事務従事者もいれば，専門的，技術的職業従事者もいれば，販売従事者もいれば，管理的職業従事者などの「ホワイトカラー」労働者もいる。後者の仕事の内容はサービス業と変わらない。したがって，産業別構成比だけを見ると，サービス化の進展を過小評価することになる。だが，産業統計ではブルーカ

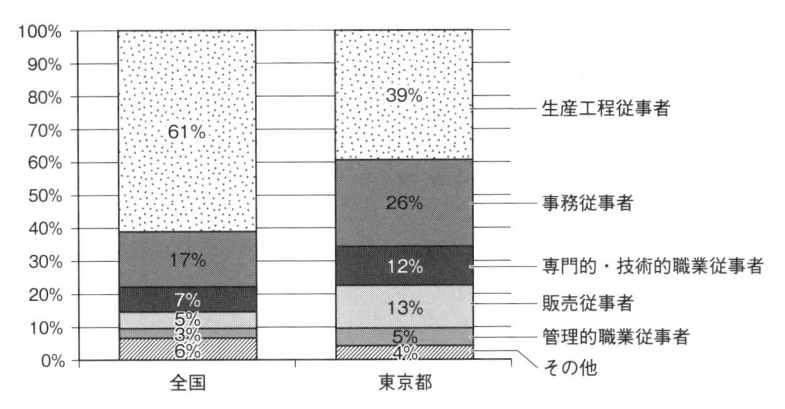

図 10.17 製造業における職業別就業者数の割合 (平成 22 年国勢調査，抽出速報集計)

(出典) 総務省統計局「国勢調査」

ラー，ホワイトカラーといった職種別の従業者数を把握するのは意外と難しい。そこで国勢調査の職業に関する調査項目によって得られた情報が意味を持つ。

図 10.17 は製造業における職業別就業者数を全国と東京都で比較したものである。これを見ると全国では生産工程従事者の割合が 61% であるのに対し，東京都は 39% と少ない。一方で事務従事者，専門的・技術的職業従事者，販売従事者，管理的職業従事者は東京都の方が全国よりも割合が高い。このように地域によっては，製造業の生産工程従事者の割合はかなり低く，産業別構成比を見るだけでなく，職業別構成比をも参照するべきである。

10.9 人口移動

国勢調査の常住人口は「住んでいるところの人口」であるが，経済センサスの従業者数と地域別に比較するならば「働いているところの人口」(これを**昼間人口**と呼ぶ) で比較するべきである。それを把握するための国勢調査の調査項目が「10 従業地又は通学地」である。昼間人口とは**常住人口**から**流出人口**を差し引いて**流入人口**を足したものである。常住人口とはふだん住んでいる場所で数えた人口である。流出人口とは常住他から他地域へ通勤・通学

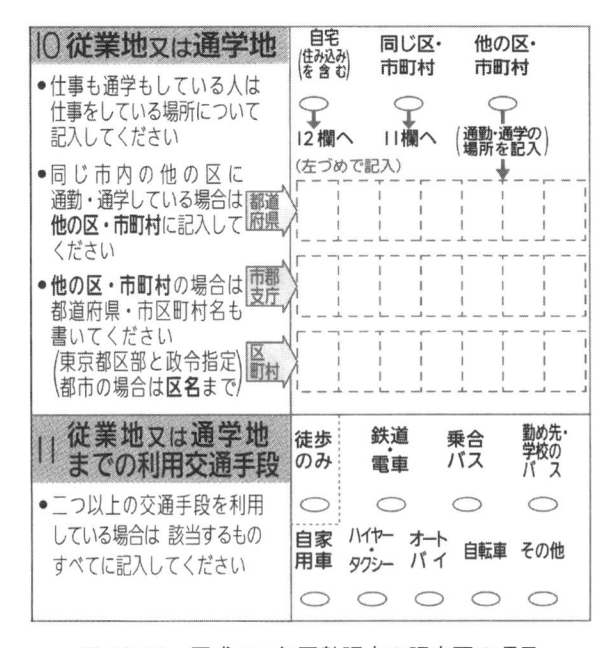

図 10.18 平成 22 年国勢調査の調査票の項目
「10 従業地又は通学地」、「11 従業地又は通学地までの利用交通手段」
(出典) 総務省統計局「国勢調査」

する人口であり，流入は他の地域から当該地域へ通勤・通学してくる人口である．一般に都市中心部のオフィス街は昼間人口が常住人口よりも多く，郊外のベッドタウンは昼間人口が常住人口よりも少ない傾向がある．注意点としては，項目 10 では従業地と通学地のみ調べているので，昼間人口には買物客や観光客などは含まれていないことである．

図 10.18 に示された調査項目「11 従業地又は通学地までの利用交通手段」は，郊外から都市中心部への通勤・通学が増大し，交通渋滞や鉄道混雑が問題となった昭和 45 年 (1970 年) 国勢調査で設定された事項であり，現在まで続いている．

図 10.19 は東京都の区市町村別昼夜間人口比率を示している．**昼夜間人口比率**とは，昼間人口を夜間人口で割って 100 倍した値である．色の濃い区市町村の方が，昼夜間比率が高い．従って，色の薄い地域から濃い地域へ通勤・

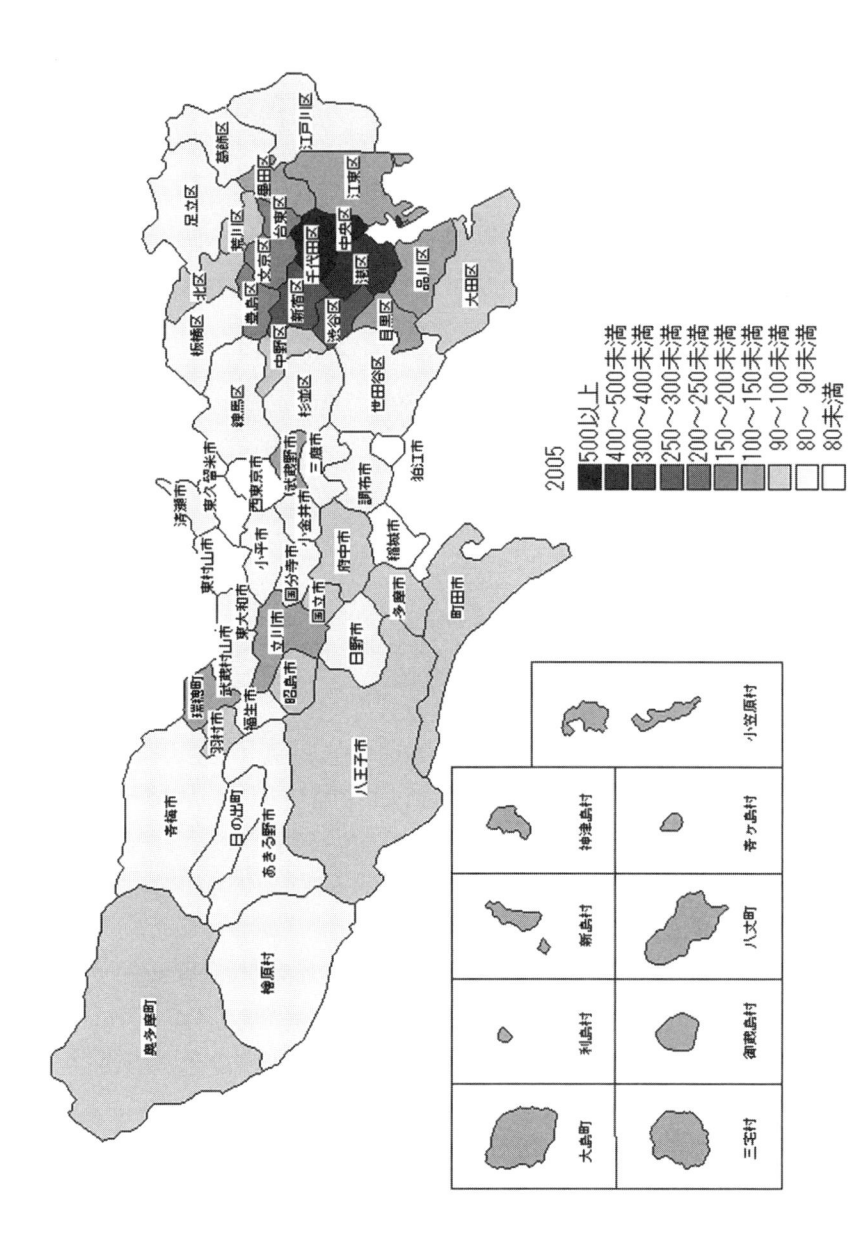

図 10.19 東京都の区市町村別昼夜間人口比率（平成 17 年）
（出所）東京都総務局

通学があることを示す。区部については，中心部の昼夜間人口比率が高く，周辺部が低い傾向がクリアに現れている。市町村部は全体的に昼夜間人口比率が低く，ベッドタウンであることを示している。

10.10 人口推計

　国勢調査の実施には多額の費用がかかるため，5年に1回の頻度でしか実施できない。だが，5年間も経てば経済も社会も状況は大きく変わりうる。刻一刻と変わる状況をなるべく早く知りたいというニーズに応えるためには，国勢調査を実施しない年の人口を推計することが必要になる。それが**人口推計**である。

　人口推計において基礎となるのは**人口学方程式**である。いま時点0と時点1の2時点について考えよう。2時点間の人口増減数は，出生数から死亡数を引いた自然増減と，転入数から転出数を引いた社会増減の合計である。

$$人口増減数 = (出生数 - 死亡数) + (転入数 - 転出数)$$
$$= 自然増減 + 社会増減 \tag{1}$$

人口増減数は時点1の人口から時点0の人口を引いたものであるから，

$$人口増減数 = 時点1の人口 - 時点0の人口 \tag{2}$$

となる。ここで(1)式と(2)式より(3)式が成り立つ。

$$時点1の人口 = 時点0の人口 + 自然増減 + 社会増減 \tag{3}$$

(3)式に基づけば，時点0の人口がわかっている場合，何らかの方法で自然増減及び社会増減を把握できれば，人口推計が可能である。どうすれば自然増減及び社会増減を把握することができるであろうか。一つの方法は標本調査を実施することである。もう一つの方法は業務統計を用いることである。一般に標本調査に比べ，業務統計を活用する方が費用が安い。また業務統計は，届出が義務であり，届出をしないと経済・社会的に大きな支障がある場合には精度が高い。

　総務省統計局では，国勢調査結果に基づき，人口動態統計や出入国管理統計などの業務統計を用いて人口数を推計している。これを**人口推計**と呼ぶ。人

表 10.5　全国推計人口の推移 (総人口，単位：千人，平成 17〜23 年)

	人口 1)2)	人口増減 3)								補間補正数
		純増減		自然動態 4)			社会動態 5)			
		増減数	増減率 6)	出生児数	死亡者数	自然増減	入国者数	出国者数	社会増減	
	(1)	(2)	(3)	(4)	(5)	(6)	(7)	(8)	(9)	(10)
平成 17 年	127,768 7)									
18 年	127,901	133	1.04	1,091	1,090	1	2,836	2,835	1	131
19 年	128,033	132	1.03	1,102	1,104	−2	2,882	2,879	4	131
20 年	128,084	51	0.40	1,108	1,142	−35	2,864	2,908	−45	131
21 年	128,032	−52	−0.41	1,087	1,146	−59	3,114	3,237	−124	131
22 年	128,057 7)	26	0.20	1,083	1,188	−105	2,840	2,840	0	131
23 年	127,799	−259	−2.02	1,073	1,253	−180	2,686	2,765	−79	−

(注)　1)　各年の人口は，当該年の 10 月 1 日現在の人口．
　　　2)　平成 22 年以前の人口は，平成 22 年国勢調査人口を基に遡及改定 (補間補正) した数値．
　　　3)　各年の「人口増減」は，前年 10 月〜当年 9 月の計．
　　　4)　「人口増減統計」(厚生労働省) による．
　　　5)　「出入国管理統計」(法務省) による．
　　　6)　増減数を期首人口で除したもの．(千人比:‰)
　　　7)　国勢調査による人口．
　　　8)　四捨五入のため内訳と合計が一致しないところがある．
(出典)　総務省統計局「人口推計」

口推計によって算出された人口を**推計人口**と呼ぶ．

表 10.5 は全国推計人口の推移を示している．平成 17 年及び平成 22 年の人口は国勢調査による人口であり，それ以外の年次は推計人口である．ただし，平成 22 年以前の人口は，平成 22 年国勢調査人口を基に遡及改定 (補間補正) した数値である．(2) 純増減は (6) 自然増減，(9) 社会増減，(10) 補間補正数の合計である．平成 23 年に約 26 万人の減少となっているが，その内訳は自然減が約 18 万人，社会減が約 8 万人である．これは少子高齢化に伴い死亡数が出生数を上回っていること，さらには東日本大震災で多数の犠牲者が出たこと，原発事故の影響で多くの外国人が出国したことによる．

11
家計調査

11.1 家計調査の概要

　総務省統計局「**家計調査**」は，一定の確率的な抽出方法に基づき選定された全国約9千世帯を対象として，家計の収入・支出，貯蓄・負債などを毎月調査している標本調査である。家計調査は消費者物価指数を作成するためのウェイトを提供するとともに，国民経済計算の推計のための基礎資料となっている。

　家計の収入・支出を調べることは，**家計簿**を記帳する習慣が普及していれば可能である。家計簿の記録を調査票に転記すればよいからである。中村隆英氏によれば，「家計簿が日本で問題にされるようになったのは明治以後のことで，イギリス，アメリカの家政学が日本に紹介されてからのことであった。…市販の家計簿としては，明治37年に婦人之友社から，羽仁もと子編「家計簿」が発売されたのがもっとも早かったらしい。大正期に入って，一般家庭の主婦層を対象とする家計簿が他社からも刊行されるようになり，やがて新年号の『主婦之友』の付録にもなるようになった。…戦後には生活に窮乏した時代がつづいたが，その一段落とともに，家計に管理と計画化に志す家庭が多くなり，貯蓄奨励運動のための記帳の普及とあいまって，記帳者の層が厚くなったと考えられる」と述べている[1]。

　西川祐子氏によれば，『婦人之友』は戦後，「家計簿をつけ通す同盟」をつ

---

[1] 中村隆英編 [1993]『家計簿から見た近代日本生活史』東京大学出版会，pp.4-5。

くろうと呼びかけ，そして同盟に加入した家庭から集まった家計簿を集計して「家計簿をつけ通す同盟の研究報告」を『婦人之友』に長年にわたり載せ続けたが，各家庭が同盟に加入した目的は「平均値とわが家計をくらべて気力を持続させる」ことにあったと述べている[2]。このようにして家計簿を記帳する習慣が普及していたことが，家計調査の実施を可能にしてきた[3]。

家計調査の始まりは終戦直後の昭和21年 (1946年) に始められた「**消費者価格調査**」である。当時は公定価格とヤミ価格とが並存し，かつ両価格間の格差がいちじるしかったが，店頭には商品が並んでいなかったため，価格を家庭の主婦たちが記録した支出金額，購入数量から単価を求めたのである[4]。この調査が家計調査へと発展することになった。収入の項目が加わったのは，昭和25年 (1950年) に別個の調査として実施されてきた「勤労者世帯収入調査」を統合して「消費実態調査」と改称し，価格調査的色彩のものから生活調査的色彩のものに変形したからである。さらに，占領終了後の28年4月，現行の「家計調査報告」へと発展した。

統計調査の成立の経緯を知ることは，その統計調査の特徴を理解する上で重要である。初期の設計が，今日のその統計のあり方に影響を与えているからである。家計調査について言えば，(1) 調査周期が月次であること，(2) 支出金額・購入数量・単価を調査していること，(3) 世帯の収入を調査しているという特徴は，その前身の調査から受け継がれたものである。

11.2　世帯の抽出

家計調査は抽出世帯を単位とする標本調査である。その母集団情報を提供しているのは国勢調査である。ただし家計調査では国勢調査の調査世帯から直接，世帯を抽出するわけではない。国勢調査は5年に1回の調査であり，その間の世帯の移動は大きいからである。ただし，個々の世帯の移動はあっ

---

[2] 西川祐子 [2009]『日記をつづるということ』吉川弘分館，pp.244-248。
[3] 日本能率総合研究所による首都圏在住の30歳以上の既婚女性を対象にした調査によれば家計簿をつけている割合は約6割であった。日本能率協会総合研究所 [2010]「2010年版家計簿に関するアンケート調査」
[4] 相原茂，鮫島龍行 (1971)『統計日本経済』筑摩書房，p.295。

1 世帯主 氏名	2 住所 (字・町名・ 番地など)	3 同一住宅 内の別の 世帯の有 無	4 世帯主職業 (している 仕事)	5 農林漁家・勤労・ 勤労以外・男女・ 不採用の別				6 備考 (不採用の理由, 単身世帯用に拡 張した単位区符 号などを記入)
				二人以上		単身		
		有・無		農・勤・外	不	男・女	不	
		有・無		農・勤・外	不	男・女	不	
		有・無		農・勤・外	不	男・女	不	
		有・無		農・勤・外	不	男・女	不	
		有・無		農・勤・外	不	男・女	不	
		有・無		農・勤・外	不	男・女	不	

図 11.1　一般単位区世帯名簿の一部分

(出典)　総務省統計局「家計調査」

たとしても，各地域の人口数とその特徴は5年間に大きく変動しないと考えられる．そこで国勢調査の結果に基づいて第1段目で市町村を，第2段目で単位区を抽出する．そして調査員が1人で2単位区を受け持って，それぞれの単位区の全居住世帯の名簿を作成する (図11.1)．世帯名簿には世帯主の氏名，住所，同一住宅内の別の世帯の有無，世帯主職業，農林漁家・勤労・勤労以外・男女・不採用の別が記録される．

第3段目として，指導員はその名簿を基に，二人以上の世帯については各単位区の調査対象世帯の中から6世帯を，単身世帯については交互の単位区から1世帯を無作為に選定する．この方式を**層化三段抽出法**と呼ぶ．

なお，市町村の抽出においては，国勢調査結果に基づき地方，都市階級に分けた後，(1) 人口集中地区人口比率，(2) 人口増減率，(3) 産業的特色，(4) 世帯主が65歳以上の世帯数の比率を考慮して層 (グループ) に分けている．

標本調査は，第2次世界大戦後の占領期に米国よりもたらされたものである．家計調査の前身である消費価格調査は，わが国で最初の標本抽出理論に基づく官庁統計であり，これと労働力調査で日本の統計関係者は標本抽出理論を「学習した」と言われている．標本調査は全数調査に比べて費用と労力を節約できる点において有効である．標本調査の設計のためには，その調査によって推計しようとしている母集団の範囲と構造が把握できていなくてはならない．国勢調査があってはじめて家計調査が成り立つのである．

11.3 家計簿

　家計調査で収集する情報の基礎となるのが家計簿であることは既に述べた通りである。そして家計簿を普段つけていない世帯に対して，家計の収入・支出をきいても答えられないことは明らかである。そこで家計調査ではすべての調査世帯に対して家計簿を配布し，記帳することを依頼している。図 11.2 は家計調査の家計簿 (二人以上の世帯用) の一部分を示している。報告者は買い物のたびに，(1) 収入の種類又は支出の品名及び用途，(3) 現金収入額，(3) 数量，(4) 現金支出を記帳する。なお，単身世帯用の家計簿には (1), (2), (4) を記帳することになる。

　調査世帯は，二人以上の世帯については 6 か月，単身世帯については 3 か月継続して調査され，順次，新たに選定された世帯と交替する仕組みになっているから，報告者は記帳をそれだけの期間，ずっとしなければならないことになる。購入した一つ一つの商品について金額と数量を記帳するのであるから，買い物から帰ってくるたびに記帳しなければならない。もっとも最近では小売店で購入した際に渡される領収書に購入品目の明細が記録されていることが多く，それを保持して転記すれば後でも正確な記帳はできる。また，口座自動振替による支払は貯金・預金通帳に「自動的に」記録が残るから，そ

＿＿＿＿＿＿＿日　（　曜日）		前期からの繰越金 (手持ち資金)		円
I　現金収入又は現金支出				
(1) 収入の種類又は支出の品名及び用途	(2) 現金収入 (円)	(3) 数量	単位	(4) 現金支出 (円)
1				
2				
3				
⋮	⋮	⋮	⋮	⋮
15				
合　計			本日の現金残高	円

図 11.2　家計簿 (二人以上の世帯用) の項目「I　現金収入又は現金支出」の一部分
(出典)　総務省統計局「家計調査」

11.3 家計簿

口座自動振替による支払い			
支払内訳 (種類, 品名等)	今月の支払分		
	数　量	金　額 (円)	
1　電気料金 (　　月分)	kWh		
2　深夜電力 (　　月分)	kWh		
3　都市ガス料金 (　　月分)	m³		
⋮	⋮		

図 11.3　家計簿 (二人以上の世帯用) の項目「口座自動振替による支払」の一部分
(出典)　総務省統計局「家計調査」

れを見れば漏れなく正確に把握できる。家計簿 (二人以上の世帯用) では，図 11.3 の項目「口座自動振替による支払」で図 11.2 の項目とは別に調査している。

またクレジットカードによる購入も，レシート及びカード会社から「ご利用代金明細」から届くから，正確な支出記録が分かる。家計簿 (二人以上の

II　クレジットカード, 掛買い, 月賦による購入又は現物 　　　(もらい物 (現物給与を含む。), 自家産, 自分の店の商品)							
*掛買いで購入したときには「1」一括払い購入, 月賦で購入したときには「2」分割払いを○で囲みます。 *現物とは，よそからもらい物をしたり，勤め先から定期券等を支給されたりした場合，また，自家産のものを家計に取り入れたり，自分の店の商品を家計にまわしたりした場合をいいます。 *それらの品物を入手した際に必ず記入します。							
(1) 品名及び購入方法 右の該当するものを○で囲んでください→	1 一括払い購入	2 分割払い購入	3 もらい物	4 自家産	5 自分の店の商品	(2) 数量　　単位	(3) 金額 (もらい物 (現物給与を含む) 自家産自分の店の商品は見積額)　(円)
1							
2							
3							
4							
5							

図 11.4　家計簿 (二人以上の世帯用) の項目
「II　クレジットカード, 掛買い, 月賦による購入又は現物」の一部分
(出典)　総務省統計局「家計調査」

世帯用) では図 11.4 のような項目「Ⅱ クレジットカード，掛買い，月賦による購入又は現物」で，図 11.2, 11.3 の項目とは別に調査している。クレジットカードによる支払記録は品目別ではなく購入先別になっているのが難点であるが，消費者は後日の支払請求書の確認のために「クレジット売上票のお客様控え」を保持するであろうし，そこには品目別の支出が記録されているので記入は可能である。

　以上のように正確な記入が不可能な調査では決してない。だが，家計簿を普段つけていない世帯にとっては負担が重い調査であるため，調査を拒否する世帯が増加する結果，調査の平均値に歪みが生じるおそれがある。

11.4　消費支出以外の調査事項

　家計調査の調査票は「家計簿 (二人以上の世帯用)」と「家計簿 (単身世帯用)」の他に「世帯票」，「年間収入調査票」，「貯蓄等調査票」がある。家計調査では調査員が受け持ちの単位区の全居住世帯の名簿を作成することは既に述べた。調査員は世帯名簿を作成した時点では世帯の構成は分からない。そこで世帯票でそれを調べることになる。

　図 11.5 は世帯票の世帯員に関する調査項目を示しているが，氏名，世帯主との続き柄，性別，満年齢，就業・非就業の別，本業の勤め先又は自営業，副業の勤め先又は自営業の項目がある。世帯票にはこれ以外にも住居，教育の項目があり，全体的に見れば国勢調査に類似した項目となっている。なお，世帯票は調査員が世帯に質問して記入する調査項目である。

　家計調査ではすべての調査世帯に対して，年間収入調査票で世帯の年収を収入別，世帯主・他の世帯員別に調査している (図 11.6)。また二人以上の世帯に対して，貯蓄調査票で貯蓄・負債の保有状況及び住宅などの土地建物の購入計画を調査している (図 11.7)。勤労者であれば勤務先から送られてくる源泉徴収票，自営業であれば税務申告書を見れば正確な記入が可能なはずである。これは貯蓄等調査票も同様であって，貯金・預金残高は通帳を見れば正確に記入できるはずである。家計簿を記帳するには手間がかかるが，源泉徴収票の作成や勤務先が行うものであり，貯金・預金通帳の記帳は郵便局・

㊙ 基幹統計調査

家　計　調　査

世帯票

総　務　省　統　計　局

1 単身	2 二人以上

1 農林漁家世帯	2 農林漁家世帯以外の世帯

1 勤労	2 勤労以外	3 無職

市町村番号	単位区番号	調査世帯番号	

住所	市 区 郡　町 村　電話（　）
世帯主氏名	

(1) 氏名及び世帯主との続き柄	続き柄	(2) 性別 1 男	2 女	(3) 満年齢（歳）	(4) 就非別 1	2	本業の勤め先又は自営事業 (5) 名称	(6) 事業内容	(7) 本人のしている仕事の内容	(8) 雇用者又は使用人欄
1 世帯主	本人	1	2		1	2				民営・自営・官公　人
2		1	2		1	2				民営・自営・官公　人
3		1	2		1	2				民営・自営・官公　人
4		1	2		1	2				民営・自営・官公　人
5		1	2		1	2				民営・自営・官公　人

図 11.5　世帯票の世帯員に関する項目　（出典）総務省統計局「家計調査」

あなたの世帯の過去1年間の収入は **税込み**でだいたいどのくらいになりますか
世帯主の分か他の世帯員の分かはっきりしないものは 世帯主の欄に記入してください。

	（世帯主）千百十一		（他の世帯員）千百十一	
(1) 勤め先年間収入　定期収入…	□□□□	万円…	□□□□	万円
(1) 勤め先年間収入　賞与・その他の臨時収…	□□□□	万円…	□□□□	万円
(2) 営業年間利益…	□□□□	万円…	□□□□	万円
(3) 内職年間収入…	□□□□	万円…	□□□□	万円
(4) 公的年金・恩給…	□□□□	万円…	□□□□	万円
(5) 農林漁業収入…	□□□□	万円…	□□□□	万円
(6) その他の年間収入…	□□□□	万円…	□□□□	万円
(7) 現物消費の見積り額…（自家消費や自分の店の商品を家庭で消費した分の見積額）	□□□□	万円…	□□□□	万円

図 11.6　年間収入調査票の一部　（出典）総務省統計局「家計調査」

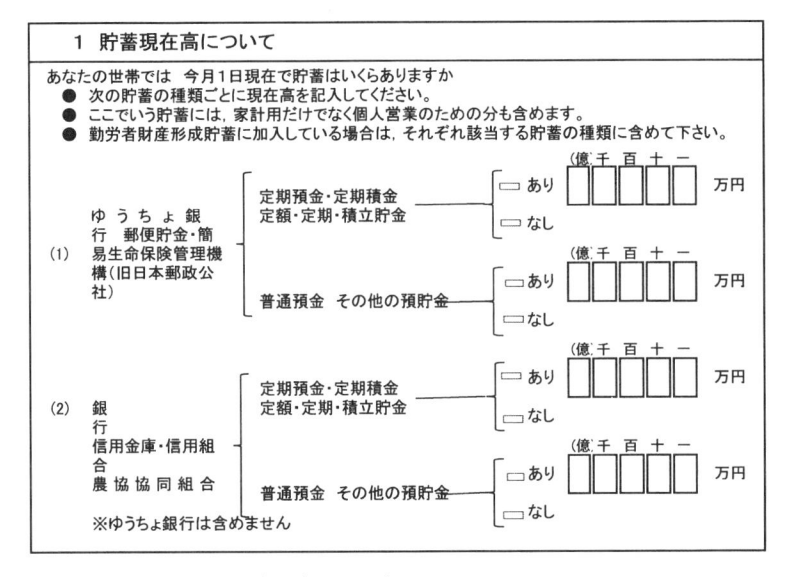

```
┌─────────────────────────────────────────────────────────────┐
│ 1 貯蓄現在高について                                          │
│ あなたの世帯では 今月1日現在で貯蓄はいくらありますか            │
│ ● 次の貯蓄の種類ごとに現在高を記入してください。                │
│ ● ここでいう貯蓄には,家計用だけでなく個人営業のための分も含めます。│
│ ● 勤労者財産形成貯蓄に加入している場合は,それぞれ該当する貯蓄の種類に含めて下さい。│
│                                                             │
│         ┌─ 定期預金・定期積金 ─┬─ □あり  (億千百十一)      │
│ (1) ゆうちょ銀    定額・定期・積立貯金  └─ □なし  □□□□□ 万円│
│     行 郵便貯金・簡                                          │
│     易生命保険管理                                           │
│     構(旧日本郵政公   ┌─ 普通預金 その他の預貯金 ─┬ □あり (億千百十一)│
│     社)                                         └ □なし □□□□□ 万円│
│                                                             │
│         ┌─ 定期預金・定期積金 ─┬─ □あり  (億千百十一)      │
│ (2) 銀  行         定額・定期・積立貯金  └─ □なし  □□□□□ 万円│
│     信用金庫・信用組                                         │
│     合                                                      │
│     農協協同組合   ┌─ 普通預金 その他の預貯金 ─┬ □あり (億千百十一)│
│                                                 └ □なし □□□□□ 万円│
│     ※ゆうちょ銀行は含めません                                │
└─────────────────────────────────────────────────────────────┘
```

図 11.7 貯蓄等調査票の一部 (出典) 総務省統計局「家計調査」

銀行が行なっているので,報告者である世帯に記録する手間はあまりかからない。だが,一般に所得や貯蓄は他人には知られたくない情報であり,心理的な報告者負担が重い。過小に記入しているケースもありうるので,ある程度,割り引いて観察すべき項目である。

11.5 標準誤差

　家計調査は標本調査であるから,調査結果には**標本誤差**がある。標本誤差の範囲は標準誤差を用いて確率的に記述できる。表 11.1 は平成 22 年家計調査の二人以上の世帯及び単身世帯の主要費目別支出金額の**標準誤差率**である。二人以上の世帯について見ると,消費支出の標準誤差率は 0.4% であり非常に低いが,費目別に見ると住居が 2.3%,教育が 2.2% と高い。単身世帯は二人以上の世帯よりも高く,単身世帯の中でも男性の世帯の誤差率は高い。単身世帯,とりわけ男性の単身世帯の分析を行うときにはこの点を考慮する必要がある。

表 11.1 二人以上の世帯及び単身世帯の主要費目別支出金額の標準誤差率 (%)

項目	二人以上の世帯	単身世帯 平均	単身世帯 男性	単身世帯 女性
消費支出	0.4	1.4	2.6	1.3
食料	0.2	1.3	2.2	1.0
住居	2.3	3.0	4.1	4.4
光熱・水道	0.3	1.0	1.8	1.0
家具・家事用品	1.1	3.8	7.8	4.0
被服及び履物	0.8	3.8	8.4	3.7
保健医療	1.0	3.3	6.9	3.3
交通・通信	1.3	5.2	8.6	3.4
教育	2.2	—	—	—
教養娯楽	0.7	3.2	5.7	2.9
その他の消費支出	0.7	2.8	5.9	2.6

(出典) 総務省統計局『家計調査年報 ≪I 家計収支編≫ 平成 22 年』, p.448

表 11.2 二人以上の世帯の月別支出金額の標準誤差率 (%)

年月	消費支出	集計世帯数
平成 22 年 1 月	1.2	7,801
2 月	1.1	7,827
3 月	1.3	7,829
4 月	1.3	7,793
5 月	1.2	7,806
6 月	1.3	7,802
7 月	1.4	7,775
8 月	1.3	7,810
9 月	1.5	7,833
10 月	1.2	7,842
11 月	1.4	7,834
12 月	1.3	7,857

(出典) 総務省統計局『家計調査年報 ≪I 家計収支編≫ 平成 22 年』, p.448

表 11.2 は二人以上の世帯の月別支出金額の標準誤差率である．単純無作為抽出の場合，標準誤差は標本の大きさの平方根に逆比例する．標本の大きさが 4 倍になれば標準誤差は 2 分の 1 になり，9 倍になれば 3 分の 1 になる．月別だと標本数は年間の 12 分の 1 になる．12 の平方根は 3.5 であるから，月別の標準誤差率は年間の標準誤差率の約 3.5 倍になる．表 11.2 を見ると，月別の標準誤差率は 1.1～1.5％と，年間の標準誤差率 0.4 の約 3～4 倍である．

11.6 ローレンツ曲線とジニ係数

近年，所得格差を巡る議論が活発であるが，所得の不平等度をグラフで表現する方法に**マックス・ローレンツ** (Max Lorenz, 1876～1959 年) が考案した**ローレンツ曲線**，数値で表す方法に**コッラド・ジニ** (Corrado Gini, 1884～1965 年) が考案した**ジニ係数**がある．ローレンツ曲線を描き，ジニ係数を計算するためには年間収入十分位階層別のデータが用いられる．

表 11.3 は年間収入十分位階層別年間収入・消費支出を示している．**十分位階層**とは，年間収入が少ない方から順に世帯を並び替え，それぞれの階層の世帯数が同じになるように区分したものである．表 11.3 の「世帯数分布 (抽出

表 11.3　年間収入十分位階層別年間収入・消費支出 (総世帯, 平成 22 年)

年間収入十分位階層	世帯数分布 (抽出率調整)	集計世帯数	消費支出 (円)	年間収入 (万円)	累積相対世帯数	累積相対年間収入	累積相対消費支出
平均	10,000	8,526	252,328	521			
I　　　　～ 1,780,000	1,000	390	106,102	125	10%	2%	4%
II　1,780,000 ～ 2,510,000	1,000	612	159,271	216	20%	7%	11%
III　2,510,000 ～ 3,150,000	1,000	799	193,138	284	30%	12%	18%
IV　3,150,000 ～ 3,750,000	1,000	880	213,362	346	40%	19%	27%
V　3,750,000 ～ 4,370,000	1,000	874	229,326	406	50%	26%	36%
VI　4,370,000 ～ 5,170,000	1,000	968	255,398	475	60%	36%	46%
VII　5,170,000 ～ 6,080,000	1,000	945	273,000	563	70%	46%	57%
VIII　6,080,000 ～ 7,420,000	1,000	1,001	303,595	670	80%	59%	69%
IX　7,420,000 ～ 9,500,000	1,000	1,001	347,617	836	90%	75%	82%
X　9,500,000 ～	1,000	1,055	442,473	1,293	100%	100%	100%

(出典)　総務省統計局「家計調査」より筆者作成。

率調整)」がどの階層についても 1,000 になっているのはそれを示している。実際に調査され, データが集計された世帯数は「集計世帯数」に示されており, 集計世帯数の合計は 8,526 世帯である。「消費支出 (円)」は 1 か月当たりの各階層の平均消費支出額を示しており,「年間収入 (万円)」は各階層の平均年間収入を示している。「累積相対世帯数」は各階層の世帯数構成比の累積値,「累積相対年間収入」は各階層の平均年間収入 × 世帯数の構成比の累積

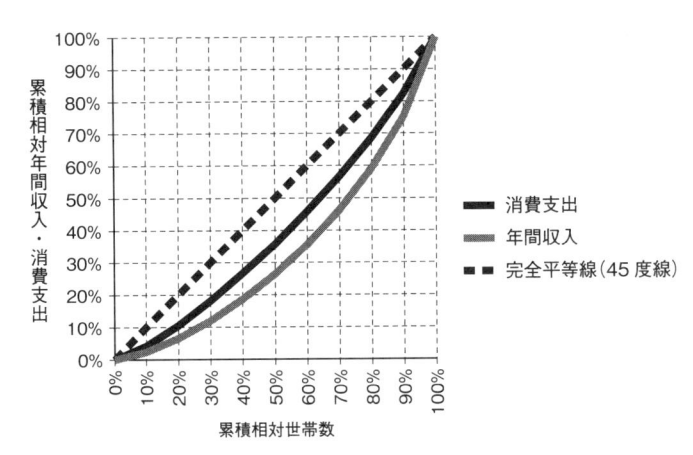

図 11.8　年間収入・消費支出のローレンツ曲線 (総世帯, 平成 22 年)

(出典)　総務省統計局「家計調査」

値,「累積相対消費支出」は各階層の平均消費支出 × 世帯数の構成比の累積値である。ここでの「相対」は構成比であることを示す。

累積相対世帯数を横軸に，累積相対消費支出及び累積相対年間収入・消費支出を縦軸に置いてプロット図を作成し，点の間を線で結んだのがローレンツ曲線である (図 11.8)。45 度線は完全平等線である。もしも年間収入・消費支出の分布が平等であるならば，ローレンツ曲線は完全平等線に近づく。年間収入の分布の方が，消費支出の分布よりも不平等であることが分かる。

完全平等線とローレンツ曲線の間の面積の 2 倍をジニ係数と呼ぶ。計算式は次の通りである。

$$G = 1 - Y_1 X_1 - \sum_{k=2}^{10}(Y_k + Y_{k-1})X_k$$

ただし，G はジニ係数，Y_k は第 k 階層の累積相対年間収入・消費支出，X_k は第 k 階層の相対世帯数であり，全階層について 0.1 である。表 11.4 は年間収入・消費支出のジニ係数の計算表 (総世帯，平成 22 年) である。年間収入のジニ係数は 0.336，消費支出のジニ係数は 0.202 となっており，年間収入の方が消費支出よりも不平等度が大きいことが確認できる。なお，厳密に計算す

表 11.4　年間収入・消費支出のジニ係数の計算表 (総世帯，平成 22 年)

年間収入十分位階層	(当階層の累積相対年間収入 + 前階層の累積相対年間収入) × 相対世帯数	(当階層の累積相対消費支出 + 前階層の累積相対消費支出) × 相対世帯数
I　　　　　～ 1,780,000	0.002	0.004
II　1,780,000 ～ 2,510,000	0.009	0.015
III　2,510,000 ～ 3,150,000	0.019	0.029
IV　3,150,000 ～ 3,750,000	0.031	0.045
V　3,750,000 ～ 4,370,000	0.045	0.062
VI　4,370,000 ～ 5,170,000	0.062	0.082
VII　5,170,000 ～ 6,080,000	0.082	0.102
VIII　6,080,000 ～ 7,420,000	0.105	0.125
IX　7,420,000 ～ 9,500,000	0.134	0.151
X　9,500,000 ～	0.175	0.182
合計	0.664	0.798
ジニ係数	0.336	0.202

(出典)　総務省統計局「家計調査」より筆者作成。

る場合は等価尺度 (equivalence scale) による世帯規模の調整が必要になる。

11.7　エンゲルの法則

エルンスト・エンゲル (Ernst Engel, 1821～1896 年) はベルギーの労働者の家族の生活費に関する資料を観察し，年間収入階級が高い階層ほど家計の消費支出に占める食費の割合が低いことを見つけた。エンゲルは次のように書いている。「1857 年にデュックペティヨーとル・プレーの家計を解説した際，私はここには一個の**自然法則**が行われているという認識に到達した。そしてこの自然法則とは『個々人または家族または国民が貧乏であればあるだけ，彼らはその所得のますます大きな割合を肉体維持のために，しかもさらにそのうちの最大部分を飲食物のために充当しなければならぬ』という形で表現できる」[5]。「デュックペティヨーとル・プレーの家計」とあるのはベルギーのデュックペティヨーとフランスのル・プレーが収集した家計に関する資料を指す[6]。

エンゲルは「近代統計学の父」と呼ばれる**アドルフ・ケトレー** (Adolphe Quetlet, 1796～1874 年) の強い影響を受けている。ケトレーは，もともと数学者・天文学者であったが，天体の法則と同様に社会にも法則があることを主張し，「社会物理学」を提唱したことで知られている[7]。エンゲルが用いた 1853 年のベルギー労働者家族の家計調査を立案・実施したのはケトレーである。今日，エンゲルが言うところの「自然法則」を**エンゲルの法則**と呼び，家計の消費支出に占める食費の割合を**エンゲル係数**と呼ぶ。エンゲルの法則が今日のわが国でも成り立つか，総務省統計局「家計調査」で確認しよう。

家計調査の集計表は**総世帯**と**勤労者世帯**に分かれる。総世帯は勤労者世帯

---

[5] エルンスト・エンゲル著，高野岩三郎校閲，森戸辰男訳 [1968]『ベルギー労働者家族の生活費』栗田出版会。

[6] ル・プレー (Frederick le Play, 1806～1882 年) は平均的な家族を選んだのち，数週間をその家族と一緒に暮らし，家族についてあらゆる情報を直接聞き出すという手法で家族の詳細な情報を集めた。そのうち 36 家族について 1855 年に出版したのが著書『ヨーロッパの家族』である。太田和宏 [2011]「エルンスト・エンゲルの修業時代」『北海学園大学経済論集』, 59(3), pp.1-15。

[7] 前掲載書。

11.7 エンゲルの法則

と**勤労者以外の世帯**から構成される。勤労者世帯とは世帯主が会社，官公庁，学校，工場，商店などに勤めている，いわゆる「サラリーマン」世帯のことである。勤労者以外の世帯とは世帯主が商人，職人，個人経営者，自営業，農林漁業従事者，自由業，無職などの世帯のことである。食料品店やレストランの経営者の世帯は仕入れた食料品や食材を自家消費することがある。農家世帯も収穫物を出荷しないで自家消費することがある。そのためこれらの世帯では食費が過小評価される。勤労者世帯はさらに「**二人以上の世帯**」と「**単身世帯**」に分かれる。単身世帯は孤独な1人暮らしであるとは限らない。近隣に家族が住んでいて，食事等の世話をしているケースがあり，食費が過小評価される。また 11.5 節で確認したように単身世帯の標準誤差率は大きい。したがって，エンゲルの法則を確認するならば，二人以上の勤労者世帯について観察するのが良い。

図 11.9 は年間収入五分位階級別エンゲル係数の推移 (二人以上の勤労者世帯) を示している。ローマ数字の I, II, ⋯ , V は年間収入階級を示す。第 I 分位階級は最低所得層を示し，数字が増加するにしたがって所得は上昇する。相対的に年間収入が低い階層ほどエンゲル係数が高く，エンゲルの法則が成り立っている。また，時系列的にはエンゲル係数が低下する傾向が観察されている。

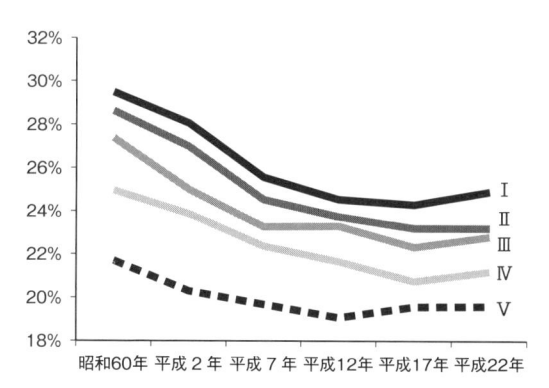

**図 11.9 年間収入五分位階級別エンゲル係数の推移
(二人以上の勤労者世帯，昭和 60 年〜平成 22 年)**

(出典) 総務省統計局「家計調査」。
(注) 昭和 60 年から平成 17 年までは農林漁家を除く世帯。

11.8 家計の消費支出の実質化

消費者物価指数は家計の消費支出の**実質化**に用いられる。実質化とは価格変化の影響を除いて異時点の所得や支出を比較するために行う操作である。消費支出の場合の実質化の計算式は次の通りである。

$$\text{実質消費支出} = \text{消費支出} \div \text{消費者物価指数} \times 100 \qquad (1)$$

である。表 11.5 は消費支出及び可処分所得の実質化の例を示したものである。

可処分所得とは実収入 (税込み収入) から非消費支出 (税金や社会保険料など) を差し引いた額である。2003 年の消費支出は 292,217 円, 可処分所得は 401,787 円である。消費者物価指数は 2010 年を 100 とする 2003 年の指数が 100.7 であるから, 物価水準が下落している。したがって, 2010 年の価格で評価した 2003 年の実質消費支出は 290,186 円, 実質可処分所得は 398,994 円と名目値より小さくなる。

消費支出を可処分所得で割ったものを**平均消費性向**と呼ぶ。

$$\text{平均消費性向} = \text{消費支出} \div \text{可処分所得} \qquad (2)$$

(2) 式を変形すると (3) 式のようになる。

$$\text{消費支出} = \text{平均消費性向} \times \text{可処分所得} \qquad (3)$$

表 11.5 消費支出及び可処分所得の実質化 (2003〜2010 年)

	消費支出 (円)	可処分所得 (円)	消費者物価指数 (持家の帰属家賃を除く総合) (2010 年 = 100)	実質消費支出 (円)	実質可処分所得 (円)
2003 年	292,217	401,787	100.7	290,186	398,994
2004 年	296,725	405,591	100.7	294,662	402,772
2005 年	296,790	398,856	100.3	295,902	397,663
2006 年	285,057	400,137	100.6	283,357	397,750
2007 年	289,821	402,116	100.7	287,806	399,321
2008 年	291,498	402,932	102.3	284,944	393,873
2009 年	283,685	383,960	100.8	281,434	380,913
2010 年	283,401	389,848	100.0	283,401	389,848

(出典) 総務省統計局「家計調査」,「消費者物価指数」に基づき筆者作成。

11.8 家計の消費支出の実質化

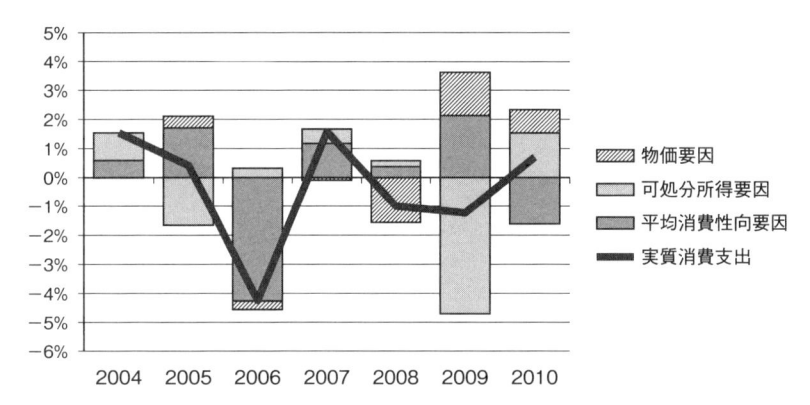

図 11.10 消費支出の対前年実質増減率に対する要因別寄与度の推移（2004〜2010 年）
(出典) 総務省統計局「家計調査」，「消費者物価指数」に基づき筆者作成。

(3) 式を (1) 式に代入すると (4) 式のようになる。

$$\text{実質消費支出} = \text{平均消費性向} \times \text{可処分所得} \div \text{消費者物価指数} \times 100 \qquad (4)$$

(4) 式に基づいて消費支出の対前年実質増減率に対する要因別寄与度に分解したものが図 11.10 である。2009 年に可処分所得の減少が実質消費支出を大きく減少させる方向に寄与したものの，物価の下落と平均消費性向の上昇は実質消費支出を増加させる方向に寄与したことがわかる。

12
消費者物価指数

12.1 消費者物価指数とは何か

消費者物価指数とは，全国の世帯(消費者)が購入する家計に係わる財・サービスの価格を総合した物価の変動を時系列的に測定するものである。

世帯(消費者)の支出には家計の消費支出のほかに直接税や社会保険料などの支出(非消費支出)，有価証券の購入，土地・住宅の購入などの支出(貯蓄及び財産購入のための支出)がある。消費者物価指数は，世帯の消費生活に及ぼす物価の変動を測定するものであるから，家計の消費支出のみを対象としている[1]。

世帯(消費者)が購入する家計に係わる財・サービスには多くの種類がある。平成22年(2010年)基準では588品目である。それらの中には，過去のある時点と比較して，価格が上昇した品目もあれば，下降した品目もある。全体としてみて価格が上昇したのか，それとも下降したのかを明らかにすることが消費者物価指数を測定する目的である。

全国の世帯(消費者)が購入する財・サービスの価格の単位はそれぞれの品目によって互いに異なる。単位が異なるものを総合するため，消費者物価指数では，家計の消費構造を一定のものに固定し，これに要する費用がどう変化するかを指数値で示すことによって物価の変動を測る。

---

[1] ただし，信仰・祭祀費，寄付金，贈与金，他の負担費及び仕送り金については，対象から除外している。

12.2 指数算式

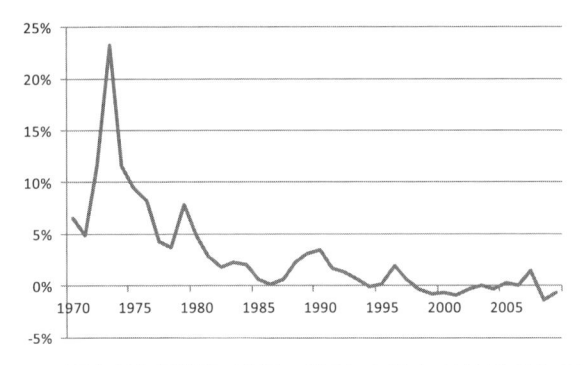

図 12.1 消費者物価指数 (全国, 総合) 上昇率 (対前年比) の推移
(単位：%, 1971～2010 年)

(出典) 総務省統計局「消費者物価指数」
(注) 2005 年 = 100 とする指数に基づいて上昇率を計算した。

図 12.1 はわが国の消費者物価指数 (全国の総合) の上昇率の推移を示している。これを見ると昭和 48 年 (1973 年) に起きた第一次石油危機で物価が大きく上昇している。昭和 54 年 (1979 年) にも第二次石油危機が起きたが, 第一次石油危機に比べると物価上昇率は小さい。その後は年率 5% を下回る上昇率が続いている。平成 11 年 (1999 年) から平成 17 年 (2005 年) までは継続的に上昇率がマイナスであり, その後一時的にプラスになったものの, 平成 20 年 (2008 年) に起きた世界金融恐慌によって再びマイナスに戻った。物価が継続して下落する**デフレーション** (以下,「デフレ」と略す) 状態にあると言えよう。平成 24 年 (2012 年) 現在, デフレ脱却はわが国の大きな政策課題となっている。

本章では, 消費者物価指数がどのようにして作成されているのか, そして, どのような特徴があるのかを説明する。

12.2 指数算式

物価指数を計算する数式を**指数算式**と呼ぶ。わが国の消費者物価指数の計算に用いられる指数算式は**ラスパイレス型算式** (Laspeyres formula) であり, 次式のように表される。

$$P_{bt}^{\mathrm{L}} = \frac{\sum_{i=1}^{n} p_i^t q_i^b}{\sum_{j=1}^{n} p_j^b q_j^b} \times 100 \tag{1}$$

ただし，左辺の P は価格指数，上付き添え字の L はラスパイレス型算式を示す。右辺の n は品目数，p は価格，q は数量，上付き添え字の b は基準時，t は比較時，下付き添え字の i は品目を示す。ラスパイレス型算式の分母は基準時における費用を示す。分子は「もしも比較時の価格で基準時の数量を購入したらどのくらいの費用になるか」見積もった費用を示す。(1) 式を変形すると

$$\begin{aligned} P_{bt}^{\mathrm{L}} &= \frac{\sum_{i=1}^{n} p_i^t q_i^b}{\sum_{j=1}^{n} p_j^b q_j^b} \times 100 = \sum_{i=1}^{n} \frac{p_i^b q_i^b}{\sum_{j=1}^{n} p_j^b q_j^b} \frac{p_i^t}{p_i^b} \times 100 \\ &= \sum_{i=1}^{n} s_i^b \frac{p_i^t}{p_i^b} \times 100 \end{aligned} \tag{2}$$

となる。ただし，

$$s_i^b = \frac{p_i^b q_i^b}{\sum_{j=1}^{n} p_j^b q_j^b} \qquad i = 1, \cdots, n$$

は基準時の品目別消費支出金額のシェアである。(2) 式を見ると，基準時と比較時の品目別価格比 (p_i^t/p_i^b) を，基準時の品目別消費支出金額 ($p_i^b q_i^b$) をウェイトにして加重算術平均している。実際の消費者物価指数の計測は (1) 式ではなく，(2) 式に基づいて行われる。ラスパイレス型算式は，日本銀行「**企業物価指数**」(CGPI)，日本銀行「**企業サービス価格指数**」(CSPI) にも用いられる指数算式である。

ラスパイレス型算式以外の代表的な指数算式をいくつか紹介しよう。ラスパイレス型算式の数量の時点を基準時から，比較時に変更したものを**パーシェ型算式** (Paasche formula) と呼ぶ。ただし，左辺の上付き添え字の P はパーシェ型算式を示す。

$$P_{bt}^{\mathrm{P}} = \frac{\sum_{i=1}^{n} p_i^t q_i^t}{\sum_{j=1}^{n} p_j^b q_j^t} \times 100 \tag{3}$$

パーシェ型算式の分子は比較時における費用を示す。分母は「もしも基準時点の価格で比較時点の数量を購入したらどのくらいの費用になるか」見積もった費用を示す。(3) 式を変形すると，

$$P_{bt}^{\mathrm{P}} = \frac{\sum_{i=1}^{n} p_i^t q_i^t}{\sum_{j=1}^{n} p_j^b q_j^t} \times 100 = \frac{1}{\sum_{i=1}^{n} \frac{p_i^t q_i^t}{\sum_{j=1}^{n} p_j^t q_j^t} \frac{p_i^b}{p_i^t}} \times 100 \qquad (4)$$

となり，比較時と基準時の品目別価格比 (p_i^b/p_i^t) を，比較時の品目別消費支出金額 ($p_i^t q_i^t$) によるウェイトで加重調和平均している。パーシェ型算式は，国内総生産 (GDP) デフレーターの算式が該当する。

さらには，ラスパイレス型価格指数とパーシェ型価格指数を幾何平均したフィッシャー型価格指数もある。ただし，左辺の上付き添え字の F はフィッシャー型算式を示す。

$$P_{bt}^{\mathrm{F}} = \sqrt{P_{bt}^{\mathrm{L}} \times P_{bt}^{\mathrm{P}}} \qquad (5)$$

アービング・フィッシャー (Irving Fisher, 1867～1947 年) は (5) 式だけでなく，多くの種類の指数を考案した。その中でも (5) 式による価格指数は優れた特徴があることが知られていることから，(5) 式をあえて「理想算式」，(5) 式で計算した指数を「理想算式指数」と呼んでいる。わが国では財務省「貿易統計」の価格指数の計算にフィッシャー型算式が用いられている。

12.3 価格指数の計算例

価格指数の計算例 (牛肉と豚肉の価格指数) を示す。表 12.1 は 2 時点 (基準時と比較時) の牛肉と豚肉の価格と数量の仮想的例である。後の説明で 2 時点の間に 1 つ時点を挿入するため，時点 1 を基準時，時点 3 を比較時とする。

基準時と比較時の数量と価格の組み合わせは表 12.2 のように基準時の数量と価格，比較時の数量と価格，基準時の数量と比較時の価格，比較時の数量と基準時の価格の 4 通りあり，それに対応した費用を計算することができる。前者の 2 つの費用は実際にかかった費用 (消費支出金額) であり，後者の 2 つは仮想上

表 12.1　2 時点 (基準時と比較時) の牛肉と豚肉の数量と価格

	牛肉		豚肉	
	数量 (g)	価格 (円／100 g)	数量 (g)	価格 (円／100 g)
基準時 (時点 1)	500	300	1,500	120
比較時 (時点 3)	600	270	1,350	144

表 12.2 基準時と比較時の数量と価格の組み合わせによる 4 通りの費用

	牛肉	豚肉	合計
① 基準時の数量 × 基準時の価格	1,500	1,800	3,300
② 比較時の数量 × 比較時の価格	1,620	1,944	3,564
③ 基準時の数量 × 比較時の価格	1,350	2,160	3,510
④ 比較時の数量 × 基準時の価格	1,800	1,620	3,420

(単位：円)

の費用である。

ラスパイレス型価格指数は，基準時の数量を比較時の価格で購入した場合の仮想上の費用 (表 12.2 の ③，3,510 円) を，基準時に実際にかかった費用 (表 12.2 の ①，3,300 円) で割ったものを 100 倍した値であるから，

$$\text{ラスパイレス型価格指数} = 3{,}510 \div 3{,}300 \times 100 = 106.36$$

となる。パーシェ型価格指数は比較時の実際にかかった費用 (表 12.2 の ②，3,564 円) を，比較時の数量を基準時の価格で購入した場合の仮想上の費用 (表 12.2 の ④，3,420 円) で割ったものを 100 倍した値であるから，

$$\text{パーシェ価格指数} = 3{,}564 \div 3{,}420 \times 100 = 104.21$$

となる。フィッシャー型価格指数はラスパイレス型価格指数 (106.36) とパーシェ型価格指数 (104.21) の積の平方根であるから，

$$\text{フィッシャー型価格指数} = \sqrt{106.36 \times 104.21} = 105.28$$

となる。

12.4 フィッシャーのテスト

12.4.1 比例性テスト

さまざまな指数算式にそれぞれどのような特徴があるのかを明らかにするのがフィッシャーのテストである。まず**比例性テスト**は，「個々の価格が同一の割合で変化すると，価格指数も同一の割合で変化する」というものである。表 12.1 の比較時の価格が牛肉も豚肉も 2 倍になったとしよう。そうすると

$$\text{ラスパイレス型価格指数} = 7{,}020 \div 3{,}300 \times 100 = 212.73$$
$$\text{パーシェ型価格指数} = 7{,}128 \div 3{,}420 \times 100 = 208.42$$
$$\text{フィッシャー型価格指数} = \sqrt{212.73 \times 208.42} = 210.56$$

ラスパイレス型も，パーシェ型も，フィッシャー型価格指数も 2 倍 (小数第 3 位を四捨五入) になっており，比例性テストを満たすことが分かる．

12.4.2 単位無差別性テスト

単位無差別性テストは「個々の商品の数量単位の定め方によって価格指数の値が変化しない」というものである．ラスパイレス型算式は，基準時と比較時の品目別価格比 (p_i^t/p_i^b) を，基準時の費用による品目別消費支出金額 ($p_i^b q_i^b$) で加重算術平均している ((2) 式)．価格比をとることにより，分子と分母の単位が打ち消し合い，単位のない量になる．したがって，ラスパイレス型価格指数は個々の商品の数量単位の定め方によって価格指数の値が変化しない．同様にパーシェ型算式は比較時と基準時の品目別価格比 (p_i^b/p_i^t) を，比較時の品目別消費支出金額 ($p_i^t q_i^t$) によるウェイトで加重調和平均している．これも価格比をとることにより，分子と分母の単位が打ち消し合い，単位のない量になる．したがって，パーシェ型価格指数は個々の商品の数量単位の定め方によって価格指数の値が変化しない．ラスパイレス型価格指数も，パーシェ型価格指数も単位無差別性テストを満たすので，両者の幾何平均であるフィッシャー型価格指数もそれを満たす．

12.4.3 要素転逆テスト

要素転逆テストとは「同一の形式による価格指数と数量指数の積を 100 で割った値は金額指数に一致する」というものである．**金額指数**とは

$$V_{bt} = \frac{\sum_{i=1}^n p_i^t q_i^t}{\sum_{j=1}^n p_j^b q_j^b} \times 100 \tag{6}$$

すなわち比較時の費用を基準時の費用で割って 100 倍した値である．同一形式による指数とは，指数算式において価格と数量を入れ替えて計算した指数であり，ラスパイレス型価格指数と同一形式のラスパイレス型数量指数は

$$Q_{bt}^{\mathrm{L}} = \frac{\sum_{i=1}^n p_i^b q_i^t}{\sum_{j=1}^n p_j^b q_j^b} \times 100 \tag{7}$$

となる．同様にパーシェ型数量指数は

$$Q_{bt}^{\mathrm{P}} = \frac{\sum_{i=1}^n p_i^t q_i^t}{\sum_{j=1}^n p_j^t q_j^b} \times 100 \tag{8}$$

となる。そしてフィッシャー型数量指数はラスパイレス型数量指数とパーシェ型数量指数の積の平方根になる。

$$Q_{bt}^{F} = \sqrt{Q_{bt}^{L} \times Q_{bt}^{P}} \times 100 \tag{9}$$

ラスパイレス型指数もパーシェ型指数も要素転逆テストを満たさず，フィッシャー型指数が満たす。

$$V_{bt} = \frac{P_{bt}^{F} \times Q_{bt}^{F}}{100} \tag{10}$$

また，ラスパイレス型価格指数とパーシェ型数量指数の積を 100 で割った値は金額指数に一致する。

$$V_{bt} = \frac{P_{bt}^{L} \times Q_{bt}^{P}}{100} \tag{11}$$

パーシェ型価格指数とラスパイレス型数量指数の積を 100 で割った値は金額指数に一致する。

$$V_{bt} = \frac{P_{bt}^{P} \times Q_{bt}^{L}}{100} \tag{12}$$

要素転逆テストの例を以下に示す。まず金額指数を計算する。金額指数は比較時の実際にかかった費用 (表 12.2 の ②，3,564 円) を基準時に実際にかかった費用 (表 12.2 の ①，3,300 円) で割ったものを 100 倍した値であるから，

$$\text{金額指数} = 3{,}564 \div 3{,}300 \times 100 = 108.00$$

となる。次に数量指数を計算する。ラスパイレス型数量指数は，比較時の数量を基準時の価格で購入した場合の仮想上の費用 (表 12.2 の ④，3,420 円) を，基準時に実際にかかった費用 (表 12.2 の ①，3,300 円) で割ったものを 100 倍した値であるから，

$$\text{ラスパイレス型数量指数} = 3{,}420 \div 3{,}300 \times 100 = 103.64$$

となる。パーシェ型価格指数は比較時の実際にかかった費用 (表 12.2 の ②，3,564 円) を，基準時の数量を比較時の価格で購入した場合の仮想上の費用 (表 12.2 の ③，3,510 円) で割ったものを 100 倍した値であるから，

$$\text{パーシェ型数量指数} = 3{,}564 \div 3{,}510 \times 100 = 101.54$$

となる。フィッシャー型数量指数はラスパイレス型数量指数 (103.64) とパーシェ型数量指数 (101.54) の積の平方根であるから，

12.4 フィッシャーのテスト

表 12.3 要素転逆テスト

ラスパイレス型価格指数 × ラスパイレス型数量指数／100	110.23
パーシェ型価格指数 × パーシェ型数量指数／100	105.81
フィッシャー型価格指数 × フィッシャー型数量指数／100	108.00
ラスパイレス型価格指数 × パーシェ型数量指数／100	108.00
パーシェ型価格指数 × ラスパイレス型数量指数／100	108.00

$$\text{フィッシャー型数量指数} = \sqrt{103.64 \times 101.54} = 102.58$$

となる。次に価格指数と数量指数の積を 100 で割った値を計算する (表 12.3)。そうするとラスパイレス型指数もパーシェ型指数も要素転逆テストを満たさず、フィッシャー型指数が満たすこと，ラスパイレス型価格指数とパーシェ型数量指数の積を 100 で割った値は金額指数に一致すること，パーシェ型価格指数とラスパイレス型数量指数の積を 100 で割った値は金額指数に一致することが確認できる。

12.4.4 時点転逆テスト

時点転逆テストは「基準時と比較時を逆にして価格指数を作成して元の指数にかけて 100 で割った値は 100 になる」というものである。このテストを数式で表現すると

$$\frac{P_{bt} \times P_{tb}}{100} = 100 \tag{13}$$

となる。ラスパイレス型価格指数，パーシェ型価格指数は時点転逆テストを満たさないが，フィッシャー型価格指数は満たす。時点転逆テストの例を以下に示す。まず基準時と比較時を逆にする (表 12.4)。この場合の基準時と比較時の数量と価格の組み合わせによる 4 通りの費用は表 12.5 のようになる。

表 12.4 基準時と比較時を逆にした場合の牛肉と豚肉の数量と価格

	牛肉		豚肉	
	数量 (g／月)	価格 (円／100 g)	数量 (g／月)	価格 (円／100 g)
基準時 (時点 3)	600	270	1,350	144
比較時 (時点 1)	500	300	1,500	120

表 12.5 基準時と比較時の数量と価格の組み合わせによる 4 通りの費用 (単位：円)

	牛肉	豚肉	合計
① 基準時の数量 × 基準時の価格	1,620	1,944	3,564
② 比較時の数量 × 比較時の価格	1,500	1,800	3,300
③ 基準時の数量 × 比較時の価格	1,800	1,620	3,420
④ 比較時の数量 × 基準時の価格	1,350	2,160	3,510

表 12.6 要素転逆テスト

	P_{bt}	P_{tb}	$P_{bt} \times P_{tb}/100$
ラスパイレス型価格指数	106.36	95.96	102.07
パーシェ型価格指数	104.21	94.02	97.98
フィッシャー型価格指数	105.28	94.98	100.00

表 12.2 に基づいて計算した価格指数 (P_{bt}) と表 12.5 に基づいて計算した価格指数 (P_{tb}) の積を 100 で割った値を求めると表 12.6 にようになる。ラスパイレス型価格指数，パーシェ型価格指数は時点転逆テストを満たさないが，フィッシャー型価格指数は満たすことが確認できる。

12.4.5 循環性テスト

循環性テストとは「2 時点の間に第 3 の時点を挿入しても価格指数の値が変わらない」というものである。このテストを数式で表現すると

$$\frac{P_{12} \times P_{23}}{100} = P_{13} \tag{14}$$

となる。ただし，3 つの時点をそれぞれ時点 1, 2, 3 と置いている。循環性テストは三種類の算式どれも満たさない。図 12.2 に示したように，循環テストは，時点 1 を基準時と時点 3 を比較時として直接，測定した価格変化と，時点 2 を経由して測定した価格変化が一致するかをテストするものである。

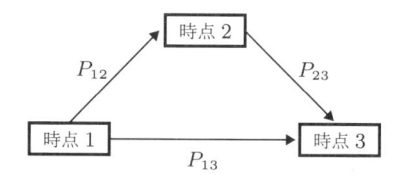

図 12.2 循環性テストのイメージ

12.4 フィッシャーのテスト

循環テストの例を以下に示す。表 12.7 は表 12.1 の時点 1 と時点 3 の間に時点 3 を挿入したものである。基準時と比較時の組み合わせは時点 1 と時点 2，時点 2 と時点 3，時点 1 と時点 3 の三通りある。それぞれについて基準時と比較時の数量と価格の組み合わせの費用は 4 通りあるから，合計で費用の組み合わせは 12 通りである (表 12.8)。

表 12.9 は循環性テストの結果を示す。三種類の価格指数はどれも循環性テストを満たさない。基準時を時点 1，比較時を時点 2 とする価格指数 (P_{12}) と基準時を時点 2，比較時を時点 3 とする価格指数 (P_{23}) の積を 100 で割った値 ($P_{12} \times P_{23} / 100$) は基準時を時点 1，比較時を時点 3 とする価格指数 (P_{13}) に一致しないことが確認できる。

なお，フィッシャーのテストは，これを満たさないといけないという理由は特にない。実際，ラスパイレス型指数は時点転逆テストも循環性テストも要素転逆テストも満たさない。ただし，実際に指数を活用するときには必要な知識で

表 12.7　3 時点の牛肉と豚肉の数量と価格

	牛肉		豚肉	
	数量 (g／月)	価格 (円／100 g)	数量 (g／月)	価格 (円／100 g)
時点 1	500	300	1,500	120
時点 2	550	280	1,400	130
時点 3	600	270	1,350	144

表 12.8　基準時と比較時の数量と価格の組み合わせによる 12 通りの費用 (単位：円)

	基準時：時点 1 比較時：時点 2	基準時：時点 2 比較時：時点 3	基準時：時点 1 比較時：時点 3
① 基準時の数量 × 基準時の価格	3,300	3,360	3,300
② 比較時の数量 × 比較時の価格	3,360	3,564	3,564
③ 基準時の数量 × 比較時の価格	3,350	3,501	3,510
④ 比較時の数量 × 基準時の価格	3,330	3,435	3,420

表 12.9　循環性テスト

	P_{12}	P_{23}	P_{13}	$P_{12} \times P_{23} / 100$
ラスパイレス型価格指数	101.52	104.20	106.36	105.78
パーシェ型価格指数	100.90	103.76	104.21	104.69
フィッシャー型価格指数	101.21	103.98	105.28	105.23

ある。

12.5 ボルトキービィッツの関係式

ラスパイレス型価格指数とパーシェ型価格指数には，以下のような関係式 (「ボルトキービィッツの関係式」と呼ばれる) が成り立つことが知られている。

$$P_{bt}^{\mathrm{P}} - P_{bt}^{\mathrm{L}} = \frac{1}{Q_{bt}^{\mathrm{L}}} \sum_{i=1}^{n}(r_i - r^*)(t_i - t^*)s_i^b \times 10000 \qquad (15)$$

ただし，

$$r_i = \frac{p_i^t}{p_i^b}, \quad r^* = \sum_{i=1}^{n} s_i^b \frac{p_i^t}{p_i^b}, \quad t_i = \frac{q_i^t}{q_i^b}, \quad t^* = \sum_{i=1}^{n} s_i^b \frac{q_i^t}{q_i^b}$$
$$i = 1, \cdots, n \qquad (16)$$

である。(15) 式の右辺の $\sum_{i=1}^{n}(r_i - r^*)(t_i - t^*)s_i^b$ は価格比 r_i と数量比 t_i の共分散である。共分散の符号は相関係数の符号と同じである。一般に価格比と数量比は負の相関関係にあると考えられるから，共分散の符号は負である。その場合，ラスパイレス型価格指数 P_{bt}^{L} はパーシェ型価格指数 P_{bt}^{P} より大きくなる。この関係式はラスパイレス型価格指数が実態とかい離していないかを確認するために用いられる。

12.6 理論的生計費指数

理論的生計費指数は，文字通り「経済理論から導かれた生計費指数」であり，効用水準一定の下での二時点 (基準時，比較時) の最小費用の比率として表される。そのため「**効用不変生計費指数**」とも呼ばれる。単純化した牛肉と豚肉の例 (図 12.3) で説明すると次のようになる。

図 12.3 に描かれた曲線は基準時の無差別曲線を示す。この曲線上の牛肉と豚肉の数量の組み合わせは同一の効用水準を与える。線 AB は基準時における予算制約線 $p_1^b q_1^b + p_2^b q_2^b = C^b$ である。ただし p は価格，q は数量，C は費用，添え字の 1 は牛肉，2 は豚肉，b は基準時を示す。予算制約線 AB と無差別曲線の接点 G は基準時における牛肉と豚肉の数量の組み合わせ (q_1^b, q_2^b) を示す。

基準時から比較時にかけて牛肉と豚肉の価格が変化したとしよう。もしも，比

12.6 理論的生計費指数

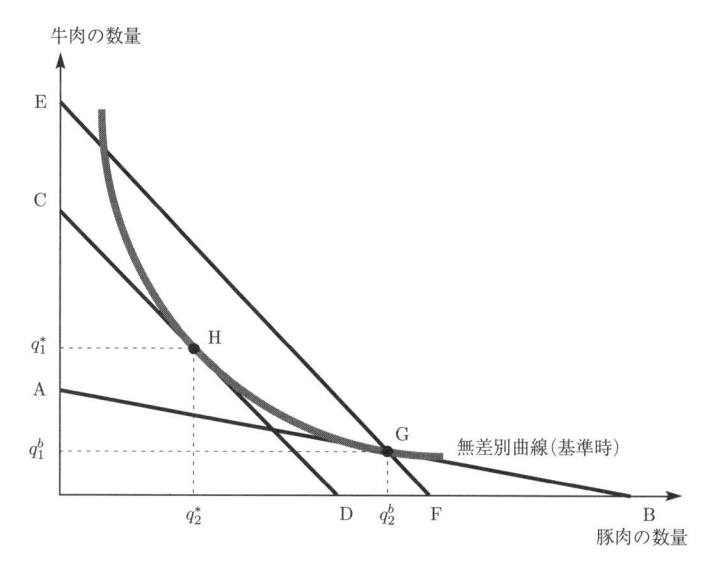

図 12.3 理論的生計費指数とラスパイレス型価格指数の関係

較時における牛肉と豚肉の価格の組み合わせ (p_1^t, p_2^t) の下で，基準時と同じ効用水準を満たすならば，最小費用はいくらになるであろうか。その問題の解が点 H であり，そのときの費用 (最小費用) を $p_1^t q_1^* + p_2^t q_2^* = C^*$ とする。ただし添え字の t は比較時を示す。そして比較時における牛肉と豚肉の価格の組み合わせ (p_1^t, p_2^t) の下で，C^* と同じ費用になる牛肉と豚肉の数量の組み合わせが線 CD である。また比較時における牛肉と豚肉の価格の組み合わせ (p_1^t, p_2^t) で基準時における牛肉と豚肉の数量の組み合わせ (q_1^b, q_2^b) を購入した場合の費用は $p_1^t q_1^b + p_2^t q_2^b$ となるが，それと同じ費用になる牛肉と豚肉の数量の組み合わせが線 EF である。

最小費用 C^* を分子，基準時の費用 C^b を分母にした比率が，効用水準を基準時で一定にした場合の理論的生計費指数となる。これに対してラスパイレス価格指数は比較時の価格で基準時の数量を購入した場合の費用 $p_1^t q_1^b + p_2^t q_2^b$ を分子，基準時の費用 C^b を分母にした比率である。このように理論的生計費指数とラスパイレス価格指数の分母は同じである。そして図 12.3 から明らかなように C^* は $p_1^t q_1^b + p_2^t q_2^b$ より小さくなる。したがって，ラスパイレス価格指数は，効用水準を基準時で一定にした場合の理論的生計費指数から見て価格変化を過大に評価する。

同様にして考えると，パーシェ価格指数は効用水準を比較時で一定にした場合の理論的生計費指数から見た価格変化を過小に評価する。これを**ハーバラーの限界**あるいは**コニュスの限界**と呼ぶ。もしも，基準時と比較時の効用水準が同じであれば，

$$\text{ラスパイレス価格指数} > \text{理論的生計費指数} > \text{パーシェ価格指数}$$

という関係が成り立つ。これを**シュテーレの限界**と呼ぶ。

理論的生計費指数は公的な統計指標としては実用的ではない。消費者物価指数は約6百品目の財・サービスの価格変化を総合した指数であるが，このように多くの財・サービスについて無差別曲線の形状を知るためには，強い仮定を置かなければならない。仮定を置くことについて人々の見解が分かれると，公的指標として用いることは難しい。

ただし経済学者の間では理論的生計費指数を「真の生計費指数」であると見なし，消費者物価指数は理論的生計費数により近い指数を目指すべきであるという意見が有力である。そしてフィッシャー型価格指数あるいは**トゥルンクビスト型価格指数**[2]が理論的生計費指数を良く近似することから，これらの指数の算式を採用すべきであると主張している。

12.7　小売物価統計調査

わが国の消費者物価指数が，ラスパイレス型算式で作成されていることは既に説明した通りである。ラスパイレス型価格指数の計算に必要なのは，基準時と比較時の価格と基準時のウェイト (基準時の品目別消費支出金額) である (図12.4)。平成22年基準消費者物価指数について言えば，基準時と比較時の価格は小売物価統計調査によって得られた市町村別，品目別の小売価格を用い，ウェイトは家計調査 (第11章参照) によって得られた平成22年平均1か月の1世帯当たり品目別消費支出金額に基づいている。

---

[2] トゥルンクビスト型指数の算式は

$$I_T^t = \prod_{i=1}^{n} \left(\frac{p_i^t}{p_i^b} \right)^{\frac{s_i^b + s_i^t}{2}}$$

である。ただしSは支出シェアを示す。

12.7 小売物価統計調査

```
┌──────────────┐         ┌──────────────┐
│ 小売物価統計調査 │         │   家計調査    │
└──────┬───────┘         └──────┬───────┘
       ↓                        ↓
┌──────────────┐         ┌──────────────┐
│ 基準時と比較時の価格 │     │ 基準時のウェイト │
└──────┬───────┘         └──────┬───────┘
       └───────────┬────────────┘
                   ↓
          ┌────────────────┐
          │  ラスパイレス算式  │
          └────────┬───────┘
                   ↓
          ┌────────────────┐
          │  消費者物価指数   │
          └────────────────┘
```

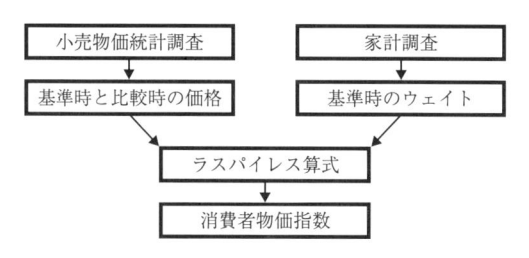

図 12.4 消費者物価指数の作成

小売物価統計調査は消費者物価指数作成のための価格データを収集するための調査である。小売店舗，事業所及び世帯を対象として毎月実施している調査である。小売物価統計調査は三つの調査から構成されている。一般の商品の小売価格またはサービスの料金を調査する「**価格調査**」，家賃を調査する「**家賃調査**」及び宿泊施設の宿泊料金を調査する「**宿泊料調査**」である。

調査対象は二段階で選ばれる。第一段階では，調査する地区を選ぶ。「価格調査」及び「家賃調査」では，全国から市町村を選定し，さらに市町村ごとに，商品の小売価格及びサービスの料金を調査する価格調査地区と，借家の家賃を調査する家賃調査地区を設定する。また，「宿泊料調査」では全国から市町村を選定して調査する。

第二段階では，調査地区内から調査対象を選ぶ。「**価格調査**」では調査品目ごとに，各調査地区内で販売数量または従業者規模等の大きい店舗を価格収集数に応じて選定し，調査店舗としている。ただし，一部の調査品目については，調査地区を設定せず，調査市町村内または都道府県内利用者の多い順に価格収集数に応じた店舗を選定し，これを調査対象としている。

「**家賃調査**」では民営借家の家賃については，調査地区内に居住するすべての民営借家世帯を調査対象とする。住宅の貸し手あるいは仲介人(不動産屋)ではなく，借り手(世帯)に家賃を聞いている。公的住宅の家賃については，公的住宅を官吏している所管関係期間を調査対象としている。

「**宿泊料調査**」では民営宿泊施設については，調査市町村ごとに，宿泊数の多い旅館，ホテル等を調査対象に選定している。公的宿泊施設については，代表的な宿泊施設を，価格収集数に応じて選定し，調査対象としている。

12.8 銘　柄

　価格調査では，調査員が調査対象となった店舗をまわって聞き取り，価格データを集める。統計調査一般に，報告者が外部に対して隠したい情報，例えば所得に関する情報を調査するのは難しい。だが，小売価格は消費者に分からないと意味がないから，外部に積極的に示したい情報である。その意味では小売価格は調査し易い。

　価格調査において特に注意が払われていることは，同じ品目でも多様な種類の銘柄があり，どれも品質と価格が異なることである。例えば，同じ牛肉でもブランド和牛は高いし，輸入牛肉は安いということはしばしば観察される。調査するたびに，調査する牛肉の銘柄が異なると品質が一定に保てず，観察された価格の変化が品質の変化なのか，それとも純粋な価格の変化なのか識別できない。そこで価格調査では**銘柄** (specification) を指定して調査を行う。例えば，牛肉の価格を調査するときは「国産品，ロース」，「輸入品，チルド (冷蔵)，肩ロース又はもも」を銘柄として指定している。

　銘柄を指定する際に問題になるのは，その銘柄に代表性があるかどうかである。同一の品目を構成する多くの銘柄の中から1つを選んで価格を調査するということは，その他の銘柄の金額が無視できるくらい小さいか，その他の大半の銘柄の価格の動きと連動しているか，そのどちらかを暗黙に仮定している。そこで代表的な銘柄の出回り状況を常に調べ，調査銘柄の出回りが少なくなっている場合には，出回りの多い銘柄に変更する。この変更は定期的に行われているが，出回りが急速に変化する場合は，定期的な変更時期以外でも調査銘柄の変更を行い，新製品の迅速な取り込みが図られている。

12.9　品目別価格指数

　消費者は同じ品質のものであれば，安い方を購入し，高い方は購入しないはずである。結果として価格にばらつきはみられないはずである。だが，実際の価格調査では銘柄を指定しても店舗によって価格が異なるのが普通である。銘柄を指定しても価格にばらつきがあるのは，品質のコントロールが不十分なのではなく，店舗によって提供するサービスが異なるからである。コンビニエンスストアの値段がスーパーより高いのは，コンビニエンスストアは「24時間営業とい

う便利さ」，すなわち付加的なサービスを消費者に提供しているからである。ただし，個別の店舗が提供する付加的なサービス量を測ることは難しい。同じ銘柄の商品でも，店舗の業態に応じて「異なる商品」であると見なし，業態別に価格を調査して，それを業態別販売額のウェイトで集計するという考え方もあるが，小売業は業態の変化は非常に早く，その動向を常に把握して，敏速に対応することが必要となるため難易度が高く，現実的ではない。

こうした事情から，品目別価格にばらつきが観察されるため，単純算術平均を計算する。数式で書けば次のようになる。

$$\bar{p}_{i,j}^t = \frac{1}{n} \sum_{k=1}^n p_{i,j,k}^t \tag{17}$$

ただし，n は調査店舗数，p は価格，i は品目，j は市町村，k は店舗，t は比較時を示す。基準時価格は，原則として基準年の1月～12月の各月の平均価格をさらに単純算術平均して算出する。月別の価格に「欠」がある場合には，価格のある月のみで計算する。

$$\bar{p}_{i,j}^b = \frac{1}{M_{i,j}} \sum_t \bar{p}_{i,j}^t \tag{18}$$

ただし，b は基準時，t は月，M は価格のある月の数である。比較時平均価格と基準時平均価格から，品目別価格指数を計算する。なお，単純算術平均価格の比率

$$\frac{\bar{p}_{i,j}^t}{\bar{p}_{i,j}^b} \tag{19}$$

をデュト型算式 (Dutot formula) と呼ぶ。デュト型指数は比例性テストを満たすので，代表銘柄の価格がその他の銘柄の価格と連動していると，価格指数もそれに連動する。ただし，単位無差別性テストを満たさないので，単位をそろえなければならない。

12.10 品質調整

近年の IT 機器の性能の向上は非常に目覚ましいものがある。消費者物価指数は同じ品質の下で価格を測定するのであるから，こうした性能の向上，すなわち

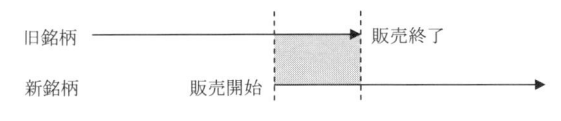

図 12.5 オーバーラップ法のイメージ

品質変化を測定し，その分を調整して作成しなければならない．品質調整を行う方法には 6 種類がある．

第 1 の方法は，新銘柄の販売開始から旧銘柄の販売終了まで，新旧の銘柄が同時に販売されている期間がある場合に，両者の価格差は品質の違いを反映していると見なして，両者の価格比を用いて接続する方法であり**オーバーラップ法** (図 12.5) と呼ばれる．消費者物価指数では広く適用されている方法である．

第 2 の方法は，新旧銘柄の品質が同じで容量だけ代わった場合，両者の価格差は容量の差を反映していると見なして，両者の容量比を用いて接続する方法であり，**容量比によるリンク**と呼ばれる．食料品，日用品などに適用されている．

第 3 の方法は，製品間の価格差がその製品のさまざまな特性の違いによるものであると考え，機種別の平均販売価格を被説明変数，さまざまな特性 (カタログに示された性能等) を説明変数として回帰分析を行い，品質と価格の関係を求める方法であり，**ヘドニック法**と呼ばれる．現在はテレビとデジタルカメラについて採用されている．具体的には以下のような重回帰式で推定している．

$$\ln(p_{i,m}) = \alpha_m + \beta_m d_m + \sum_k \gamma_{m,k} x_{i,k} + \varepsilon_i \tag{20}$$

ただし，p は平均販売価格，d は販売時点ダミー変数 (前月のとき 0，当月のとき 1)，α, β, γ は偏回帰係数，ε は残差，下付き添え字の i は機種，m は月 ($m = t$ を前月，$m = t + 1$ を当月とする)，$x_{i,k}$ は i 機種の k 番目の特性である．このようにヘドニック式の推定には機種別の価格と特性の情報が必要である．

総務省統計局では POS (Point Of Sale) データから機種別の価格を得ている．消費者が小売店で商品を購入して支払うとき，販売員は読み取り装置で商品のバーコードを読み取り，レジスターが自動的に請求金額を計算している．このとき商品名，価格，数量，日時などがコンピューター・システムに記録されている．その POS データをヘドニック式の推定に活用している．

第 4 の方法は，旧銘柄でオプションになっていた装備が，新銘柄では標準装備になっていた場合に，品質向上に伴う価格上昇はオプション部分の購入費用

に相当するものと考える方法で，**オプション・コスト法**と呼ばれる。自動車に適用されている。

第5の方法は，新旧の銘柄の価格が同一時点で得られない場合，その品目グループ内の他の品目全ての平均的な価格変化と等しいと仮定して接続する方法であり，**インピュート法**と呼ぶ。季節的に出回りが限られる被服などに適用されている。

第6の方法は，新旧の銘柄の品質が同じ場合，新旧銘柄の価格をそのまま直接接続するもので，**直接比較**と呼ぶ。

これら6つの方法の中でどれを選ぶかは悩ましい問題である。オーバーラップ法は新旧の銘柄が同時に販売されていなければならないが，新銘柄が出れば旧銘柄はすぐに店頭からなくなることがしばしばある。容積比によるリンクはIT機器などには適用できない。ヘドニック法は製品間で特性(性能)が同じ基準で測られていることが前提であるが，カタログに示されている特性(性能)は企業によって異なる基準で測られていることがあるので，回帰係数が異常な値になることがある。オプション・コスト法はオプションが提供されていて，かつその価格が分からないとできない。インピュート法は仮定の妥当性を説明することが難しい。

12.11　パーシェ・チェック

新たな財・サービスの出現や嗜好の変化等によって消費構造が変化するため，基準時のウェイトを長い期間固定すると次第に実態と合わなくなる可能性がある。それを確認するために行われているのがパーシェ・チェックである。パーシェ・チェックとは，パーシェ型価格指数とラスパイレス型価格指数の差をラスパイレス型価格指数で割った数値が大きくないかを確認するものである(表12.10)。ボルトキービッツの関係式にあるように，数量比と価格比に負の相関関係があれば，パーシェ型価格指数はラスパイレス型価格指数より小さくなる。そして一般に数量比と価格比には負の相関があると考えられる。したがって，パーシェ・チェックの値は負になるはずである。パーシェ・チェックの値が絶対値で見て大きくなっている場合，基準時点のウェイトが実態と合っていない可能性がある。

消費構造の変化によってウェイトが実態に合わなくなることを修正するため

表 12.10 パーシェ・チェック (全国, 持家を除く総合指数)

比較時	基準時	ラスパイレス型物価指数 (P^L)	パーシェ型物価指数 (P^P)	パーシエ・チェック $(P^P-P^L)/P^L \times 100$
昭和 45 年	昭和 40 年	130.4	126.0	−3.4
昭和 50 年	昭和 45 年	172.4	171.0	−0.8
昭和 55 年	昭和 50 年	137.2	134.6	−1.9
昭和 60 年	昭和 55 年	114.4	113.3	−1.0
平成 2 年	昭和 60 年	106.2	105.5	−0.7
平成 7 年	平成 2 年	106.4	106.2	−0.2
平成 12 年	平成 7 年	101.0	99.9	−1.1
平成 17 年	平成 12 年	97.3	94.9	−2.5
平成 22 年	平成 17 年	99.7	93.1	−6.6

(出典) 総務省統計局「平成 17 年基準指数と平成 12 年基準指数の比較」,「平成 22 年基準指数と平成 17 年基準指数の比較」総務省統計局「家計調査」より筆者作成.

に 5 年に 1 回, ウェイトの時点を最近の時点のものに更新する. これを「**基準改定**」と呼ぶ. 基準改定が行われると, 消費者物価指数 (総合指数) の水準が低下する. 基準改定のスケジュールは実施予定があらかじめきちんと決められているが, 平成 18 年 (2006 年) に実施された平成 17 年基準改定のときには, 長期金利が一時的に大きく下落し話題を呼んだ. これはデフレ脱却に対する強い期待が市場関係者の中にあったのが, 基準改定結果の公表によりデフレがまだ続くことが分かり, 失望に変わって下落したものである. すぐに長期金利は持ち直したが, 消費者物価指数 (総合指数) が経済・社会に与える影響があらためて認識された出来事であった.

今日, 消費者物価指数は GDP と並び, 政策決定において最も重要な経済指数である. その作成方法と特性をよく理解していることが, 誤った判断をしないために必要であろう.

索　引

EDINET　13, 24
JSIC　8
POS　126, 236
SNA 産業連関表　146
SOHO　11
U 表 (産業別商品投入表)　140
V 表 (産業別商品産出表)　140
W／W 比率　125
X 表 (商品×商品表)　140

あ　行

青色申告　62
アクチュアル方式　193
アクティビティ　139
アジア国際産業連関表　147

委託生産費　98
一般政府消費支出　135
一般世帯　188
一票の格差問題　177
インピュート法　237

運賃　144

営業余剰　136
エンゲル, エルンスト　216
エンゲル係数　216
エンゲルの法則　216
延長表　146

オーバーラップ法　236
オプション・コスト法　237

か　行

海外事業活動基本調査　64
開業　14
外国人登録法　169
外資系企業動向調査　53
会社企業　10
甲斐国現在人別調　176
家計外消費支出　135, 136
家計調査　5, 177, 205
家計簿　205
加工賃収入額　94
可処分所得　218
家族類型化　189
簡易生命表　173
間接税　136
完全失業者　193
完全失業率　193
完全生命表　173

企業サービス価格指数　222
企業組織調査　41
企業調査票　62
企業等　10
企業動態統計　37
企業物価指数　222
技術変化　141
基準改定　238
基本表　146
休業者　193
業種　126
行政記録　12
行政記録情報　41
競争輸入型　158
業態　126

239

業態別統計編　126
共通事業所・企業コード　31
業務統計　7, 12
金額指数　225
勤労者以外の世帯　217
勤労者世帯　216

空洞化　64
クラーク, コーリン　196
クラークの法則　197

経済センサス　4, 38
経済センサス－活動調査　1, 31, 38, 59
経済センサス－基礎調査　1, 10, 31, 38, 41
経済表　136
ケトレー, アドルフ　216
ケネー, フランソワ　136
減価償却額　102
原材料及び燃料在庫　94
原材料使用額　98
建設仮勘定　103

工業統計調査　5, 87, 88
合計特殊出生率　171
購入者価格　144
効用不変生計費指数　230
国際表　147
国勢調査　4, 7, 176
国内供給　134
国内最終需要　135
国内最終需要ベクトル　150
国内需要額　134
国内生産額　134
国内生産額ベクトル　150
国内総固定資本形成　135
国民経済計算　59
個人経営　10
個人事業主　105
戸籍　170
戸籍法による届出　2, 6
固定資産　102
固定資産台帳　103

コニュスの限界　232
コモディティー・フロー法　154
雇用者　105
雇用者所得　136
雇用保険　17
コンタクト情報　43

さ 行

在庫純増　135
最終需要　135
最終需要ベクトル　149
サービス業基本調査　87
産業別調査票　41
産業連関構造調査　141
産業連関表　5, 59
産業連関分析　148

事業従事者　51
事業所・企業統計調査　10, 41
事業所・企業母集団データベース　29
事業所調査票　62
事業所統計調査　10, 41
事業持株会社　55
指数算式　221
施設等の世帯　188
実質化　218
実質表　146
時点転逆テスト　227
自動車輸送統計調査　70, 109
ジニ, コッラド　213
ジニ係数　213
自部門投入　158
死亡率　173
資本金　53
資本減耗引当　136
資本自由化　53
従業　82
就業構造基本調査　193
就業者　193
従業者　49
集中型　31, 41
十分位階層　213

索　引　　　241

住民基本台帳　　2, 6, 165, 183
住民基本台帳人口　　183
住民基本台帳人口移動報告　　167
住民基本台帳法　　165
住民登録制度　　165
住民票　　166
主業　　82
宿泊旅行統計調査　　85
出入国管理記録　　2
出入国管理情報　　6
出入国管理統計　　174
シュテーレの限界　　232
取得額　　102
循環性テスト　　228
純粋持株会社　　55
純付加価値　　135
商業登記法　　13
商業統計調査　　5, 87, 109
商業動態統計調査　　114
商業・法人登記　　2, 13
常住人口　　200
商店街　　114
消費者価格調査　　206
消費者物価指数　　5, 220
消費者向け電子商取引実態調査　　70
消費税　　98
消費税を除く内国消費税額　　99
商品×アクティビティ表　　140
商品×産業表　　140
商品仕入額　　118
商品×商品表　　140
商品販売額　　118
商品販売額等　　115
常用雇用者　　73
常用労働者　　107
除却額　　102
商業マージン　　144
白色申告　　62
人口学方程式　　203
人口推計　　7, 176, 203
人口動態調査票　　171
人口動態統計調査　　171

推計消費税額　　99
推計人口　　204
裾切り調査　　89

生産額　　93
生産額ベクトル　　149
生産者価格　　144
生産年齢人口　　186
正社員，正職員等　　105
製造品在庫　　94
製造品出荷額　　93, 94
製造品出荷額等　　94
静態統計　　114
政府統計共同利用システム　　29
生命表　　173
世帯主　　182
世帯の家族類型　　182
接続表　　146
全国物価統計調査　　114
センサス　　38
全数調査　　4

層化　　29
層化三段抽出法　　207
相互依存関係　　151
総世帯　　216
属人主義　　184
属地主義　　184
その他の収入額　　94
粗付加価値　　135

た　行

第 1 次ベビーブーム　　184
第 2 次ベビーブーム　　185
大規模小売店舗法　　126
貸借対照表　　53
代替標本　　34
多角化　　60
単位行列　　149
単位区　　180
単位無差別性テスト　　225
団塊ジュニア　　185

団塊の世代　184
単身世帯　217
単独事業所企業　62

地域間表　147
地域内表　146
中間財　134
中間需要　134
昼間人口　200
中間投入　135
中間投入係数行列　149, 150
抽出枠　33
調査員調査　3, 42
調査区　10, 180
調査単位　8
調査票　2
帳簿価額　102
直接比較　237
賃金台帳　104

デフレーション　221
デュト型算式　235
転売収入　96
伝票　92

東京都産業連関表　147
統計集団　8
統計単位　8
動態統計　114
投入産出表　133
投入調査　141
トゥルンクビスト型価格指数　232
独占禁止法　55
特定サービス産業実態調査　87
都心回帰　167
土地基本調査　70
届出　167
取引額表　153

な 行

内国消費税　98
内生部門　134

日米構造協議　130
日米国際産業連関表　147
日中国際産業連関表　147
日本標準産業分類　8

燃料・電力使用額　98
年次フレーム　33
年初現在高　102
年末現在高　102

は 行

廃業　14
波及効果　148
パーシェ型算式　222
パーシェ・チェック　237
場所的単位　8
パート・アルバイト等　105
ハーバラーの限界　232
半製品及び仕掛品在庫　94

非競争輸入型　158
ビジネスレジスター　1, 4, 30, 41
標準誤差　4
標準誤差率　212
標本誤差　4
標本抽出　29
標本調査　4
比例性テスト　224
非労働力人口　193

フィッシャー, アービング　223
フィッシャーのテスト　224
フィッシャー型算式　223
付加価値額　93
複数事業所企業　62
二人以上の世帯　217
部門分類　139
プレプリント　64
フレーム　177
プロファイリング　3, 27
分散型　31, 41

索　引

平均消費性向　218
平均余命　173
ヘクシャー=オリーンの定理　133
ペティ，ウィリアム　196
ヘドニック法　236

法人企業統計調査　11, 53
母集団　3, 29
母集団名簿　3, 10, 29, 60
補助金　136
補定(補完)　34
補定用データ　34
ホフマン　197
ホフマンの法則　197
ボルトキービッツの関係式　230
本社一括調査　41, 42
本社部門　147
本籍　170

ま　行

マージン　115, 118

民間消費支出　135

無給家族従業者　105

銘柄　234
名目表　146

や　行

有形固定資産　102
優性保護法　185
郵送調査　3, 42
誘発生産額　148
ユージュアル方式　193
輸出　134, 135
輸出ベクトル　150
輸入　134
輸入係数　151

輸入係数行列　151
輸入ベクトル　150

要素転逆テスト　225
容量比によるリンク　236

ら　行

ライス使節団　109
ラスパイレス型算式　221

立地環境特性別統計編　130
流出人口　200
流通革命　124
流通経路　123
流通経路の短縮化　125
流通経路別統計編　123, 125
流通段階　123
流入人口　200
理論的生計費指数　230
臨時雇用者　73, 105

レオンチェフ，ワシリー　132
レオンチェフ型生産関数　139
レオンチェフのパラドックス　133
レジスター統計　37

労災保険　17
労働基準法　104
労働者災害補償保険　17
労働保険　17
労働保険記録　2, 13
労働力人口　193
老年人口　186
ローレンツ，マックス　213
ローレンツ曲線　213

わ

ワルラス，レオン　148

著者紹介

清　水　雅　彦
（しみず まさひこ）

- 1968年　慶應義塾大学経済学部卒業
- 1973年　慶應義塾大学大学院経済学研究科博士課程単位取得退学
- 1974年　慶應義塾大学経済学部助手，専任講師，助教授を経て
- 1988年　慶應義塾大学経済学部教授
- 現　在　慶應義塾常任理事

主要著書

講座 ミクロ統計分析〈4〉企業行動の変容
　　　——ミクロデータによる接近
　　　　　（共編著，日本評論社，2003）

参入・退出と多角化の経済分析
　　　——工業統計データに基づく実証理論研究
　　　　　（共著，慶應義塾大学出版会，2003）

軍事支出——世界的経済発展への桎梏
　　　（W. レオンティエフ・F. デュチン著，
　　　翻訳，東洋経済新報社，1987）

菅　　幹　雄
（すが みきお）

- 1991年　慶應義塾大学商学部卒業
- 1996年　慶應義塾大学大学院商学研究科博士課程単位取得退学
- 1996年　東海大学教養学部助手，専任講師を経て
- 2001年　東京国際大学経済学部助教授，教授を経て
- 現　在　法政大学経済学部教授

主要著書

アメリカ経済センサス研究
　　　　（共著，慶應義塾大学出版会，2008）

物価指数の1測定論
　　　——ミクロデータによる計量経済学的接近
　　　　　　　　（日本評論社，2005）

ⓒ　清水雅彦・菅 幹雄　2013

2013年 5 月10日 初 版 発 行

経済学教室 6
経　済　統　計

著　者　清　水　雅　彦
　　　　菅　　幹　雄
発行者　山　本　　格

発行所　株式会社　培　風　館
東京都千代田区九段南4-3-12・郵便番号102-8260
電　話(03)3262-5256(代表)・振　替 00140-7-44725

中央印刷・三水舎製本
PRINTED IN JAPAN

ISBN978-4-563-06256-9　C3333